O Chamado
da Fraternidade
da Rosa-Cruz

Os Segredos da Fraternidade da Rosa-Cruz

Análise Esotérica do Testamento Espiritual da Ordem da Rosa-Cruz

por

J. van Rijckenborgh

I   O Chamado da Fraternidade da Rosa-Cruz
(Fama Fraternitatis R. C.)

II   O Testemunho da Fraternidade da Rosa-Cruz
(Confessio Fraternitatis R. C.)

III   As Núpcias Alquímicas de Christian Rosenkreuz
(Chymische Hochzeit Christiani Rosenkreutz Anno 1459)

Lectorium Rosicrucianum – Jarinu – SP – Brasil

O Chamado da Fraternidade da Rosa-Cruz

Análise Esotérica da Fama Fraternitatis R.C.

por

J. van Rijckenborgh

Sub umbra alarum tuarum Jehova

2014

Lectorium Rosicrucianum – Jarinu – SP – Brasil

Copyright © 1951 Rozekruis Pers, Haarlem, Holanda
Título original:
DE ROEP DER BROEDERSCHAP VAN HET ROZENKRUIS

2ª edição, segundo o acordo ortográfico de 1990
Traduzido da edição francesa de 1983
L'APPEL DE LA FRATERNITÉ DE LA ROSE-CROIX

2014
Impresso no Brasil

LECTORIUM ROSICRUCIANUM
ESCOLA INTERNACIONAL DA ROSACRUZ ÁUREA

Sede Internacional
Bakenessergracht 11-15, Haarlem, Holanda
www.rozenkruis.nl – info@rozenkruis.nl

Sede no Brasil
Rua Sebastião Carneiro, 215, São Paulo, SP
www.rosacruzaurea.org.br – info@rosacruzaurea.org.br

Sede em Portugal
Travessa das Pedras Negras, 1, 1º, Lisboa, Portugal
www.rosacruzlectorium.org – escola@rosacruzaurea.org

Dados Internacionais de Catalogação na Publicação (CIP)
(Câmara Brasileira do Livro, SP, Brasil)

Rijckenborgh, J. van, 1896–1968.
O chamado da Fraternidade da Rosa-Cruz : Análise esotérica da Fama Fraternitatis R.C. / J. van Rijckenborgh ; tradução : Lectorium Rosicrucianum] –
2. ed. – Jarinu, SP : Lectorium Rosicrucianum, 2014.
Título original: De Roep der Broederschap van het Rozenkruis

ISBN: 978-85-62923-09-8

1. Rosacrucianismo I. Título. II. Série.

11-05540   CDD-135.43

Índices para catálogo sistemático:
1. Fraternidade da Rosa-Cruz : Tradições esotéricas 135.43
2. Rosacrucianismo : Tradições esotéricas 135.43
3. Rosa-Cruz clássica : Tradições esotéricas 135.43

Todos os direitos desta edição reservados ao
LECTORIUM ROSICRUCIANUM
Caixa Postal 39 – 13.240-000 – Jarinu – SP – Brasil
Tel. (11) 4016.1817 – FAX (11) 4016.3405
www.pentagrama.org.br
livros@pentagrama.org.br

Índice

Prefácio do autor à primeira edição holandesa (1939).. *IX*
Prefácio do autor à segunda edição holandesa (1965).. *XI*

Fama Fraternitatis R.C.

Ao leitor que compreende a sabedoria............. *XVII*
Fama Fraternitatis R.C. ou Manifesto da Fraternidade da Mui Louvável Ordem da Rosa-cruz............... *XXI*

Análise Esotérica da Fama Fraternitatis R.C.

    Introdução.. 3
1 A metade desconhecida do mundo................... 15
2 A ilusão da ciência 27
3 O Livro M 37
4 Do Golfo Arábico ao Egito 49
5 Os mistérios de Fez 61
6 A viagem à Espanha 73
7 O triângulo ígneo.. 85
8 Teofrasto 99
9 De volta para a Alemanha............................... 111
10 A moderna reforma na Alemanha 123

11 A linguagem secreta do vocabulário de Aquário ... *135*
12 A nova Morada do Espírito Santo *147*
13 Os princípios básicos inegáveis dos
    Rosa-Cruzes. *159*
14 O contrato sêxtuplo *169*
15 O método de trabalho mágico
    dos Irmãos da Rosa-Cruz *181*
16 O conde de Norfolk. *193*
17 Os três degraus *205*
18 O prego misterioso. *215*
19 O segredo da rota. *229*
20 O altar circular *241*
21 As três partes do sepulcro de C.R.C. *253*
22 O vocabulário, o itinerário
    e a vida de Paracelso *263*
23 O Livro T *273*
24 O elogio do Livro T *283*
25 O mistério de Gaza. *293*
26 *Minutus mundus.* *303*
27 A reforma geral. *315*
28 A religião dos rosa-cruzes. *325*
29 Os dois sacramentos dos rosa-cruzes *335*
30 O testemunho político dos rosa-cruzes *345*
31 O auxílio secreto dos rosa-cruzes *355*
32 *Jesu ex omni parte* *365*
33 A fabricação de ouro ao longo dos séculos *375*
34 O Index proibido *387*
35 Um encontro com os Irmãos Maiores
    da Rosa-Cruz *397*
35 O edifício invisível *409*

Prefácio do autor
à primeira edição holandesa
(1939)

É com grande alegria e com profundo agradecimento interior que cumpro aqui minha missão, apresentando, antes do decorrer da primeira metade do ano de 1939, meus comentários sobre a *Fama Fraternitatis R. C.*, de Johannes Valentinus Andreæ. É chegado o momento de abrir o testamento espiritual velado da Fraternidade da Rosa-Cruz e de trazer à luz os tesouros que ele contém.

Ao longo dos séculos, o trabalho dos Irmãos da Rosa--Cruz sempre foi totalmente incompreendido. Um grande número de esoteristas, influenciados pela magia oriental, causou-lhe dano incalculável com suas publicações nas quais obscureceram, assim, o brilho da luz da Rosa-Cruz com ensinamentos exóticos. Em muitas dessas obras reconhecemos o clássico inimigo, sempre ocupado em sufocar a semente no campo. Entretanto, o grande trabalho de preparação ainda prossegue e, agora que a humanidade se aproxima de uma transformação mundial, quando o branco e o preto deverão definir-se com toda a nitidez, e quando a falsidade for submetida a julgamento, então os selos do livro dos mistérios serão rompidos para permitir que a antiga verdade seja transmitida, em toda a sua pureza, àqueles que a merecem, em uma época em que esta verdade pode ser vivenciada como força.

Segundo a exigência da Rosa-Cruz, foi observada a maior simplicidade de expressão possível; é por esse motivo que escolhemos a forma de alocução a fim de que a palavra bíblica "faze-os entrar" não encontre nenhum obstáculo.

Do fundo do coração, o autor espera que suas graves limitações que possam atrapalhar a execução de sua missão sejam abolidas pela força de Cristo. É com esta esperança que ele apresenta este livro a todos os que desejam carregar a cruz de Cristo.

Haarlem, 1939   *John Twine*

Prefácio do autor
à segunda edição holandesa
(1965)

Exatamente vinte e seis anos após a primeira edição – cabalisticamente 26 equivale ao número 8, número de Saturno, que no sentido espiritual superior é o guardião do portal que leva à vida libertadora – é-nos dado publicar uma nova versão da *Fama Fraternitatis R.C., O chamado da Fraternidade da Rosa-Cruz*. Este livro representa o primeiro volume da obra intitulada: *Os segredos da Fraternidade da Rosa-Cruz*, os comentários do testamento espiritual dos irmãos rosa-cruzes.

Muitos acontecimentos anunciados, ou aos quais se aludiu na primeira edição, aconteceram nesse meiotempo, enquanto a influência de Aquário vinha se tornando cada vez mais ativa. Mais do que nunca, a *Fama Fraternitatis R.C.* é um apelo muito urgente enviado pela Fraternidade da Luz do Outro Reino. Esse apelo é dirigido a todos os que, no presente, compreenderam os sinais dos tempos e começam a ver que vivemos os dias finais do presente ciclo de manifestação.

Mediante suas forças, que penetram toda a atmosfera e que tocam todos os homens, sem exceção, Aquário ainda permite que todos os que quiserem possam percorrer o caminho da libertação e entrar no novo estado de vida para o qual os mistérios cristãos, que se encontram no Novo Testamento, quiseram preparar a humanidade.

É por esse motivo que a *Fama Fraternitatis R.C.*, sempre nova e atual, faz novamente ressoar a mensagem da salvação: "A todos quantos o receberam, deu-lhes o poder de se tornarem filhos de Deus".

Quem tem ouvidos para ouvir reconhecerá na *Fama* e em seus comentários a verdade libertadora que, mais do que nunca, pode ser percebida como força no decorrer da era de Aquário.

Nosso íntimo voto, nestes tempos do fim, é que o maior número de pessoas possa ainda segurar a mão que Cristo estende à humanidade, mediante as correntes de força de Aquário, para que a colheita possa ser grande, muito grande.

Haarlem, 1965 *J. van Rijckenborgh*

FAMA FRATERNITA-
TIS R. C.

Das ist/

Gerücht der Brüderschafft des Hochlöblichen Ordens R. C.

An alle Gelehrte und Heupter Europæ
Beneben deroselben Lateinischen

CONFESSION,

Welche vorhin in Druck noch nie außgangen/ nuhnmehr aber auff vielfältiges nachfragen/ sampt deren beygefügten Teutschen Version zu freundtlichen gefallen/ allen Sittsamen gutherzigen Gemühtern wolgemeint in Druck gegeben vnd communiciret.

Von einem des Lichts/ Warheit/ vnd Friedens
Liebhabenden vnd begierigen
Philomago.

Gedruckt zu Cassel/ durch Wilhelm Wessel
ANNO M.DC.XV.

Frontispício da primeira edição conjunta da versão alemã da
Fama Fraternitatis R.C. e da versão latina da
Confessio Fraternitatis R.C., Kassel, 1615.

Tradução do frontispício da edição de 1615:

Fama Fraternitatis R.C.

Este é o manifesto da FRATERNIDADE da mui louvável ORDEM DA ROSA-CRUZ, dirigido a todos os eruditos e governantes da Europa, e também uma

Confessio

nunca antes impressa, escrita em latim e acompanhada de sua tradução em alemão, ora publicada e confiada a todas as almas honradas e de bom coração, devido à instância de muitos e com o objetivo de auxiliá-los.

De um Philomagus (amante da magia) que anseia pela Luz, Verdade e Paz, tão caras para ele.

Impresso em Kassel, por Wilhelm Wessel, no ano de 1615.

Fama Fraternitatis R.C.

ou

Manifesto da Fraternidade
da mui louvável
Ordem da Rosa-Cruz

Dirigida a todos os eruditos
e governantes da Europa

*Marca tipográfica de Wilhelm Wessel,
impressor da primeira edição
da Fama Fraternitatis R.C.*

Ao leitor que compreende a sabedoria

A sabedoria, assim diz Salomão, é um tesouro inesgotável para o homem, pois ela é o alento da força divina e um raio da glória do Todo-Poderoso. Ela é o reflexo da luz eterna, espelho imaculado do poder divino e imagem de sua bondade. Ela ensina disciplina, discernimento, justiça e fortaleza. Compreende palavras veladas e resolve enigmas, prevê sinais e prodígios e sabe o que acontecerá futuramente.

Antes da queda, esse tesouro foi privilégio absoluto de nosso primeiro pai, Adão. Isso se demonstra por haver ele podido – após Deus, o Senhor, ter-lhe trazido todos os animais do campo e todos os pássaros do céu – dar a todos o nome apropriado que lhes convinha em virtude de sua natureza.

Apesar de essa maravilhosa joia da sabedoria ter sido perdida pela triste queda no pecado e, agora, trevas e incompreensão reinarem no mundo, Deus, o Senhor, permitiu, contudo, que essa sabedoria às vezes desabrochasse e aparecesse para alguns de seus amigos. Assim, o sábio rei Salomão testemunha de si mesmo que, pela sua súplica ininterrupta e por seu anseio, recebeu tal sabedoria de Deus, e que sabia como o mundo fora criado, compreendia a força dos elementos, o começo, o meio e o fim dos tempos, conhecia a alteração dos solstícios, as mudanças das estações, os ciclos do ano e a posição dos astros; compreendia também a natureza dos animais domésticos e selvagens; como o vento se transforma em tempestade; o que as pessoas planejam; conhecia todas as espécies de plantas e as virtudes de suas raízes, e ainda muitas coisas mais.

Não creio que seja possível encontrar alguém que não deseje esse tesouro tão nobre e que não aspire a conquistá-lo, de todo o seu coração. Mas, como ninguém pode chegar a essa sabedoria sem que Deus mesmo a conceda e envie do alto seu Espírito Santo, preparamos esta dissertação sobre a *Fama* e a *Confessio* da louvável Fraternidade da Rosa-Cruz sob a forma de uma edição pública, para que todos possam lê-la, pois ela anuncia e revela claramente tudo o que este mundo decaído deve esperar do futuro quanto a isso.

Por mais que essas coisas possam parecer muito estranhas para alguns, e muitos possam supor que o que foi publicado pela Fraternidade da Rosa-Cruz seja na verdade o fruto de uma imaginação filosófica cega e não um relato autêntico, entretanto ficará suficientemente claro, com base na *Confessio*, que aí se encontra oculto muito mais do que se supõe. Só aquele que não for totalmente ignorante poderá facilmente observar e perceber a intenção deste livro, escrito para os homens de nosso tempo e nas condições atuais.

Os verdadeiros discípulos da sabedoria e os reais adeptos da arte espagírica[1] observarão e compreenderão melhor essas coisas, e poderão julgá-las de forma completamente diferente. Isso foi feito por inúmeros personagens importantes, em especial Adam Haselmeyer, notário público do arquiduque

---

[1] Termo alquímico derivado do grego *spáo* = separar e *ageiro* = reunir. É o equivalente da conhecida forma latina *solve et coagula*.

Maximiliano, que também fez um excerto dos escritos teológicos de Teofrasto e redigiu uma dissertação intitulada *Os jesuítas*. Nesse excerto, ele deseja que todos os cristãos sejam verdadeiros jesuítas – ou seja: que caminhem, vivam, estejam e permaneçam em Jesus. Visto que ele, em sua resposta à *Fama*, denominou os membros da Fraternidade da Rosa-Cruz de "homens mui iluminados e jesuítas autênticos", os jesuítas, que não podiam suportar isso, prenderam-no e, em retribuição, enviaram-no às galés, pelo que certamente ainda receberão sua recompensa.

Agora chegou o momento em que a aurora bem-aventurada despontará no final da sombria noite de Saturno. Seu brilho fará empalidecer a claridade da lua e as frágeis cintilações da sabedoria celeste, que ainda estão presentes nos homens. Essa aurora é um presságio do sol maravilhoso que, por seus puros raios de fogo, fará nascer o dia bem-aventurado que tantos corações fervorosos desejam tão ardentemente. À luz desse dia, todos os tesouros celestes da sabedoria divina poderão ser reconhecidos e também todas as coisas ocultas e invisíveis do mundo poderão ser vistas em verdade, de acordo com o ensinamento dos primeiros pais e dos antigos sábios. Isso será o legítimo rubi real, o carbúnculo precioso e luminoso, que, diz-se, possui e envia uma luz irradiante na escuridão, que constitui uma panaceia perfeita para todos os corpos, que pode transmutar os metais vis no ouro mais puro e afastar os homens de todas as enfermidades, de todas as angústias e de todas as aflições.

Portanto, que o leitor de boa vontade possa encontrar aqui uma exortação para rogar comigo intensamente a Deus, que abra o coração e os ouvidos de todos os que ouvem e compreendem mal e lhes dê sua bênção, a fim de que, contemplando a natureza, cheios de admiração, eles possam reconhecê-lo completamente em sua onipotência, rendendo-lhe louvor, honra e glória, e concedendo ao próximo o amor, o auxílio, o consolo e a força, e a todos os doentes, a cura.

Amém.

Fama Fraternitatis Rosæ Crucis

ou

Manifesto da Fraternidade
da mui louvável
Ordem da Rosa-Cruz

A Todos os Chefes de Estado, Ilustres e Eruditos da Europa

Nós, Irmãos da Fraternidade da R.C., oferecemos nossa saudação, nosso amor e nossa oração a todos os que leem nossa *Fama* de inspiração cristã.

Como o Deus único, sábio e misericordioso, tem derramado, nestes últimos tempos, sua graça e sua bondade com tanta profusão sobre o gênero humano, a fim de que ele se aprofunde ainda mais tanto no conhecimento de seu filho como no conhecimento da natureza, podemos, com toda razão, falar de um tempo feliz, pois ele não somente nos revelou e nos fez descobrir a metade desconhecida e oculta do mundo, como mostrou inúmeras obras e criaturas prodigiosas da natureza, antes jamais vistas, e também fez surgir homens mui iluminados e dotados de nobreza de espírito que, em parte, recuperaram a honra das artes degradadas e imperfeitas para que o homem compreenda, finalmente, sua nobreza e sua majestade e perceba a razão pela qual ele é chamado de *microcosmo* e a extensão de sua arte na natureza.

No entanto, isso será de pouca serventia para o mundo insensato, e é por isso que a maledicência, o riso e o escárnio crescerão continuamente. Também entre os eruditos a arrogância e o orgulho são tão grandes que eles não podem se reunir para, baseados em tudo o que Deus espalhou tão abundantemente em nosso século, coligir e produzir em conjunto um *Librum Naturæ*, ou seja, um compêndio de todas as artes. Porém, um partido se opõe tanto ao outro e mantém tanta aversão, que todos continuam com o mesmo refrão: o Papa, Aristóteles, Galeno – sim, tudo o que se assemelhe a um *codex* – são tomados como a clara luz manifestada, ao passo que, se eles ainda estivessem vivos, sem dúvida sentiriam grande alegria em se reorientar. Mas somos muito fracos para um trabalho tão grande. E ainda que na Teologia, na Física e na Matemática a verdade se oponha ao adversário clássico, este sempre demonstra amplamente sua malícia e seu furor, freando uma tão bela evolução por meio dos belicosos e dos vagabundos, e tornando-a detestável.

Para levar essa reforma a cabo, nosso bem-amado e espiritualmente mui iluminado Pai e Irmão C.R., alemão, chefe e fundador de nossa Fraternidade, consagrou muitos sofrimentos e esforços, durante um longo tempo.

Em seu quinto ano de vida, por causa da pobreza de seus pais, embora nobres, ele foi acolhido em um mosteiro, onde aprendeu relativamente bem as duas línguas, a grega e a latina. Depois, por causa de suas preces e súplicas insistentes, ainda na flor da juventude, foi auxiliar do Irmão P.A.L., que queria empreender uma viagem ao Santo Sepulcro. Não obstante esse irmão haver morrido em Chipre, e assim não ter chegado a ver Jerusalém, nosso Irmão C.R. não regressou, mas lançou vela em direção totalmente oposta e dirigiu-se a Damasco, propondo-se, partindo dali, a visitar Jerusalém. Mas, devido a dificuldades corporais, ele teve de permanecer no lugar em que estava e, graças aos remédios – dos quais tinha um certo conhecimento – conquistou a simpatia dos turcos. Por acaso, ouviu falar a respeito dos sábios de Damcar, na Arábia, e sobre os milagres que realizavam, e também sobre o fato de que a natureza inteira lhes havia sido desvelada. Com isso, o elevado e nobre espírito do Irmão C.R.C. foi despertado, de modo que agora Jerusalém já não lhe interessava tanto quanto Damcar. Como já não podia dominar seu desejo, ofereceu, mediante certa soma de dinheiro, seus serviços a marinheiros árabes para que o levassem a Damcar.

Quando lá chegou, não tinha mais do que dezesseis anos – mas já possuía uma forte constituição alemã. Assim como ele mesmo pôde testemunhar, os sábios o receberam não como um estrangeiro, mas como aquele que aguardavam há muito tempo. Eles também o chamaram por seu nome e lhe ensinaram outros mistérios de seu mosteiro, pelo que muito se admirou. Ali ele aprendeu melhor a língua árabe, a ponto de traduzir, em bom latim, já no ano seguinte, o *Librum M*, que levou consigo. Nesse lugar ele adquiriu também seus conhecimentos de Física e Matemática, dos quais o mundo poderia deveras se rejubilar, se maior fosse o amor, e menor, a inveja.

Ele retornou ao final de três anos e, munido do salvo--conduto adequado, lançou vela do *Sinus Arabicus* (Golfo Arábico) para o Egito, onde, entretanto, não permaneceu por muito tempo, mas onde prestou mais atenção às plantas e às criaturas. De lá atravessou o Mar Mediterrâneo, até chegar a Fez, cidade que os árabes lhe haviam indicado. É uma verdadeira vergonha para nós que sábios que vivem tão longe uns dos outros não somente estejam unidos entre si, mas também contrários a toda polêmica e dispostos a revelar seus segredos, em total confiança.

Anualmente, os árabes e os africanos se reúnem e se consultam mutuamente sobre as artes para saber se algo melhor foi descoberta ou se seus conceitos foram superados pela experiência. Desse modo, a cada ano algo novo se apresenta para melhorar a Matemática, a Física e a Magia, pois nisso os habitantes de Fez são muito avançados. Da mesma forma, na Alemanha não faltam atualmente eruditos, magos, cabalistas, médicos e filósofos, mas eles deveriam ser mais caridosos, e a maioria não deveria querer devorar o pasto sozinha.

Em Fez, ele travou conhecimento com os que chamamos comumente de habitantes originais, os quais lhe revelaram muitos de seus segredos, do mesmo modo que nós, os alemães, poderíamos reunir muito do que é nosso se uma unidade semelhante reinasse entre nós e se aspirássemos à pesquisa com toda a sinceridade. Quanto aos habitantes de Fez, ele reconheceu muitas vezes que a magia deles não era totalmente pura e que sua cabala havia sido corrompida por sua religião. Apesar disso, soube fazer excelente uso dela e descobriu um fundamento ainda melhor para sua fé, pois esta agora concordava com a harmonia do mundo inteiro, encarnada de modo maravilhoso em todos os tempos. E foi então que se originou a bela associação segundo a qual assim como em toda semente está encerrada uma árvore ou um fruto inteiro também a totalidade do vasto mundo estaria presente em um "pequeno homem", cuja religião, política, saúde, membros, natureza, palavras e obras seguiriam em uníssono a melodia de Deus, do céu e da terra. Tudo o que estivesse em dissonância com isso seria erro, falsidade e obra do diabo, que é o primeiro instrumento e última causa da dissonância do mundo, de sua cegueira e de sua ignorância. Se, no entanto, alguém pudesse examinar abertamente todos os homens sobre a face da terra, descobriria que o que é bom e certo sempre está em harmonia consigo mesmo, enquanto que o restante está maculado por milhares de interpretações incorretas.

Dois anos mais tarde, o Irmão R.C. partiu de Fez rumo à Espanha, como portador de inúmeros e valiosos tesouros, com a esperança de que ali, uma vez que havia tirado tanto proveito de sua viagem, os sábios da Europa ficassem muitíssimo contentes com ele e edificassem agora seus estudos sobre fundamentos tão seguros. Por isso, conversou com os eruditos, na Espanha, sobre o que faltava a nossas artes e quanto ao modo de auxiliá-los, e de onde poderiam tirar indícios seguros para os tempos vindouros e em que deveriam concordar com os tempos passados; saberiam como reformar os defeitos da Eclésia e de toda a filosofia moral. Ele lhes mostrou novas plantas, novas frutas e animais que não estavam de conformidade com as leis da antiga filosofia e lhes transmitiu novos axiomas que poderiam resolver tudo perfeitamente.

Mas isso lhes pareceu risível e, como tudo ainda era novo, temeram que seu grande renome sofresse, uma vez que eles deveriam, inicialmente, entregar-se novamente ao estudo e confessar que estavam perdidos há muitos anos. Além disso, eles estavam muito acostumados a essa situação e já tinham tirado muito proveito dela. Que outra pessoa, a quem a inquietude fosse agradável, fizesse a reforma!

Esse estribilho foi-lhe cantado também por outras nações, o que muito o afligiu, pois de maneira alguma contara com isso, e estava pronto a comunicar generosamente todas as suas artes aos eruditos, quisessem eles apenas dar-se ao trabalho de comprovar os axiomas infalíveis de todas as faculdades, ciências, artes e de toda a natureza. Afinal, ele estava persuadido de que esses axiomas, como em uma esfera, deviam se dirigir a um único ponto central e, tal como acontecia entre os árabes, deveriam servir de diretriz unicamente aos sábios, a fim de que também na Europa houvesse uma comunidade que dispusesse de bastante ouro e pedras preciosas para poder comunicar isso aos reis, com a devida e respeitosa finalidade de que os soberanos fossem instruídos por essa comunidade, de modo que soubessem tudo o que Deus permite ao homem saber e pudessem, em caso de necessidade, ser consultados, tal qual os pagãos faziam com seus oráculos.

É preciso reconhecer que o mundo, na época já prenhe de uma tão grande comoção, atravessava as dores do parto: assim, ele engendrou heróis infatigáveis e gloriosos que, com todas as suas energias, atravessaram as trevas e a barbárie, deixando para todos nós, os mais fracos, o cuidado de segui-los. Sem dúvida, eles foram o vértice mais alto do triângulo ígneo de onde as chamas irradiarão, daqui para frente, com energia cada vez maior, para acender, indefectivelmente, o último incêndio do mundo.

Teofrasto, por vocação, foi também um desses heróis. Apesar de não haver entrado em nossa Fraternidade, não obstante, ele leu diligentemente o Livro M, o qual iluminou seu discernimento inato. Contudo, a confusão dos eruditos e dos ignorantes impediu esse homem de se desenvolver melhor, de modo que nunca pôde falar pacificamente com outrem de suas reflexões sobre a natureza. É por isso que, em seus textos, mais zombou dos indiscretos do que se deu a conhecer inteiramente. Todavia, a harmonia mencionada acima achava-se profundamente ancorada nele, e ele a teria sem dúvida comunicado aos sábios, se eles fossem encontrados mais dignos de uma arte superior do que inclinados a sutis vexações. Assim, ele desperdiçou seu tempo com uma vida livre e descuidada, abandonando o mundo a seu tolo prazer.

Não esqueçamos, porém, nosso amado Pai, Irmão C.R. que, após muitas viagens cansativas e após um ensinamento verídico ofertado em vão, regressou à Alemanha, que ele – por causa da mudança iminente e da luta singularmente perigosa que aí deviam ocorrer – amava de coração. Embora lá pudesse ter brilhado por sua arte, em especial pela transmutação dos metais, interessou-se mais pelo céu e por seus cidadãos, os homens, do que por toda glória. Contudo, construiu para si uma morada apropriada e limpa, onde meditou sobre suas viagens e sua filosofia e sobre as quais escreveu um relatório. Nessa casa, dedicou-se um longo tempo à Matemática e fez, de todos os âmbitos da arte, muitos belos instrumentos, dos quais, entretanto, muito pouco chegou até nós, assim como veremos em seguida.

Após cinco anos veio-lhe de novo à mente a reforma desejada. Uma vez que não conseguia o auxílio e a assistência de outrem, apesar de ser trabalhador, ágil e infatigável, decidiu empreender esse trabalho com apenas poucos auxiliares e colaboradores.

Por isso, convidou três confrades de seu primeiro mosteiro, pelos quais tinha simpatia especial: Irmão G.K., Irmão I.A. e Irmão I.O., sendo que estes últimos estavam mais familiarizados com as artes do que era de costume então. Solicitou a esses três irmãos o compromisso de serem-lhe o mais fiéis possível, diligentes e silenciosos, e de colocar por escrito, com a maior aplicação, todas as instruções que ele desse a cada um, a fim de que os futuros membros, que deveriam ser admitidos na Ordem por causa de uma revelação especial, não fossem enganados por nenhuma sílaba e nenhuma letra.

Assim, a Fraternidade da Rosa-Cruz começou com apenas quatro pessoas. A linguagem e a escrita mágicas foram providas por elas de vasto vocabulário, que utilizamos, ainda hoje, para a honra e a glória de Deus, e onde encontramos grande sabedoria. Eles também escreveram a primeira parte do Livro M.

Mas como esse trabalho havia se tornado demasiadamente importante e a incrível afluência de doentes muito os estorvava, estando, além disso, concluída a nova morada, denominada *Sancti Spiritus*, decidiram admitir outras pessoas em sua comunidade e fraternidade. Para isso foram escolhidos: Irmão R.C., filho do irmão de seu falecido pai; Irmão B., hábil pintor; G.G. e P.D., seus secretários. Assim, eram agora ao todo oito, alemães, com exceção de I.A., todos celibatários e devotados à castidade. Eles deveriam recompilar em uma só obra tudo o que o homem pudesse querer, desejar ou esperar para si.

Apesar de admitirmos sinceramente que o mundo tenha melhorado muito nos últimos cem anos, estamos certos de que nossos *Axiomata* permanecerão imutáveis até o Último Dia e de que o mundo não verá, mesmo em sua última e mais avançada idade, nada mais valioso, pois nossas *Rotæ* começaram no dia em que Deus pronunciou seu *Fiat* (Faça-se) e terminarão quando ele pronunciar seu *Pereat* (Pereça). Contudo, o relógio de Deus marca cada minuto, ao passo que o nosso não indica senão as horas inteiras. Cremos também firmemente que nossos bem-amados pais e irmãos, tivessem eles alcançado nossa presente clara luz, tratariam mais rigorosamente o Papa, Maomé, bem como os escribas, artistas e sofistas, e lhes teriam fornecido as provas de sua força de alma de fato, e não apenas mediante suspiros e desejos de realização.

Quando esses oito irmãos haviam preparado e disposto tudo, de modo que já nenhum trabalho especial era necessário, e como cada um possuía uma visão geral da filosofia secreta e revelada, decidiram já não continuar juntos. Conforme a intenção inicial, eles se espalharam por todos os países, de modo que seus *Axiomata* pudessem ser examinados profundamente e em segredo pelos eruditos, mas também para que se, pela observação, em outro país, um erro aparecesse em relação a isso, eles pudessem se informar mutuamente.

Seu acordo era o seguinte:

1. Ninguém deve exercer outro ofício a não ser o de curar os doentes, e isso gratuitamente.

2. Ninguém deve ser obrigado, por causa da Fraternidade, a usar uma roupa especial, mas cada um deve seguir o costume do país.

3. Cada irmão deve se apresentar anualmente, no dia C., à Casa *Sancti Spiritus* ou comunicar a razão de sua ausência.

4. Cada irmão deve se assegurar de ter uma pessoa de valor que possa, a seu tempo, sucedê-lo.

5. A sigla "R.C." deve ser seu selo, insígnia e distintivo.

6. A Fraternidade deve permanecer secreta durante 100 anos.

Eles juraram fidelidade mútua em relação a esses seis artigos, e cinco irmãos partiram dali. Somente os Irmãos B. e D. permaneceram por um ano junto ao Pai-Irmão C. Quando eles também partiram, permaneceram junto dele seu primo e I.O., de modo que sempre teve junto de si, durante todos os dias de sua vida, dois irmãos.

Conquanto a Igreja ainda não estivesse purificada, sabemos contudo o que eles pensavam dela e o que esperavam, cheios de anelo. Todos os anos, reuniam-se alegremente e faziam um relatório detalhado de suas atividades. Deve ter sido realmente maravilhoso lá ouvir a narrativa, veraz e sóbria, de todas as maravilhas que Deus disseminou aqui e ali no mundo.

Também se pode aceitar como certo que tais pessoas – conjuntamente orientadas por Deus e por toda a *Machina Celeste*, escolhidas dentre os homens mais sábios que existiram em muitos séculos – viveram, entre si e com os outros, na mais elevada unidade, na máxima discrição e na mais bela vida de atos. Sua vida decorreu em muito louvável conduta, e apesar de seu corpo estar livre de todas as doenças e dores, essas almas, contudo, não podiam ultrapassar o limiar preciso da dissolução.

O primeiro dessa Fraternidade a morrer foi I.O., precisamente na Inglaterra, tal qual o Irmão C. há muito lhe profetizara. Ele era muito versado em cabala e extremamente erudito, como o demonstra seu pequeno livro H. Sua fama era grande na Inglaterra, particularmente por haver curado da lepra um jovem conde de Norfolk. Eles haviam decidido que seus sepulcros, tanto quanto possível, deveriam permanecer em segredo, de modo que, presentemente, não sabemos onde muitos deles se encontram. Entretanto, o lugar de cada um foi ocupado por um sucessor apropriado. Queremos confessar publicamente, para a honra de Deus, que apesar de todos os segredos que possamos haver aprendido do Livro M – e embora possamos ter diante dos olhos a imagem do mundo inteiro e da sua contraparte – não nos são conhecidas, contudo, nossas desditas e a hora de nossa morte, as quais o Deus onipotente, que quer nos ver permanentemente preparados, reservou para si.

Mas trataremos disso mais detalhadamente em nossa *Confessio*, onde indicamos as trinta e sete causas pelas quais tornamos conhecida a nossa Fraternidade e propomos tão elevados segredos livremente, sem constrangimentos e sem aguardar nenhuma recompensa, e prometemos ainda mais ouro que o rei da Espanha poderia trazer das duas Índias. Afinal, a Europa está grávida e dará à luz uma poderosa criança que deve ser ricamente dotada por seus padrinhos.

Depois da morte de O., o Irmão C. não parou de trabalhar, convocou os outros logo que foi possível, e parece provável que somente então seu sepulcro pôde ser feito. Embora nós, seus discípulos, jamais tivéssemos sabido até então qual foi o momento da morte de nosso bem-amado Pai R.C., e não tivéssemos possuído mais nada além dos nomes dos fundadores e de todos os seus sucessores até nossos dias, ainda pudemos nos lembrar de um segredo que, por meio de um misterioso discurso sobre os cento e vinte anos, nos foi revelado e confiado por A., sucessor de D., que, sendo o último do segundo círculo, havia vivido com muitos dentre nós, representantes do terceiro círculo.

Mas devemos reconhecer que, depois da morte de A., nenhum dentre nós já nada sabia de R.C. e de seus primeiros confrades, a não ser do que haviam deixado em nossa biblioteca filosófica, onde considerávamos nossos *Axiomata* como o mais importante, as *Rotæ Mundi* como o mais artístico e *Proteus* como o mais útil. Portanto, não sabemos com certeza se os do segundo círculo possuíam a mesma sabedoria que os do primeiro e se a tudo tiveram acesso. No entanto, é preciso lembrar ainda ao benévolo leitor que não somente aquilo que aprendemos sobre o sepulcro do Irmão C., mas também o que demos a conhecer aqui, foi previsto, permitido e ordenado por Deus, a quem obedecemos com tamanha fé que, na medida em que as pessoas vierem a nós com discrição e disposição cristã, não teremos nenhum medo de revelar, publicando-os, nossos nomes de batismo e de família, nossas reuniões e o que ainda poderiam esperar de n**ós**.

Portanto, aí está a verdade e o relato fiel da descoberta do homem de Deus altamente iluminado, Irmão C.R.C.

Depois do falecimento pacífico de A. na *Gallia Narbonensis*, nosso Irmão bem-amado N.N. assumiu o seu lugar. Por ocasião de sua instalação entre nós, como juramento solene de fidelidade e segredo, ele nos relatou confidencialmente que A. lhe havia dado esperanças de que esta Fraternidade logo não seria tão secreta, mas seria para a pátria inteira, a nação alemã, auxiliadora, necessária e digna de louvor – algo de que ele, N.N., em sua posição, não teria a menor razão de se envergonhar. No ano seguinte, quando estava terminando seu discipulado e teve a chance de viajar com um viático considerável, ou uma bolsa da Fortuna, pensou – sendo um arquiteto extremamente bom – em modificar um pouco essa construção e arranjá-la de uma forma mais cômoda.

No decorrer desse trabalho de renovação, ele encontrou a placa comemorativa, fundida em latão, que continha os nomes de cada membro da Fraternidade e algumas outras inscrições. Ele quis transferi-la para debaixo de uma abóbada diferente e mais bem adaptada, uma vez que os antigos haviam guardado o segredo do lugar e do momento da morte do Irmão C., assim como do país onde ele poderia estar enterrado; e nem nós tínhamos conhecimento disso. Nessa placa comemorativa sobressaía um grande prego. Ao ser extraído com grande força, ele trouxe consigo uma parte bastante grande da fina parede, ou revestimento, que recobria a porta secreta, revelando, assim, uma passagem inesperada, a partir da qual pusemos abaixo o resto da alvenaria. Com alegria e impaciência limpamos a porta, onde se encontrava escrito em grandes letras, na parte superior: *Post CXX annos patebo* (Depois de cento e vinte anos serei aberta). Abaixo estava a data.

Rendemos graças a Deus e, na mesma noite, deixamos tudo no lugar, porque queríamos primeiro consultar nossa *Rota*.

Novamente, e pela terceira vez, referimo-nos à *Confessio*, pois o que aqui revelamos será em benefício dos dignos, mas para os indignos, isto de nada poderá servir, graças a Deus, pois da mesma maneira como nossas portas foram abertas de maneira maravilhosa depois de tantos anos, da mesma forma uma porta se abrirá para a Europa logo que a alvenaria for retirada, porta que já está visível e é impacientemente esperada por um grande número de pessoas.

Pela manhã, abrimos a porta, e surgiu uma cripta de sete lados e ângulos, sendo que cada lado media cinco pés de largura por oito de altura. Esse hipogeu, mesmo não tendo sido jamais iluminado pelo sol, estava claramente iluminado graças a um outro sol que havia sido instituído por ele, e que se encontrava no alto, no centro da abóbada. No centro, como lápide, havia um altar circular coberto por uma plaqueta de latão, que trazia a seguinte inscrição: *A.C.R.C. Hoc universi compendium vivus mihi sepulcrum feci* (A.C.R.C. Deste compêndio do Universo fiz para mim, em vida, um sepulcro).

O primeiro círculo ou anel estava rodeado das seguintes palavras: *Jesu mihi omnia* (Jesus é tudo para mim).

No centro encontravam-se quatro figuras inscritas no círculo, cuja legenda era a seguinte:

1. *Nequaquam Vacuum* (Não há espaço vazio)

2. *Legis Jugum* (O jugo da lei)

3. *Libertas Evangelii* (A liberdade do Evangelho)

4. *Dei Gloria Intacta* (A glória de Deus é intangível)

Tudo isso é claro e evidente, assim como também os sete lados e duas vezes sete triângulos. Então, ajoelhamo-nos todos juntos e rendemos graças ao único Deus, sábio, onipotente e sempiterno, que nos ensinou mais do que toda a razão humana poderia descobrir. Louvado seja seu nome.

Dividimos essa cripta em três partes: a cúpula, ou céu, as paredes, ou lados, o chão, ou pavimento. Sobre o céu, por ora, nada ouvireis de nós – a não ser que era dividido, em seu centro luminoso, por triângulos de acordo com os sete lados. Contudo, o que aí dentro se encontrava, vós que aguardais a salvação deveríeis vê-lo de preferência com os próprios olhos, pela graça de Deus. Cada lado estava dividido em dez espaços quadrados, cada um com suas figuras e sentenças, como nós as reproduzimos em nossa obra de forma condensada, com tanto cuidado e precisão quanto possível.

O chão também estava dividido em triângulos, mas, visto que ali estavam descritos o reino e o poder do regente inferior, tais coisas não podem ser prostituídas ao mundo ímpio e curioso para seu uso profano. Mas, quem está em harmonia com o ensinamento celeste pisa na cabeça da antiga serpente, sem medo e sem dano, ao que nosso século é muito adequado.

Cada um dos lados tinha uma porta que dava para um cofre onde se encontravam diversos objetos, principalmente todos os nossos livros, os quais, aliás, já possuíamos, assim como o *Vocabularium* de Teofrasto Paracelso de Hohenheim e outros escritos que damos a conhecer sem dissimulação todos os dias. Também descobrimos aí seu *Itinerarium* e sua *Vitam*, de onde tiramos o essencial daquilo que estamos relatando.

Em outro armário havia espelhos com diversas virtudes, e em outro lugar, sinetas, lamparinas acesas e também algumas canções artísticas maravilhosas, tudo disposto de tal modo que, muitos séculos mais tarde, caso toda a Ordem ou Fraternidade perecesse, tudo poderia ser reconstituído com base unicamente nessa cripta.

Ainda não havíamos visto os despojos de nosso pai tão atencioso e tão prudente, de modo que movemos de lado o altar e, sob uma espessa folha de latão, surgiu diante de nós um belo e glorioso corpo, intacto e sem nenhum sinal de decomposição, tal como o vemos reproduzido aqui fielmente, com todos os seus ornamentos e atributos.

Na mão segurava um pequeno livro de pergaminho, escrito em letras de ouro e denominado T, que é, depois da Bíblia, nosso mais precioso tesouro e que não deve ser exposto levianamente à crítica do mundo. No final desse livreto, encontra-se o seguinte elogio:

Um grão semeado no coração de Jesus, Cristiano Rosa-Cruz era oriundo de nobre e ilustre família R. C. alemã. Homem de seu século, ornamento luminoso para o futuro, dotado de imaginação sutilíssima, trabalhador vigoroso, fora admitido nos mistérios e arcanos celestes e humanos por revelação divina. Seu tesouro, mais que real ou imperial, coligido por ele em suas viagens pela Arábia e pela África, e para o qual seu século ainda não estava maduro, guardou-o para que a posteridade o desenterrasse, fazendo herdeiros de sua arte e de seu nome seus amigos mais íntimos e leais. Ele construiu um pequeno mundo que correspondia ao grande em todos os movimentos. Finalmente, após haver feito esse compêndio dos acontecimentos passados, presentes e futuros, entregou – com mais de cem anos e em meio a abraços e últimos ósculos dos irmãos – sua alma iluminada a Deus, seu Criador, e isso não por causa de doenças, as quais jamais conheceu no corpo nem permitia que infectassem outros, ou compelido por alguém, porém por haver sido chamado pelo Espírito de Deus. Pai diletíssimo, irmão suavíssimo, preceptor fidelíssimo, amigo integérrimo, foi ocultado aqui por 120 anos.

Imediatamente abaixo haviam assinado:
1. Pai A. Irmão R.C., cabeça da Fraternidade por eleição;
2. Pai G.V.M.P.G.;
3. Pai R.C., o mais jovem, herdeiro do Espírito Santo;
4. Pai F.B.M.P.A., pintor e arquiteto;
5. Pai G.G.M.P.I., cabalista.

Do segundo círculo:
1. Pai P.A., sucessor do Irmão I.O., matemático;
2. Irmão A., sucessor do Irmão P.D.;
3. Irmão R., sucessor do Pai C.R.C., triunfante em Cristo.

No final, estava escrito:
Ex Deo nascimur (De Deus nascemos),
in Jesu morimur (em Jesus morremos),
per Spiritum Sanctum reviviscimus (pelo Espírito Santo renascemos).

Àquela época, o Pai O. e o Pai D. já haviam falecido. Onde pode estar o sepulcro deles? Para nós não há dúvida de que nosso irmão decano foi sepultado de modo bem especial, ou talvez também ocultado. Esperamos igualmente que nosso exemplo incite outras pessoas a investigar com mais zelo sobre os nomes deles, os quais por isso revelamos, e a procurar seus túmulos. Afinal, a maior parte deles ainda é conhecida pelas pessoas muito idosas, e são famosos por sua medicina. Assim, nossa Gaza poderá, sem dúvida, ser aumentada, ou ao menos ser mais bem iluminada.

Quanto ao *minutus mundus*, nós o encontramos guardado em outro pequeno altar, certamente mais belo que qualquer ser racional possa imaginar: nós não o reproduziremos enquanto não se houver respondido sinceramente à nossa leal *Fama*.

Então, recolocamos no lugar as placas, e, recolocado sobre elas o altar, fechamos a porta e apusemos nela todos os nossos selos. Depois disso, conforme as indicações e ordens de nossas *Rotæ*, divulgamos diversos livretos, entre os quais o *M. sup.* composto pelo bem amado M. P., que para isso deixara de lado certas obrigações domésticas. Finalmente, de acordo com nosso hábito, novamente nos separamos, deixando os herdeiros naturais de posse de nossos tesouros. Agora esperamos a resposta, a sentença ou o julgamento que receberemos sobre isso dos eruditos e dos ignorantes.

Embora saibamos perfeitamente que ainda está longe o tempo em que, segundo nosso desejo e expectativa, deva se produzir uma reforma geral do divino e do humano em toda a sua extensão, não é nada excepcional que o sol, antes de se erguer, projete no céu uma luz clara ou difusa na qual alguns, que se apresentarão, virão se juntar para ampliar nossa Fraternidade em número e reputação. E, graças à regra filosófica desejada e ditada pelo Irmão C., darão um feliz início e se beneficiarão conosco, em humildade e amor, de nosso tesouro – que já não nos poderá escapar – e suavizarão a dor deste mundo e já não vaguearão como cegos entre as maravilhas de Deus.

Mas, para que todo cristão saiba que somos pessoas de fé e confiáveis, professamos o conhecimento de Jesus Cristo, tal como ele é divulgado em termos claros e evidentes nestes últimos tempos, principalmente na Alemanha, e como ainda é hoje – à exceção de todos os fanáticos, hereges e falsos profetas – recebido, conquistado e propagado por determinados países.

Também nos beneficiamos de dois sacramentos, tais como eles foram instituídos, com todas as fórmulas e cerimônias, pela Primeira Igreja Reformada.

Em matéria de política, reconhecemos o império romano – e a Quarta Monarquia – como nosso mestre e mestre dos cristãos.

Apesar de sabermos perfeitamente quais são as mudanças que estão sendo preparadas, desejamos, de todo o coração, comunicá-las aos que são instruídos por Deus, e nenhum homem poderá apossar-se, sem a vontade de Deus, de nosso manuscrito, que temos em mãos, nem entregá-lo aos indignos. Entretanto, prestaremos auxílio secreto à boa causa, conforme Deus o permita ou proíba. Porque nosso Deus não é cego como a Fortuna dos pagãos, mas é o ornamento da Igreja e a honra do Templo.

Nossa filosofia não é nada nova, mas sim semelhante a que foi recebida por Adão depois de sua queda, e que Moisés e Salomão colocaram em prática.

Assim, ela não tem necessidade de colocar muitas coisas em dúvida, nem de refutar ideias diferentes. Mas, como a verdade sempre é simples, concisa e semelhante a si mesma – e, principalmente, está em harmonia com *Jesu ex omni parte* (Jesus em sua manifestação plena) e com todos os seus membros, assim como ele é a imagem de seu Pai e ela é sua contraparte – é errado afirmar: *Hoc per Philosophiam verum est, sed per Theologiam falsum* (Isto é verdadeiro para a Filosofia, todavia é falso para a Teologia). Porque o que foi admitido como justo por Platão,

Aristóteles, Pitágoras e outros, e aquilo que Enoque, Abraão, Moisés e Salomão demonstraram – principalmente o que está de acordo com a Bíblia, esse grande livro maravilhoso – converge e se torna uma esfera ou globo onde todas as partes estão a igual distância do centro, como isso será tratado mais ampla e profundamente em nossas dissertações cristãs.

Todavia, a fabricação ímpia e maldita do ouro, particularmente em nossa época, desenvolveu-se tanto que incita muitos bajuladores extraviados, dignos do patíbulo, a cometer grandes vilanias e a abusar da curiosidade e da credulidade de muitos, a ponto de muitas vezes pessoas modestas pensarem que a transmutação dos metais poderia ser o ápice e o fastígio da Filosofia e fazerem tudo com esta finalidade: Deus, ele mesmo, deveria ser suficientemente bom para lhes permitir fabricar grandes quantidades de ouro e de pepitas de ouro. Além disso, elas esperam convencer disso o Deus onisciente, que vê nos corações, por meio de preces levianas e de rostos constritos e amargos.

Portanto, testemunhamos oficialmente aqui que isso não é correto, sendo que a produção de ouro para os verdadeiros filósofos é algo insignificante e de pouca importância. Em comparação com isso, eles possuem milhares de coisas mais importantes. E nós dizemos com nosso amado Pai C.R.C.: *Phui! aurum nisi quantum aurum!* (Puh! Ouro – nada mais do que ouro!). Com efeito, aquele para quem a natureza inteira se revela não se regozija por poder fazer ouro ou, como Cristo diz, que os demônios lhe obedeçam, porém por ver o céu aberto e os anjos de Deus subirem e descerem e seu nome escrito no Livro da Vida.

Testemunhamos também que, sob nomes alquímicos aparecem livros e figuras que são afrontas à honra de Deus.

A seu devido tempo, nomeá-los-emos e daremos um catálogo deles aos puros de coração. Pedimos a todos os letrados que tomem o devido cuidado com esses livros, pois o inimigo não para de semear seu joio, até que alguém mais forte o impeça.

Conforme intenção de nosso Pai C.R.C., nós, seus irmãos, solicitamos mais uma vez a todos os sábios da Europa que leiam nossa Fama (editada em cinco línguas) e nossa Confessio latina, que examinem suas artes com espírito ponderado, de maneira rigorosa e escrupulosa, considerem a época presente com todo o zelo e nos anunciem, então, o fruto de suas reflexões, manuscritas ou impressas, quer coletiva, quer individualmente, pois, apesar de não revelarmos nem nosso nome, nem o de nossa assembleia, o julgamento de cada um, em qualquer língua que seja, seguramente chegará até nós.

Além disso, quem nos revela seu nome pode estar completamente seguro de que tomará contato com um de nós, seja verbalmente ou, se tiver algum escrúpulo, por escrito. Porém dizemos enfaticamente que aquele que em relação a nós tiver intenções sérias e cordiais sentirá alegria em seus bens, seu corpo e sua alma.

Mas aquele cujo coração for falso e estiver voltado apenas para o dinheiro não nos trará nenhum dano, mas afogar-se-á na mais forte e profunda dor.

É preciso, com efeito, que nossa construção, mesmo que centenas de milhares de homens a tenham visto de perto, permaneça intangível, incólume, invisível e perfeitamente oculta por toda a eternidade.

Sub umbra alarum tuarum Jehová.
(À sombra de tuas asas, ó Jeová.)

Análise Esotérica da Fama Fraternitatis R.C.

Introdução

Aqueles que estudaram as ciências esotéricas, por pouco que seja, descobriram que em toda a extensão do cosmo se desenrola uma luta espantosa e sobre-humana entre as potestades do bem e as potestades do mal. Ao tomar consciência das antigas religiões, dos mitos e das lendas que desde a aurora dos tempos chegaram até nós, sereis tocados pelo indizível drama da luta eterna, no céu e na terra, do conflito entre o negativo e o positivo, entre o bem e o mal.

Todos nós participamos desse conflito, cada um desempenhando seu papel particular. Todos participamos dessa luta, desse necessário processo de purificação, pois é graças a ela que chegamos à vitória. Um episódio dessa luta pela vida desenvolve-se entre as portas do nascimento e da morte. A terra é o crisol onde fomos todos lançados, a fim de que o ouro do espírito possa libertar-se do que é inferior e transmutar-se em ouro da alma.

Nessa luta, cada um é chamado para fazer uma escolha. Entrareis na fila das legiões da Luz Branca ou desejais pertencer à fraternidade das trevas? Compreendei bem: não se trata absolutamente de uma designação vaga, poética ou mística, pois há efetivamente dois campos a serem distinguidos, e é em um deles que deveis entrar, misturando-vos inexoravelmente à luta e tornando-vos, inevitavelmente, um participante de todo o devir.

Já sabemos com antecedência qual das duas legiões sairá vitoriosa: a Luz Branca triunfará no final. Trata-se, principalmente, de assegurar a vitória no tempo mais curto possível. Esta é a pergunta que a Fraternidade Universal faz, continuamente: Como atingiremos nossa meta o mais rapidamente possível?

Esse caminhar mais ou menos rápido depende da parcela da humanidade que poderíamos chamar de a grande massa das classes médias, dotada de um poder de discernimento ainda muito pequeno, de uma energia dinâmica muito escassa, e que é extremamente conservadora – em suma, o rebanho dos inconscientes. Na verdade, é esse rebanho que mantém a fraternidade das trevas. É por isso que encontramos na Bíblia estas palavras, tão frequentemente citadas: "Meu povo se perde por falta de conhecimento". Entretanto, antes que se possa vencer definitivamente o adversário tenebroso, é preciso arrancar a massa de sua inconsciência e educá-la para permitir que ela faça uma escolha definitiva: a escolha que é esperada, com toda tranquilidade, pela Fraternidade da Luz.

Admitamos que o buscador já tenha feito sua escolha, que tenha se destacado da massa, que tenha se incorporado ao grupo de pioneiros, e já tenha se preparado para a luta por bondade, verdade e justiça, o triângulo mágico do franco--maçom místico.

Como podereis saber se sois um pioneiro? Um pioneiro é um ser firmemente decidido. Após ter feito sua escolha, ele se direciona para sua meta e aproxima-se dela com grande resolução. Ele evita a agitação e os ruídos inúteis. Ele não dá nenhuma importância à oposição e vencerá gradualmente tudo o que o separa de sua meta. Mesmo que seus esforços sejam apresentados sob uma falsa luz, mesmo que se torne vítima do ódio, da calúnia, da animosidade, ou da falta de compreensão, ele neutralizará habilmente esses ataques sem desempenhar o papel de herói ou de personagem importante, pois todo e qualquer heroísmo está fora de cogitação em uma vitória que já está assegurada de antemão. Ele sabe que toda honraria, reconhecimento e adoração pertencem ao Grande Arquiteto que tudo criou, e a Cristo, que possibilita toda construção.

O pioneiro é perseverante. Jamais se desencoraja. Ele não se deixa levar pelo entusiasmo para, depois de uma atividade transbordante, cair em completa inércia. E se, às vezes, ele troveja como uma tempestade, é para despertar os inconscientes de seu sono. O pioneiro é um conhecedor. Ele sabe o que faz, conhece a estrutura do grande plano da criação, sabe que não se trata de uma derrota e que, no final, cada homem deverá chegar a esse comportamento único. Na verdade, não há possibilidade de alguém negar para sempre o triângulo mágico da bondade, verdade e justiça. É por essa razão que o pioneiro torna-se tão calmo, que se mantém em fria equanimidade em meio à efervescência de nossa época. Mas, passo a passo, ele avança.

Em uma ampla frente de batalha, a Fraternidade da Luz põe-se a caminho. Não penseis, contudo, que se trata somente de resolver uma fórmula cósmica em sentido prático, frio e realista. Não, a grande força motriz por trás desse método cósmico é o amor.

O pioneiro conhece esse amor manifestado que cintila por toda parte e se reflete em cada olhar. Esse amor está em todas as coisas e todas as coisas existem por ele. É a síntese de Cristo. Esse amor de Deus dirige-se impessoalmente a toda a criação; ele existe *para nós*, mas ele não é *nosso*, mesmo que ele se manifeste *em nós*. Portanto, esse amor jamais será egocêntrico; o amor-próprio não encontra nele nenhum lugar; o amor por um pequeno grupo, por uma família, pelos parentes, por uma nação ou por uma raça aí não tem lugar. "Quem ama seu pai ou sua mãe mais do que a mim não é digno de mim", diz Cristo. O verdadeiro pioneiro possui um pouco dessa síntese de Cristo, e esforça-se cada vez mais por possuí-la.

Essa síntese de Cristo tem um poder irradiante. Ela não pode evitar de irradiar nas trevas deste mundo. Ela é a armadura integral da Fraternidade da Luz, a única arma do homem de Aquário, que combate com o fogo do amor.

Não penseis que se trata aqui de um paliativo de efeito poético ou místico. O pioneiro combate com o fogo do amor. Da mesma forma que o amor inferior e egocêntrico dilacera a humanidade, fazendo de nossa sociedade um inferno, também o fogo do amor de Cristo é capaz de dilacerar, pelo fogo da ação, esta comunidade de vida inferior, a fim de que, deste inferno, nasça o céu.

Já dissemos que agora se trata de assegurar a vitória no prazo mais breve possível. Trata-se da principal pergunta, sempre repetida, que a Fraternidade se faz: Como atingir nossa meta o mais rapidamente possível? Entretanto, um fator que não temos nas mãos é o fator tempo.

A inteira onda de vida humana pertence a uma só comunidade de vida e, em tudo, o futuro depende de nossa coletividade, desta frente poderosa contra o adversário tenebroso.

Além de sua decisão inabalável, da escolha bem madura e de sua perseverança, o pioneiro se caracteriza pelo fogo do amor que irradia de todo o seu ser. Eis a santa paixão que absorve toda a sua força criadora. Ele quer, na verdade, atingir o objeto de seu amor, enlaçá-lo com seus braços. Ele se apressa o mais que pode; faz o possível para atingir sua meta e não pode descansar antes de tê-la alcançado. Ninguém sabe ainda nem o dia nem a hora do triunfo, pois o pioneiro não pode avaliar o fator tempo. O tempo descansa nas mãos de nossa coletividade, nesta frente comum contra o adversário.

Desse modo, nós vos trazemos para perto de nossa obra, de nossa luta, da Fraternidade da Rosa-Cruz e de sua obra de Aquário, para perto do santo método, do fogo de amor que arde no mundo inteiro a fim de aniquilar tudo o que é inferior.

Um incêndio de amor que arde impetuoso com o objetivo de aniquilar o que é inferior? Em nossa época? Com toda a sua corrupção, sua traição, seus assassinatos, seu impulso sanguíneo rubro? Isso não será um palavrório vazio, irresponsável e impossível de ser demonstrado?

Não. Em nosso tempo, realmente existe esse incêndio de amor: é a *Fama Fraternitatis*, o Chamado da Fraternidade da Luz Branca que queremos vos transmitir. Não estamos anunciando nada de novo: não temos nenhuma intenção de despertar vosso interesse para algum modernismo. Queremos somente vos dizer que, desde a aurora dos tempos, a Fraternidade da Luz trabalha em favor da humanidade. Apesar da dificuldade em reunir um número suficiente de pessoas que pudessem ser preparadas para o trabalho consciente, para a construção consciente, ela tem sido extremamente bem sucedida.

A Fraternidade Ocidental da Luz, sobre a qual falamos, precede todo o processo de gestação do mundo e sua intervenção na história moderna é fácil de ser demonstrada. Pensou-se que o esoterismo ocidental fosse uma planta exótica: como sempre foi feito em outros lugares, ainda se tenta fazer crescer algumas plantas exóticas aqui no Ocidente, com maior ou menor sucesso. Conhecemos o budismo teosófico, os perigosos exercícios de ioga Mazdaznan e o humanismo oriental mágico dos sufis. Entretanto, estamos convencidos de que todas essas doutrinas importadas desaparecerão com o tempo.

O Ocidente pede e exige algo bem diferente, pois não se pode colocar vinho novo em odres velhos. O Ocidente possui seu próprio esoterismo, um esoterismo cristão. Tudo o que as eras produziram como valores superiores encontra-se sintetizado e renovado no cristianismo. O esoterismo ocidental também exige algo bem diferente. Ele estabelece a necessidade da religião como ato: ele visa um realismo cristão. Não somente individual, mas, também coletivo.

Não se pode isolar o indivíduo da comunidade: o eu e a comunidade formam uma unidade. Da mesma forma que o positivo e o negativo se unem e se interpenetram para fazer nascer o novo, assim é preciso que busquemos a renovação individual consagrando-nos uns aos outros. Talvez percebais aqui a questão crucial de nossa época: não queremos saber de nada, porque nos agarramos ao eu e às suas exigências.

Aqui também não anunciamos nada de novo. Se quiserdes vos dar ao trabalho de ler vossa Bíblia, descobrireis nela a prática da lei do amor ao próximo, exigência absoluta que constitui um dos fundamentos do cristianismo. O cristianismo em forma de ação significa uma revolução mundial, uma Nova Jerusalém – não no céu, mas aqui. Não buscamos, portanto, um comportamento como o dos iogues, que se afastam da terra, nem uma santificação imposta por meio de exercícios e ascetismo, que deixam o mundo do jeito que ele é. Não aspiramos ao humanitarismo, com seus dias de coletas e suas procissões em favor da paz, com seus diáconos, seus sermões e suas associações beneficentes.

Queremos santificar o mundo, torná-lo humano, pelo ato único e indispensável, que repousa sobre um cristianismo vivo, e não simplesmente salvar as aparências por meio de uma importação oriental.

Quase tudo que nasce no Ocidente sob a forma de humanitarismo, idealismo e religião não passa de um comportamento oriental, apesar de todas as condenações feitas ao paganismo oriental. Se quiserdes vos dar ao trabalho de fazer um exame, descobrireis imediatamente essa analogia.

Nada disso, entretanto, é válido para o Ocidente. Eis o drama do nosso tempo: somos mais materializados, mais individualizados do que os orientais, entretanto, conservamos processos de desenvolvimento orientais que, na realidade, têm por finalidade ligar o homem mais profundamente à matéria. É daí que, inevitavelmente, vem a maior confusão.

É para prevenir essa confusão ou impedi-la, tanto quanto possível, que surgiu a nova religião, o cristianismo, a religião para o ocidental. Para que possa existir um avanço no futuro, é preciso que esta religião e os valores que ela encerra – que são úteis para um desenvolvimento posterior – imponham-se à humanidade. O cristianismo não nos ensina a nos divertirmos nos mundos sutis, nem a fazermos excursões para as regiões do além. Ele ensina o verdadeiro amor ao próximo: todas as forças e toda a energia dinâmica são utilizadas para trazer de volta ao aprisco mesmo uma única ovelha desgarrada.

Não vejais isto, também, como uma expressão poética ou mística. Vede-o como uma de vossas diretrizes cristãs, destinada a oferecer a toda a humanidade a renovação da vida. Não deveis fazer paráfrases cristãs, sejam elas elegantes, sóbrias ou imponentes, nem esconder o rosto diante da realidade. Não podeis vos enclausurar em uma ou outra filosofia e deixar as coisas como estão. O cristianismo vivo dirige vossa atenção para a realidade e exige uma autorrevolução, ou seja, uma total revolução do comportamento. Quem decide realizar essa revolução demonstra, com isso, que está completamente liberto da influência do Oriente e segue, com toda a sua consciência, sua verdadeira vocação.

Como essa renovação deverá ser efetuada? Isso depende inteiramente de vós. Se a humanidade continuar a se opor à corrente de desenvolvimento das forças de Aquário, que penetram sempre mais intensamente em nossa atmosfera, as consequências serão espantosas. Se incentivardes uns aos outros à reflexão, se compreenderdes bem a vocação ocidental, se compreenderdes algo da intenção de Cristo e possuirdes o fermento indispensável, ou seja, uma pequena centelha de amor verdadeiro e de amizade, se puderdes despertar a massa para a ação, então poderemos escapar do desastre.

Os Irmãos Maiores da humanidade, em nome dos quais nos dirigimos a vós, levam em conta a possibilidade de um imenso e poderoso despertar, que poderá atravessar o mundo qual uma tempestade. Esse despertar, se desenvolvido em medida suficiente, não buscará, entretanto, nenhum compromisso: ele exigirá tudo ou nada, a renovação de vida fundamental, absoluta, conforme as diretrizes de Cristo. E, dessa forma, acabará a vida centrada no eu, a vida direcionada para o que é terreno. Se não houver um número suficiente de homens para realizar essa renovação fundamental, esse renascimento evangélico pela água e pelo Espírito, então somente restará a possibilidade da retificação. Segundo a vontade de Deus, ela está se cumprindo agora, por meio de uma revolução cósmica, atmosférica e espiritual, que se derramará sobre o mundo com uma violência irresistível.

Mesmo que a corrente de renovação escolha este último caminho, a Fraternidade da Luz, impulsionada pela tempestade de amor, tentará salvar o maior número de homens possível da explosão apocalíptica provocada pelo decorrer natural das coisas, pela vida da humanidade que se desviou de Deus. Assim, descobrireis o que a Rosa-Cruz tem em vista e o que ela quer, a que forças o movimento de Aquário está ligado e qual é a energia que nos impulsiona na senda da realização universal.

Deveis considerar estas palavras como uma introdução a uma análise dos textos autênticos dos rosa-cruzes, nos quais observareis que o movimento de Aquário não é um movimento novo, engendrado e surgido na cabeça de alguns fanáticos espirituais. Não, a base deste movimento jaz infinitamente mais profundo e remonta à aurora da gênese da humanidade atual.

Está fora de questão que os valores do cristianismo, a própria essência do cristianismo, possam ser danificados pelo impulso egoísta dos homens, pois, tal como uma falange, a Fraternidade da Luz está reunida em volta da cruz, que é o símbolo da humanidade renascida em Cristo.

Desde 1617 ouvimos falar do movimento de Aquário dos rosa-cruzes, na *Invitatio Fraternitatis Christi*, isto é, a *Societas Christiana*, que foi criada, como foi dito, "a fim de colocar Cristo em seu lugar na vida real e derrubar todos os ídolos de seu pedestal".

A magia cristã não é a coisa mais importante, como desejariam certas pessoas; é unicamente um meio para atingir uma meta: a edificação da verdadeira comunidade humana.

E a *Invitatio Fraternitatis Christi* conclui com estas palavras: "Jamais, sob quaisquer circunstâncias, abandonaremos a verdadeira fraternidade cristã, que, sob a cruz, exala o perfume das rosas".

Uma etapa da luta pela vida está se desenrolando entre as portas do nascimento e da morte. Aceitai, conosco, esta luta em favor da humanidade, impulsionados pela lei do amor ao próximo, e compreendendo vossa missão no presente.

Acendei conosco o fogo do amor. *Christus Luciferus Verus!*

1

Como o Deus único, sábio e misericordioso, tem derramado, nestes últimos tempos, sua graça e sua bondade com tanta profusão sobre o gênero humano, a fim de que ele se aprofunde ainda mais tanto no conhecimento de seu Filho como no conhecimento da natureza, podemos, com toda razão, falar de um tempo feliz, pois Ele não somente nos revelou e nos fez descobrir a metade desconhecida e oculta do mundo, como mostrou inúmeras obras e criaturas prodigiosas da natureza, antes jamais vistas, e também fez surgir homens mui iluminados e dotados de nobreza de espírito que, em parte, recuperaram a honra das artes degradadas e imperfeitas para que o homem compreenda, finalmente, sua nobreza e sua majestade e perceba a razão pela qual ele é chamado de microcosmo, e a extensão de sua arte na natureza.

Fama Fraternitatis R.C.

1

A METADE DESCONHECIDA
DO MUNDO

A *Fama Fraternitatis* da sublime Ordem da Rosa-Cruz não deve ser considerada somente como uma proclamação da existência dessa Fraternidade, como uma breve e extremamente velada síntese de sua história, como um escrito destinado a ser assimilado por certo número de homens eleitos, mas também como uma poderosa fórmula mágica, uma conjunção de linhas de força mágicas, ao longo das quais e com a ajuda das quais se realiza o processo de desenvolvimento do mundo e da humanidade.

Com exceção de algumas mutilações de pouca importância, o texto autêntico da *Fama* foi preservado para nós através dos séculos, e parece que é chegado o tempo de dar maior divulgação a esse grandioso testamento espiritual da Fraternidade da Rosa-Cruz, revelar suas maravilhosas profundidades e atuar com essas forças mágicas, a fim de preparar os pioneiros da humanidade para uma nova tarefa.

Se apresentássemos esse trecho da *Fama* que acabamos de mencionar como introdução a este capítulo como de grande urgência para nosso tempo atual, e se quiséssemos fazer-vos ouvir esse toque de trombeta, vibrante de alegria, muito apropriado para nossos dias, então poderíeis balançar a cabeça expressando surpresa ou irritação e protestar ardorosamente.

No entanto, atrevemo-nos a transmitir-vos essas palavras como um surrealismo, com todas as consequências que isso acarreta.

Tais consequências poderiam fazer o grupo de pioneiros, ao invés de aumentar, diminuir consideravelmente.

Quem ousaria afirmar que, nestes últimos tempos infernais de degeneração e decadência, o único Deus, sábio e misericordioso, tem derramado sua graça e sua bondade sobre a humanidade? Não seria absurdo pensar assim? O autor que ousasse sustentá-lo não seria um insensato? Quem escreve tais coisas merece, de fato, escárnio e desprezo!

Acima de tudo, que evidente falta de amor! Quem ousa alegrar-se pensando nas bases de bombas atômicas, graças às quais a assim chamada "paz" deste mundo é preservada? Quem ousa regozijar-se diante da corrupção da juventude que, no vazio e no desespero de seus corações e na ausência de qualquer impulso acalentador, não encontra nenhum objetivo de vida concreto? Quem ousa alegrar-se diante da torrente de crimes e homicídios que aumenta e se espalha pelo mundo? Quem ainda tem a coragem de buscar a luz nesta noite tão negra?

Um homem desses não tem coração! Realmente, censurar os rosa-cruzes por sua falta de amor e falta de coração é um fenômeno bem conhecido. É o prato do dia de muitos. Pois bem, semelhante homem escreve sobre a graça e a bondade que Deus derramou tão abundantemente sobre o mundo e a humanidade, justamente nesta época. Ele vos anuncia o ano da graça do Senhor.

Capítulo 1 – A metade desconhecida do mundo

Essa rica torrente de graça e de bondade não se refere ao alimento para os impulsos naturais do homem nem à reconstrução de muralhas em ruínas de nossa civilização, mas significa que, por uma efusão totalmente nova de força divina, podemos nos aproximar, cada vez mais, do perfeito conhecimento de Jesus Cristo e da natureza.

Os alunos que, desde 1934, têm observado o desenvolvimento da Escola Espiritual gnóstica sabem que muitos obreiros rosa-cruzes contribuíram grandemente para propagar uma nova teologia, uma nova cristologia, ofertada em nosso tempo sob múltiplas formas ao homem buscador. Todo o saber esotérico libertador renasceu e inúmeros conceitos novos e fatos relacionados com a senda de libertação da humanidade completaram e purificaram o que constituía as bases do ensinamento interior. Mesmo as antigas revelações julgadas completas perderam seu antigo brilho e adquiriram outra perspectiva, bem mais extensa.

Em sua intervenção inicial, essa irradiante onda de renovação causa grande inquietude nos pesquisadores, nos alunos iniciantes. Eles também não querem renunciar à ideia que imaginavam possuir. Entretanto, as intensas luminosidades que se apresentam a eles os impulsionam rumo a seu destino. Eles se dirigem para onde o Espírito ordena.

Todavia, nunca penseis que nessa torrente impetuosa possa desenvolver-se uma anarquia espiritual, um tipo de aventureirismo espiritual; ou que doutrinas sem sentido possam ser apresentadas sob o rótulo de gnosticismo. Essa torrente de força, ainda que corra com ímpeto e arraste consigo todos os que se confiam a suas ondas, permanece em seu leito sagrado: possui uma fonte de onde jorra e uma meta para a qual corre. Trata-se de uma onda de forças de qualidade e de frequência vibratórias peculiares. Quem participa dessa qualidade, dessa frequência vibratória, quem consequentemente corre para a mesma direção, está em sintonia com ela.

A origem e a finalidade dessas manifestações de renovação têm como base a luz do mundo, Jesus Cristo, e a manifestação do plano de Deus para o mundo e a humanidade, a natureza perfeita. Todo ensinamento gnóstico deve, assim, demonstrar-se de forma perfeita pela criação universal, pelas leis da lógica, pela prática da vida e, acima de tudo, pela palavra de Deus: a Bíblia.

Além disso, esses novos ensinamentos são confirmados pelas experiências e pelos escritos de inúmeros colaboradores que vivem nos mais diversos lugares do mundo e ignoram completamente a existência uns dos outros na esfera química do mundo material. Por trás desses novos ensinamentos encontra-se uma poderosa dinâmica, uma força irradiante de convicção, um poder demolidor, que muitos inimigos da senda da libertação já experimentaram, em detrimento próprio.

Escrevemos com a certeza de nosso saber e de nossa crença: sabemos sobre o que estamos falando. Não escrevemos pela majestade do conhecimento, mas para elevar-vos até essa corrente da comunidade de Deus que provém de Jesus Cristo nosso Senhor, comunidade em marcha rumo ao objetivo único e perfeito, que é a realização do plano divino para o mundo e para a humanidade, a construção da maravilhosa e Nova Jerusalém que deve ser gerada por cabeças, corações e mãos de homens purificados em Cristo. É uma alegria indizível poder atingir cada vez mais profundamente esse conhecimento perfeito, e devemos dar-vos alguns esclarecimentos a respeito de sua natureza.

Os rosa-cruzes jamais tentaram descrever esse conhecimento. As palavras da *Fama: a fim de que ele se aprofunde ainda mais no conhecimento*, demonstram que se trata de um processo de desenvolvimento eterno, sendo impossível dizer, no decorrer de determinada fase desse processo: "É bem assim que isso acontece".

Os rosa-cruzes jamais fizeram outra coisa senão apresentar propriedades desse conhecimento perfeito e mostrar o que poderia ser realizado por suas forças.

Muitos autores esotéricos cometeram, frequentemente, o erro de cristalizar em seus escritos certos aspectos da sabedoria universal, a ponto de seus ensinamentos passarem a ser considerados como axiomas. Os estudiosos dos mistérios sempre foram suas vítimas.

Por isso, onde é necessário acompanhar certo ensinamento com um comentário, utilizam-se véus; dessa forma, os profanos não podem compreender o significado oculto e evita-se, assim, cristalizar seu pensamento sobre falsas imagens. A Bíblia é um sublime exemplo disso.

Direis em contrapartida que ainda hoje se faz, aqui e ali, um emprego bem negativo da Bíblia. Nossa resposta é que em todo lugar onde sua formidável exigência é rejeitada como muito radical faz-se um uso negativo da Bíblia. Todo ser sério, seja ortodoxo ou esotérico, que se aproxima da Bíblia em virtude de certa nobreza interior, faz isso para ajustar seu comportamento à linguagem desse livro e para poder, dessa maneira, perceber a palavra da salvação.

Da mesma forma, em toda a *Fama Fraternitatis* não se encontram dissertações esotérico-científicas, mas, sim, linhas de força que, quando sois capazes de vos harmonizar com elas mediante uma vida verdadeira, podem ligar-vos com o conhecimento perfeito. Esse conhecimento é, pois, absolutamente individual e não pode ser transmitido aos que não têm nenhuma afinidade espiritual sanguínea conosco. Os que possuem essa afinidade com o guia espiritual podem auxiliar-se mutuamente ao verificar e classificar o que se apresenta à sua consciência. Munidos desses tesouros, eles podem entregar-se a seus trabalhos em todos os setores da vida, sem jamais vangloriar-se disso. Isso não teria nenhum sentido e seria até mesmo perigoso. De fato, o inimigo continua a semear o joio no meio do trigo, e o ser humano sempre busca ocasiões que possam trazer-lhe alguma vantagem.

Em uma época como a nossa, em que tantas mistificações desenvolvem-se na humanidade para fazê-la estagnar, o verdadeiro buscador é intensamente ligado, pela bondade de Deus, à fonte da verdade divina a fim de que, face à corrupção e degeneração crescentes, a luz e sua força cresçam igualmente. Eis por que testemunhamos por estas palavras nossa felicidade radiante:

Deus não somente nos revelou e nos fez descobrir a metade desconhecida e oculta do mundo, como mostrou inúmeras obras e criaturas prodigiosas da natureza, antes jamais vistas, e também fez surgir homens mui iluminados e dotados de nobreza de espírito que, em parte, recuperaram a honra das artes degradadas e imperfeitas para que o homem compreenda, finalmente, sua nobreza e sua majestade e perceba a razão pela qual ele é chamado de microcosmo, e a extensão de sua arte na natureza.

Por essa razão testemunhamos que será possível, pela força dessa manifestação transposta nos homens segundo as possibilidades oferecidas por seu processo de desenvolvimento pessoal, resistir ao inimigo quando as coisas começarem a se agravar. É por isso que testemunhamos que surgirão entre nós homens que, cheios de força e de zelo, se consagrarão aos grandes processos de renovação. Com que finalidade? Para fornecer à humanidade um melhor nível de vida? Para assegurar a liberdade individual tendo em vista a satisfação dos instintos naturais? Não! Essa grande obra foi iniciada para que cada homem compreenda sua nobreza e sua majestade e para mostrar-lhe a razão pela qual é chamado de "microcosmo", reflexo do Pai, daquele que disse: "Façamos o homem à nossa imagem e semelhança".

Essa grande obra foi iniciada para poder demonstrar a cada homem até que ponto, na natureza, estendem-se sua arte, seus poderes interiores, aquilo que ele é capaz de realizar graças às forças divinas implantadas nele. Percebeis aqui o quanto as preocupações sociais, econômicas e políticas que tanto vos inflamam se afastam de vós como aspectos de vossa realidade vital corrompida? O aluno rosa-cruz não quer saber nada sobre tais coisas; ele não participa disso, mesmo que esteja entre vós e queira continuar aí, como servidor.

A metade desconhecida e oculta do mundo. Por que esse conhecimento passa a ser parte de vós, quando vos aproximais de Jesus Cristo? Porque esse Deus que vem de Deus vos manda segui-lo, vos impulsiona para o caminho que vos indica. Quando prestais atenção a esse chamado divino, também estais equipados para essa viagem. Então o conhecimento perfeito abre-se para vós como a luz do sol nascente e entrais no polo oposto, no fundo deste mundo de fenômenos, para que, na luz original, possais penetrar as causas do sofrimento e da espantosa corrupção deste lado do mundo.

Obras e criaturas prodigiosas da natureza, antes jamais vistas. Por que esse conhecimento passa a ser parte de vós quando vos aproximais de Jesus Cristo? Esse conhecimento passa a fazer parte de vós para que conheçais o plano de Deus que, como uma forma-pensamento divina, irradia na metade desconhecida do mundo como uma fonte de luz; para que não conheçais apenas as deficiências da metade do mundo em que vivemos, assim como suas causas, mas para que compreendais também, com toda clareza, como e por que essas deficiências deverão ser compensadas e de que modo as causas maléficas deverão ser suprimidas.

É assim que surgirão espíritos profundamente iluminados, portadores dessa sabedoria que nasceu de Cristo, para renovar nosso mundo conforme a exigência de Deus, segundo a língua que é falada na metade desconhecida do mundo. Aí está nossa alegria: saber que estaremos fortes para esse acontecimento. Nós anunciamos o ano da graça do Senhor:

O deserto e a terra árida rejubilarão.
O ermo exultará e florescerá como o narciso.
Então, abrir-se-ão os olhos dos cegos,
e desimpedir-se-ão os ouvidos dos surdos;
os coxos saltarão como cervos,
e a língua dos mudos cantará de alegria,
pois águas jorrarão no deserto
e ribeiros no ermo.

Não vejais esse desenvolvimento como um processo que se realiza fora de vós. Cada homem participará dele e terá de tomar parte ativa nos acontecimentos grandiosos que virão.

Capítulo 1 – A metade desconhecida do mundo

O estado de vosso sangue, ou seja, a essência de vossa alma, de onde provêm todas as qualidades de vosso ser, impulsiona-vos a determinar ativamente vossa atitude, para que depois disso vosso sangue seja derramado, a fim de completar as coisas que devem acontecer em breve.

O homem-animal que se entrega a suas abominações nas pequenas fortalezas sangrentas de um campo de concentração; o vulcão das paixões que transborda de amor sensual; o comerciante que prospera com as corrupções de nossa sociedade; os homens e as mulheres tão imbuídos de humanitarismo, no seu cantinho aconchegante – todos eles acelerarão o grande processo pelo seu comportamento, pelo seu instinto sanguíneo. Sua queda significará a ressurreição da luz.

Mesmo os cafres da África e os daiaques do interior de Bornéu terão parte ativa no desenvolvimento das coisas pelo simples fato de serem seres humanos, por sua ligação com o sangue do Pai. Uma miséria desconcertante, uma dolorosa e terrível súplica por libertação, explodirá como um furacão. Mas cada um terá de seguir o destino de seu sangue; cada um será impelido a esse desfecho.

Quanto a nós, nós anunciamos o ano da graça do Senhor. Meu Deus, que delírio! Pregamos essa "loucura" porque, por vossa indolência, por vossa insensatez, por vossa pequenez de espírito, nada conheceis de vossa sublime nobreza, de vossos grandes valores. Outros, além de vós, trabalham em uma nova comunidade de vida, comunidade essa tão maravilhosa que não saberíeis sequer balbuciar a primeira sílaba sobre ela. Mas essa obra reclama uma efusão de sangue totalmente diferente, outro tipo de trabalho, uma oferenda diária. Os que pertencem à nova comunidade do sangue constroem *vosso* futuro.

Em breve, onde o grito de morte estrondear como uma trovoada e onde a terra ficar saturada de lágrimas, ouvir-se-á o alegre júbilo dos novos construtores, pois o Deus único, sábio e misericordioso, derramou com tanta profusão sua graça e sua bondade sobre a humanidade nestes tempos, que chegaremos cada vez mais ao perfeito conhecimento de seu Filho e de sua natureza. Eis por que vos anunciamos o ano da graça do Senhor!

2

No entanto, isto será de pouca serventia para o mundo insensato: e é por isso que a maledicência, o riso e o escárnio crescerão continuamente. Também entre os eruditos a arrogância e o orgulho são tão grandes que eles não podem se reunir para, a partir de tudo o que Deus espalhou tão abundantemente em nosso século, coligir e produzir em conjunto um Librum Naturæ, ou seja, um compêndio de todas as artes. Porém, um partido se opõe tanto ao outro e mantém tanta aversão, que todos continuam com o mesmo refrão: o Papa, Aristóteles, Galeno – sim, tudo o que se assemelhe a um codex – são tomados como sendo a clara luz manifestada, ao passo que, se eles ainda estivessem vivos, sem dúvida sentiriam grande alegria em se reorientar. Mas somos muito fracos para um trabalho tão grande.

E, ainda que na Teologia, na Física e na Matemática a verdade se oponha ao adversário clássico, este sempre demonstra amplamente sua malícia e seu furor, freando uma tão bela evolução por meio dos belicosos e dos vagabundos, e tornando-a detestável.

Fama Fraternitatis R.C.

2

A ILUSÃO DA CIÊNCIA

Existe um conhecimento perfeito e claro, tão sublime, tão majestoso, tão ilimitado, que ultrapassa toda e qualquer descrição. No decorrer do capítulo anterior, falamos sobre o saber irradiante, e vimos como essa torrente de luz surgiu da fonte eterna de todas as coisas. Também vimos que alguns homens foram trazidos a este mundo com o propósito de confiar a essa torrente divina todos que o desejarem e que possuírem a aptidão elementar de navegar rumo ao oceano da verdadeira vida.

Ao longo do processo de desenvolvimento do irmão rosa--cruz iniciante, chega um momento em que ele acredita que o mundo saudará essa anunciação com grande entusiasmo. Como lhe foi permitido mergulhar na água viva da sabedoria universal, ele é ingênuo o bastante para supor que as pessoas responderão a seu chamado de despertar com profunda alegria. Então, ele aprende a reconhecer a precisão destas palavras da *Fama: No entanto, isto será de pouca serventia para o mundo insensato: e é por isso que a maledicência, o riso e o escárnio crescerão continuamente.* A maledicência, os risos e as zombarias são o salário do servidor de Deus quando ele ousa falar ou testemunhar sobre essa sabedoria universal.

Qual é a causa disso? Ela é dupla. Em primeiro lugar, há a necessidade de mudar de atitude para ligar-se à nova sabedoria; e, em segundo lugar, há o fato de a humanidade estar presa na ilusão da pseudociência. É principalmente sobre essa ilusão que queremos falar convosco, pois ela é a causa maior pela qual geralmente estamos tão pouco inclinados a nos arriscar a uma nova atitude de vida.

Em certos círculos, existe o hábito de acusar a Igreja da decadência de nossa cultura. Literalmente, a Igreja é tida como responsável por tudo. Claro que não queremos minimizar sua pesadíssima culpa, mas não achamos que a culpa da ciência seja menor.

Milhões de seres humanos já se libertaram da ilusão da Igreja, que pretende representar Jesus Cristo em ato e em verdade; também já se libertaram da ilusão de que a Igreja é a representante, a guardiã e a detentora da sagrada palavra de Deus. Por outro lado, quase todos os homens continuam prisioneiros da ilusão da ciência, que afirma estar avançando rumo ao advento da sabedoria universal. Em nossos dias, as hipóteses mais loucas dos sábios são admitidas como textos santos: todos aceitam suas sugestões e milhares de pessoas confiam cegamente em suas experiências.

O trono que a Igreja ocupava durante a Idade Média hoje é ocupado pela ciência. Geralmente, o interesse pela Rosa-Cruz apresenta-se sob um ângulo intelectual; por conseguinte, é nosso dever atacar vossa presunção intelectual. De fato, todos os valores verdadeiros, toda a bondade e toda a pureza apresentados pela ciência atual são valores roubados, bens emprestados, pois tudo isso foi revelado, há muito tempo, pelos esoteristas. Tudo o mais não passa de bobagens e de perigosa impostura. Pensai somente na grande seriedade, na grande obstinação, na grande abnegação com que tantos sábios publicam suas descobertas.

Entretanto, os buscadores da verdade não responderão com sarcasmo e ironia, mas perseverarão em sua luta, movidos por intenso amor.

As personagens heroicas da pseudociência, como Madame Curie e seu marido, deveriam tirar-nos toda a vontade de rir, pois não há tanto sacrifício na base de seus esforços científicos? E no entanto... que terrível falta de conhecimento! Para esses heróis indiscutíveis, a verdadeira natureza da matéria radioativa continua como um livro fechado. Escapou a seu espírito intrépido tudo o que poderia ser realizado com base no rádio, pois eles não puderam ou não quiseram aprender a sabedoria divina na universidade divina.

Como é grande o número de pessoas que passaram por imensos sacrifícios para poder compreender a palavra divina com base no texto-base dos livros sagrados! Não é verdade que existiram – e existem ainda – gênios matemáticos que, com base em hipóteses da Física e em esforços imensos, aproximaram-se da quarta dimensão? Gênios que, em virtude de seu ponto de partida, perderam-se na relatividade e na inversão de todos os valores? Temos todo o respeito por esses trabalhadores obstinados, mas não estamos nem um pouco inclinados a considerar seus esforços como verdadeira ciência. Vemos seu trabalho mais como um esporte intelectual – e somos esportivos o bastante para admirar, até certo ponto, suas façanhas.

O instrumento bem refinado de nossos veículos nos permite muitas coisas; e o impulso de nossa inteligência pode nos levar a grande atividade. Entretanto, para libertarmos o mundo e a humanidade, para elevá-los a uma realidade de vida superior, para fazermos de nosso inferno uma verdadeira vida, é preciso bem mais do que isso. Por isso é essencial que graveis cada vez mais claramente em vossa consciência o fato de a pretensa "ciência" atual não ser libertadora sob nenhum ponto de vista. Se quereis fazer um julgamento perfeitamente honesto e imparcial, certamente chegareis a essa conclusão.

Nem vamos considerar aqui a parcela da ciência que se vendeu para o adversário porque é dirigida por interesses financeiros. Entretanto, estamos dirigindo vossa atenção para a parte honesta da pseudociência e perguntamo-vos: em que medida ela é libertadora? Será que a humanidade ficou realmente mais feliz com o progresso da técnica? Não; entre os homens há um medo terrível de enfrentar o sinistro dragão da técnica que ameaça esmagar tudo com suas garras de aço e sua goela que cospe fogo.

Existe realmente muita diferença, para vós, entre atravessar a água passando sobre um tronco de árvore caído ou sobre uma ponte metálica? Existe, para vós, uma diferença real entre beber em um copo fabricado no calor sufocante de uma fábrica de vidros por um homem sem camisa, que estraga seus pulmões por alguns trocados duramente ganhos ou beber vossa água no crânio de vosso tio morto, como faziam nossos mais remotos ancestrais? Direis que a técnica moderna inventou máquinas que sopram vidros, graças às quais o trabalho do antigo soprador tornou-se inútil. Infelizmente, ela não faz isso para ajudar os pobres sopradores de vidro, mas sim para aumentar o lucro de seus patrões. Por razões semelhantes, nossos ancestrais serviram-se, mais tarde, de recipientes de barro, pois não era sempre que eles tinham à sua

Capítulo 2 – A ilusão da ciência

disposição crânios em número suficiente. Além disso, esse processo de fabricação produzia muitas rachaduras.

Os homens, em sua maioria, acham que a ciência médica melhorou muito a saúde pública, graças ao surgimento da Química, que deveria permitir aos homens atuais atingir uma idade mais avançada e que poderia também diminuir a mortalidade infantil. Mas nós dizemos que a ciência médica ainda não fez nada pela verdadeira saúde pública; e dizemos também que seus aparentes sucessos, sustentados pelas estatísticas, não compensam os resultados terríveis do completo envenenamento do sangue, devido às especialidades farmacêuticas. É por isso que muita gente, em nossos dias, voltou a usar antigos métodos de cura, a utilizar remédios antigos da terapia natural e da medicina das plantas, mesmo sabendo que não podemos ser libertados do caos em que caímos, devido à nossa própria rejeição à verdadeira vida, só por comer um pé de alface ou nos servir de um saquinho de ervas.

Um dia sabereis por experiência, na mais profunda fibra de vosso ser, que essas palavras estão baseadas na verdade; mas, por enquanto, como diz a *Fama*, até uma pretensa erudição terá mais valor do que a clara luz manifestada e do que a verdade:

E, ainda que na Teologia, na Física e na Matemática a verdade se oponha ao adversário clássico, este sempre demonstra amplamente sua malícia e seu furor, freando uma tão bela evolução por meio dos belicosos e dos vagabundos, e tornando-a detestável.

Certo grupo, cuja ambição é dirigida por interesses tenebrosos, busca manter-se graças a uma pseudociência que semeia a divisão em todos os domínios. Da parte da pseudociência, há certamente orgulho e teimosia, que freiam todo e qualquer desejo de uma nova orientação. A *Fama* assim testemunha:

Continuam com o mesmo refrão: o Papa, Aristóteles, Galeno – sim, tudo o que se assemelhe a um codex – são tomados como sendo a clara luz manifestada, ao passo que, se eles ainda estivessem vivos, sem dúvida sentiriam grande alegria em se reorientar.

Durante séculos, a brilhante figura de Aristóteles dominou o pensamento ocidental, imprimindo sua marca em toda a ciência atual; ele acreditava poder interpretar a religião como algo proveniente do pensamento humano. Galeno, um dos mais famosos médicos da Antiguidade, apesar de ser extraordinariamente hábil e instruído, esqueceu-se de que o organismo humano é dominado pelo espírito único e perfeito, pela centelha divina.

Assim, seguindo os antigos com uma obediência cega, já não se questiona um novo conhecimento que leve em conta as imperecíveis diretrizes cristãs. Essas figuras científicas do célebre período da cultura greco-romana tinham uma vocação completamente diferente da nossa. Sua missão era transmitir à humanidade a síntese de tudo o que os havia precedido, para que uma nova era, apoiada na sabedoria, pudesse adiantar-se rumo às possibilidades superiores, sob o impulso de uma nova manifestação espiritual. Infelizmente, até hoje esse processo de renovação jamais se manifestou, e permanecemos em meio aos destroços da realidade em ruínas, até a hora de nossa morte.

Entretanto, perto de nós, sobre as ruínas de tudo o que vai desaparecer, formam-se já os contornos de uma nova realidade. Um desejo novo e uma nova possibilidade

Capítulo 2 – A ilusão da ciência

aproximam-se, projetam-se sobre a esperança destruída e sobre a autossuficiência arrasada do público intelectual. A calúnia, o riso, o escárnio, desaparecerão das fisionomias, e finalmente os esoteristas serão ouvidos. Então os filhos dos profetas falarão da sabedoria divina onipresente, que está mais próxima do que mãos e pés. Eles vos dirão como essa sabedoria pode ser obtida. Eles vos incitarão a uma nova atitude de vida, renovadora do sangue, nascida da força do amor de Jesus Cristo.

Então, descobrireis como se manifestará em vosso espírito uma flor imaculada, o lírio místico, o lótus de todos os videntes orientais. É a entrada nos santos átrios do pensamento abstrato, onde a sabedoria divina, a sabedoria universal, pode ser assimilada em forma de energia. É um caminhar na luz, "assim como Ele na luz está".

É assim que se desenrola diante do aluno um conhecimento divino incomensurável, uma filosofia divina: a filosofia do conhecimento mágico. Assim, sobre essa base, perto dessa porta da eternidade, reunir-se-ão todos os que foram chamados para o novo intelectualismo, todos os amantes da verdadeira sabedoria. E lá estarão pensadores, poetas, construtores, todos chamados para todos os ramos da ciência, da arte e da religião; e, saciados pela fonte única da sabedoria universal, ligados uns aos outros como irmãos e irmãs, unidos em uma mesma corrente, eles começarão a trabalhar, avançando rumo a um grandioso desenvolvimento de seus talentos. Na luz de Deus, seus talentos florescerão como uma rosa e, de mãos dadas, eles escreverão com suas ações luminosas o *Librum Naturae*, o grande Livro da Natureza, como uma verdade que ligará novamente todas as eternidades.

Tudo o que não é verdadeiro está destinado a morrer. Tudo o que nasceu do eterno coração solar do Pai é chamado à Vida.

3

Para levar essa reforma a cabo, nosso bem-amado e espiritualmente mui iluminado Pai e Irmão C.R., alemão, chefe e fundador de nossa Fraternidade, consagrou muitos sofrimentos e esforços, durante um longo tempo. Em seu quinto ano de vida, por causa da pobreza de seus pais, embora nobres, ele foi acolhido em um mosteiro, onde aprendeu relativamente bem as duas línguas: a grega e a latina. Depois, por causa de suas preces e súplicas insistentes, ainda na flor da juventude, foi auxiliar do Irmão P.A.L., que queria empreender uma viagem ao Santo Sepulcro. Não obstante esse irmão haver morrido em Chipre, e assim não ter chegado a ver Jerusalém, nosso Irmão C.R. não regressou, mas lançou vela em direção totalmente oposta e dirigiu-se a Damasco, propondo-se, a partir daí, a visitar Jerusalém. Mas, devido a dificuldades corporais, ele teve de permanecer no lugar em que estava e, graças aos remédios – dos quais tinha um certo conhecimento – conquistou a simpatia dos turcos. Por acaso, ouviu falar a respeito dos sábios de Damcar, na Arábia, e sobre os milagres que realizavam, e também sobre o fato de que a natureza inteira lhes havia sido desvelada. Com isso, o elevado e nobre espírito do Irmão C.R.C. foi despertado, de modo que agora Jerusalém já não lhe interessava tanto quanto Damcar. Como já não podia dominar seu desejo, ofereceu, mediante uma certa soma de dinheiro, seus serviços a marinheiros árabes para que o levassem a Damcar.

Quando lá chegou, não tinha mais do que dezesseis anos – mas já possuía uma forte constituição alemã. Assim como ele mesmo pôde testemunhar, os sábios o receberam não como um estrangeiro, mas como aquele que aguardavam há muito tempo. Eles também o chamaram por seu nome e lhe ensinaram outros mistérios de seu mosteiro, pelo que muito se admirou. Aí ele aprendeu melhor a língua árabe, a ponto de traduzir, em bom latim, já no ano seguinte, o Librum M, que levou consigo. Nesse lugar ele adquiriu também seus conhecimentos de Física e Matemática, dos quais o mundo poderia deveras se rejubilar, se maior fosse o amor, e menor, a inveja.

Fama Fraternitatis R.C.

3

O Livro M

Das brumas do passado ergue-se diante de nós uma das mais antigas histórias da Ordem da Rosa-Cruz. Para o leitor superficial, essa história é um simples mito; é o dado primitivo de um fragmento de cronologia histórica incerta, cuja origem é seriamente posta em dúvida por muitas pessoas. O aluno buscador, entretanto, mesmo não conhecendo muito bem o método utilizado pelos antigos iniciados para velar suas mensagens aos olhos dos profanos, percebe através do véu o brilho da luz que ilumina o caminho. Como buscadores da bondade, da verdade e da justiça, é nossa aspiração íntima indicar o caminho da humanidade, a marcha inexorável das coisas, o impulso cósmico do absoluto, e abrir uma larga senda para esse processo. É por essa razão que queremos penetrar os véus a fim de poder ouvir a *Fama Fraternitatis*, o chamado da Fraternidade da Luz, para poder ler as primeiras páginas do Livro M.

Muitos esoteristas, orientados negativamente, buscaram esse misterioso Livro M de que fala a antiga literatura rosa-cruz. Muitos nos perguntaram onde poderiam consegui-lo, e se existia uma boa tradução. Já possuíam tantos livros, embolorando ao lado de muitos outros de cunho esotérico, em sua imponente biblioteca! Mas ainda faltava o

Livro M! Quem sabe a Rosa-Cruz poderia colocá-lo à venda, pois a procura era realmente grande, e com certeza pagariam um bom preço para possuí-lo.

Tivemos de decepcionar todos esses solicitantes; tivemos de rejeitar a todos os que muitas vezes se apresentavam com as mãos cheias de dinheiro. No entanto, é preciso dizer o seguinte: nós conhecemos o misterioso Livro M. Nós o vimos, nós pudemos dar uma passada de olhos nele. Pudemos examinar e estudar algumas páginas e assimilar seu precioso conteúdo, pelo menos na medida de nossas possibilidades. Agora, de acordo com a lei que diz que nenhum gnóstico deve guardar para si os tesouros recebidos, encontramos na presente obra a oportunidade de obedecer a essa lei.

As páginas do Livro M estão repletas de sinais maravilhosos, de curiosos caracteres. É como se estivessem vivos. Chamam, acenam, despertam pressentimentos indefiníveis e temores; às vezes fazem surgir um regozijo e uma alegria exuberantes. As ondas de palavras viventes do Livro M desfilam diante de nós em linhas ininterruptas. Nosso olhar fica cativado ao mesmo tempo por tumultuados vagalhões e pela onda suave mas poderosa que surge de profundezas insondáveis. Sim, o Livro M fala uma linguagem mágica. Quando os selos se abrem e as fórmulas são pronunciadas, então vem o arrebatamento dos sentidos e nós nos elevamos da matéria para subir até os espaços transparentes da vida etérica, rumo ao que ninguém jamais viu.

Voltemos agora ao tema aparentemente simples da *Fama Fraternitatis*, pois é isso que deveis compreender primeiro antes que possais ler o Livro M. Não poderemos explicar-vos as primeiras fórmulas do Livro M se os primeiros e indispensáveis passos não forem dados.

Capítulo 3 – O Livro M

Este relato trata do supremo dirigente da Ordem da Rosa-Cruz, daquele a quem chamamos o iluminado Pai e Irmão C.R.C., que, prestai bem atenção a isto, é, ao mesmo tempo, a origem de nossa Fraternidade.

Em seu quinto ano de vida, por causa da pobreza de seus pais, embora nobres, ele foi acolhido em um mosteiro, onde aprendeu relativamente bem as duas línguas: a grega e a latina. Depois, por causa de suas preces e súplicas insistentes, ainda na flor da juventude, foi auxiliar do Irmão P.A.L., que queria empreender uma viagem ao Santo Sepulcro.

Alguns que tentaram analisar a *Fama* logo fizeram as seguintes perguntas: "O homem C.R.C. realmente existiu? Quem era ele? Houve algum contemporâneo que o tivesse visto? Existe alguma literatura de seu tempo que fale dele?" E por aí afora.

Todos conhecem o *modus operandi* da pesquisa histórica, o estudo atento e prolongado dos documentos, o longo desenvolvimento até que, por fim, uma nova descoberta reduz a nada a obra de quase uma vida toda, e é preciso começar tudo de novo. Não é esse método que vamos seguir, se bem que podemos assegurar que C.R.C. realmente existiu, que conhecemos alguns de seus contemporâneos, que o viram e que viveram perto dele. Existem homens que são intimamente ligados a ele.

Portanto, vamos deixar a pesquisa histórica para falar apenas "de um homem". Admitamos, por enquanto, que um homem chamado C.R.C. exista na atualidade, que nós todos o conhecemos e observamos sua luta. Se ele viveu ou não antigamente, hoje pouco nos importa. Assim, nós evocamos diante de vós um homem, uma imagem, e juntos animamos essa figura mítica até que ela viva diante de nós. Chamamos esse homem de "Cristiano Rosa-Cruz", e dizemos mais ainda: ele é de origem germânica, o que significa que nossa figura é um puro europeu, um ocidental.

Pois bem, esse homem ocidental deseja seguir o caminho de um ocidental, quer dizer, o caminho indicado e vivido por Cristo. É por isso que o chamamos de *Cristiano*.

Esse ocidental procura desenvolver todos os poderes latentes que dormitam no ser de cada homem, poderes que fazem dele um filho de Deus, um Deus em devir ou vir-a-ser, que está firmemente decidido e que se esforça para tanto. Além disso, ele está pronto a percorrer o caminho do sacrifício total de si mesmo. É por essa razão que também chamamos nosso herói de *Rosa-Cruz*.

Como essa figura simbólica vive plenamente diante de nós e como estamos entusiasmados com a luta heroica iniciada por esse homem, dizemos em prece: "Querido Irmão, possa a rosa branca de Cristo resplandecer sobre tua cruz!"

Compreendei que esse homem ocidental, esse Irmão C.R.C., deve ter "origem nobre", o que quer dizer que ele deve ter atingido certo grau de refinamento, de profundidade interior, a fim de poder começar uma obra tão grandiosa. Trata-se aqui de uma qualidade de caráter, de uma força de alma que adorna quem a possui e refina seu sangue. Quando um homem como esse é até certo ponto enobrecido pela vida, nasce nele uma fome irresistível por sabedoria. "Não somente com o coração, mas também com a razão servireis ao Senhor." Se alguém quiser percorrer a senda da humanidade até o bom fim, é necessário que conheça o caminho e sonde a vontade de Deus.

É por isso que nosso Irmão C.R.C. entra no mosteiro com a idade de cinco anos, o que quer dizer que ele é confrontado com a essência das coisas. A razão iluminada, a sabedoria de Mercúrio, é representada cabalisticamente pelo número cinco. Portanto, o mosteiro é aqui o símbolo da concentração.

Mas, cuidado! Já fizestes um esforço para recolher um pouco de sabedoria real? Lembrais-vos, talvez, de vosso primeiro passo? Já esquecestes o labirinto de ilusão e desespero no qual vos encontráveis? Aprendestes apenas em parte vosso grego e vosso latim, as sínteses simbólicas da razão sublime. É por isso que nasce no Irmão C.R.C. um anseio desesperador. Ele quer ir à "Terra Santa" da razão sublime. Ele quer ir até lá, pois quer elevar-se até a perfeição. Ele quer atingir sua meta última, e é por isso que suplica para poder empreender essa viagem.

Vemos a mesma prece não expressada chegar a vossos lábios; imagens-pensamentos plenas de aspiração chegam até nós, vibrantes: "Vamos, também nós, em direção a essa meta única!"

Não existe nada que vos retenha, amigo! Ide, ide agora mesmo, se quiserdes. Entretanto, sabei que aqueles que empreendem essa viagem descobrirão bem depressa que ela é terrivelmente difícil, apesar de ser perfeitamente realizável. É precisamente por essa dificuldade ser superável que iremos convosco até o fundo, nessa obra.

Assim, tomamos o caminho com nosso Irmão P.A.L., que significa os mistérios das leis naturais; e isso nos conduz a Chipre. Nossa narração toma agora uma grande profundidade. Na linguagem dos mistérios, Chipre designa "Vênus", e na linguagem dos evangelhos, a repressão dos desejos da natureza inferior e o início do realismo cristão. É somente por meio das forças purificadas de Vênus que podeis chegar aos mistérios. Astrosoficamente falando, Vênus é o caminho que leva a Urano, o Cristo interior. O chamado de Urano chega agora até vós. O único caminho que conduz a ele passa pelo realismo cristão, com todas as suas consequências amargas e desconcertantes. É por essa razão que nós vos conduzimos constantemente até Chipre, como o fez o Irmão P.A.L. Eis o inevitável: trabalhar nas minas de cobre de Chipre. Aquele que tem ouvidos para ouvir, ouvirá, sem dúvida alguma.

Nosso Irmão C.R.C. não regressou de Chipre. Mediante a ação, ele seguiu em direção a Damasco e depois, a Damcar. Porque, quando o homem cumpre corretamente seu trabalho em Chipre, o resultado é o crescimento da alma, e ele constrói a couraça áurea, com o auxílio da qual pode superar a natureza inferior e o poço infernal das baixas cobiças. É somente então que podemos nos aproximar dos milagres de Damcar. Numerosos são os que buscaram a cidade de Damcar sem encontrá-la. Numerosos são os que empreenderam a viagem de Cristiano Rosa-Cruz, segundo os dados da *Fama*. Entretanto, Damcar, que nas escrituras antigas é constantemente confundida com Damasco, não é localizável geograficamente.

Contudo, Damcar, na Arábia, realmente existe. Podeis estar certos de que encontrareis essa cidade dos sonhos, desde que viajeis para Chipre. Damcar é o espírito com o qual o aluno abraça o mundo, em profunda e intensa aspiração, a fim de erigir os muros de uma nova cidadela da verdade. Damcar é a mais elevada justiça divina que lança seu chamado e suplica por ser ouvida. Damcar é o coração do espírito planetário, o fundamento da gênese do mundo. A palavra "Arábia" deve aqui ser compreendida como a morada do Leão.

Damcar, a ideia de libertação, deve provir da morada do Leão, o Leão de Judá, Cristo, o grande realizador universal, o iniciador por excelência: o Leão – *Leo* – o signo de iniciação de Aquário. Aí, ao lado da fonte dos mistérios cristãos, nosso Pai C.R.C. permaneceu três anos, e aí ele traduziu o Livro M.

Retomemos a cronologia de nossa narração. Quando nosso herói lendário celebra o ato absoluto do realismo cristão e em abnegado serviço se doa inteiramente, ou melhor dizendo, quando ele integrou o ensinamento da bondade, da verdade e da justiça em sua vida e se eleva como a flamejante luz de Cristo nas trevas de nossa época, ele se aproxima da essência das coisas, mesmo estando exausto, não dando nenhuma atenção ao ódio, à oposição e às perseguições.

Ele chega a Damasco, ao átrio do templo de Damcar, de onde quer continuar sua viagem até Jerusalém. Aí, em Damasco, ele demonstra sua grande capacidade em Física e em Ciências Naturais; isso significa que os véus que escondem a essência das coisas começam a cair. A essência da natureza começa a manifestar-se para ele. Sua aspiração por um saber superior, seu ardente desejo de compreender Cristo, sua profunda aspiração às núpcias alquímicas, a uma comunhão com o Cristo, finalmente se realizam. O grego e o latim dos mistérios, que ele antes compreendia parcialmente, são agora completamente dominados, graças à ação.

E assim, como por necessidade natural, ele entra em contato com os sábios de Damcar, com os iniciados nos mistérios cristãos. A narrativa diz:

O elevado e nobre espírito do Irmão C.R.C. foi despertado, de modo que agora Jerusalém já não lhe interessava tanto quanto Damcar. Como já não podia dominar seu desejo, ofereceu, mediante uma certa soma de dinheiro, seus serviços a marinheiros árabes para que o levassem a Damcar.

Deveis compreender a narrativa da seguinte maneira: aquele que, permanecendo nas trevas, busca a luz de Cristo e a ela anseia com todo o seu ser descobre, com base na realização da ação-Chipre, que já não tem necessidade de buscar a luz, pois ela corre a seu encontro. Ela está mais próxima do que mãos e pés. "Quando o filho pródigo retorna, o Pai vai a seu encontro", diz a parábola. Do mesmo modo, compreendeis também o que quer dizer o autor dos Atos dos Apóstolos quando Saulo, a caminho de Damasco, encontra Cristo.

Assim acontece com nosso herói lendário, C.R.C., e da mesma forma pode acontecer a vós. Jerusalém aproxima-se de vós quando vos aproximais dela, segundo determinadas linhas diretrizes. Conheceis agora as condições: elas representam a soma total que C.R.C. deve pagar para ser conduzido a Damcar. Aí ele é recebido como alguém conhecido; aí é celebrada a festa da unificação; aí desabrocham os botões de rosa: nasceu o homem superior, elevado do nadir, graças à ação. Tal como um franco-maçom, ele construiu para si uma morada em Damcar.

Falando mágica e astrosoficamente, pela ação-Chipre, renovadora do coração, o aluno penetra até Urano, Damcar--Cristo. Aí o peregrino a caminho de Jerusalém encontra seu Senhor. Aí nasce a comunhão vivente com aquele que é todo amor e alegria, com aquele que diz:

Tenho-vos dito estas coisas
para que minha alegria permaneça em vós
e vossa alegria seja completa.
Este é o meu mandamento:
amai-vos uns aos outros
assim como eu vos amei.
Ninguém tem maior amor
do que aquele que dá a vida por seus amigos.
Vós sois meus amigos,
se fazeis o que vos mando.
Já não vos chamo servos,
porque o servo não sabe
o que faz o seu senhor;
mas eu vos chamo amigos,
porque tudo o que ouvi de meu Pai
eu vos dei a conhecer.
Digo-vos isto
para que não sejais conduzidos à infidelidade.
Expulsar-vos-ão das sinagogas.
Sim, virá a hora
em que qualquer que vos matar
julgará prestar um serviço a Deus.
E isso farão porque não conhecem ao Pai
nem a mim.
Mas eu vos disse tais coisas
para que, ao chegar aquela hora,
vos lembreis de que eu vo-las havia dito.
No mundo tereis tribulações,
mas tende coragem:
eu venci o mundo!

Assim, nessa santa festa da comunhão de vida com Cristo, aprendeis a língua árabe melhor do que nunca. A Física torna-se nula perto da glória transbordante do Livro M. A linguagem viva vos envolve com seus maravilhosos caracteres; ela executa suas danças sagradas e vos prosternais em adoração diante de sua glória.

Se pudestes seguir em pensamento o caminho do vir a ser aqui traçado, e se vos esforçais realmente para segui-lo, então podereis ler no misterioso Livro M. Em que consiste afinal esse livro? Onde está ele? Como ele é?

O Livro M é o livro da humanidade, a cosmologia integral da Memória da Natureza. O Livro M é o livro da magia gnóstica perfeita, o livro do fogo. O Livro M é o livro de Mani, a síntese de toda sabedoria desde a criação do mundo até nossos dias. O Livro M é o conhecimento abstrato de tudo o que foi, que é e que será, conhecimento que não pode ser interceptado por nenhum homem deste mundo e que nada pode corromper. O Livro M é o amor de Deus, que nos é manifestado por Cristo. O Livro M é Netuno, que chega à plenitude por Urano, Cristo. O Livro M é uma força colossal, superior a tudo, com o auxílio da qual podeis atravessar o Golfo Arábico.

Leo, o símbolo da iniciação de Aquário, acena a cada aluno da Rosa-Cruz dizendo: Segui as pegadas do Mestre e da origem de nossa Fraternidade e prestai toda a vossa atenção ao fato de que o segredo da realização se encontra nas "minas de cobre de Chipre"!

4

Ele retornou ao final de três anos e, munido do salvoconduto adequado, lançou vela do Sinus Arabicus (Golfo Arábico) para o Egito, onde, entretanto, não permaneceu por muito tempo, mas onde prestou melhor atenção às plantas e às criaturas.

Fama Fraternitatis R.C.

4

DO GOLFO ARÁBICO AO EGITO

Como qualquer aluno que se aprofundou um pouco nos mistérios pode saber, a Terra, o planeta no qual a onda de vida humana prossegue seu dramático combate, é um organismo maravilhoso e complexo. Na filosofia esotérica, quando falamos dos mundos que nos envolvem, não precisamos dar à palavra "mundo" o significado de uma unidade limitada, mas sim o de uma parte de um grande organismo, indissoluvelmente unida às outras partes, que interpenetram umas às outras, sendo que cada uma se mantém graças a todas as demais.

Uma enorme quantidade de informações sobre esses mundos nos é fornecida e o pensamento sempre tenta, de inúmeras maneiras, aumentar seu conhecimento relativo a esse além misterioso, porém tão próximo. Entretanto, a maior parte desse conhecimento foi profundamente marcada pela natureza inferior do homem, por seu romantismo e por seus temores. Devido a sua própria imperfeição, ele vê fenômenos supra-normais que de fato não passam de reflexos de suas próprias e maldosas formas-pensamentos, que são animadas periodicamente, umas após as outras, por vibrações planetárias.

Com seu romantismo que vem da nostalgia de alguma coisa que ele não possui, o homem descobre no além tensões e relações que são a consequência de sua natureza onírica lunar, e que não têm nenhuma realidade fora dele próprio.

É assim que um homem religioso-ortodoxo sonha com um Senhor sentado em um trono e com uma multidão incalculável agitando palmas e soprando trombetas; o homem infectado pelo ocultismo imagina também um Mestre de olhar penetrante que lhe ensina coisas importantes e o faz passar por uma série de iniciações. São seus temores que fazem nascer situações infernais, turbilhões tenebrosos, visões de monstros demoníacos, o ocultismo fantasmagórico dos antigos lemurianos, que sobrevive nas tribos negras e se perpetua no homem branco possuído pela angústia lemuriana como uma espécie de complexo subconsciente.

Entretanto, se chegastes a despedir-vos de todo esse negativismo – que pode apenas angustiar-vos e vos empurrar para caminhos errados ou engendrar situações indesejáveis – se pudestes chegar a romper com o passado e tornar-vos um novo homem em todos esses aspectos, podereis aprender a conhecer os mundos invisíveis de um modo totalmente diferente e podereis avançar muito mais rapidamente no caminho que vos mostra o gnosticismo ocidental e que vos ensina a jovem Fraternidade gnóstica da Rosacruz Áurea.

Ninguém pode compreender coisa alguma do verdadeiro esoterismo se não estiver pronto a se tornar um novo homem, no sentido completo do termo. Quando lemos, no prólogo do Evangelho de João, que "a luz brilha nas trevas e as trevas não a compreenderam", essa afirmação não vale somente para os homens que vivem e morrem como animais, mas também para vós. Se não romperdes a couraça de vossa natureza astral inferior, se não abandonardes o caminho do ocultismo romântico e se não ultrapassardes vossos temores – o antigo monstro vodu – jamais vos aprofundareis nos mistérios cristãos, nem conhecereis Cristo, nem colocareis os pés no caminho da libertação.

Sim, batereis à porta do mistério, batereis a cada dia, porque sois agitados e alarmados por vossos temores, porque sois perseguidos pela pressão de Saturno, porque sofreis de uma nostalgia que vos corrói. Conheceis esta lei cósmica: "Batei, e abrir-se-vos-á". Aqueles que baterem sem estar preparados encontrarão, atrás da porta, o terrível rigor do julgamento e serão jogados na vida real, onde o primeiro ato deve ser realizado, antes de tudo.

Bateis à porta dos mistérios porque quereis fugir do mundo e de seus abismos infernais – abismos cavados, aliás, por vós mesmos. Bateis à porta dessa casa invisível na qual mora nosso Senhor, que disse: "Batei, e abrir-se-vos-á".

Bateis, bateis todos os dias, enquanto que vosso trabalho ainda não terminou; bateis tão forte com os inflados ritmos de vossa magia negra que a porta se abre com violência. Ela se abre com força: e aí está o julgamento. E Deus aparece como o próprio juízo, curvado sob o peso de todas as vossas máculas, todas essas máculas que, pela negatividade, deixastes depositadas atrás de vós. E escandalosamente tendes a presunção de exigir um bom lugarzinho além das portas!

Por que nos declaramos contra o pacifismo atual? Não que não sejamos pacifistas, não que gostemos de violência; certamente também não somos loucos varridos, mas é porque queremos proclamar com toda a nossa força o cristianismo gnóstico e científico dos rosa-cruzes. Se não puderdes aceitar isso, tentaremos ainda trabalhar por vós, apesar de vossa magia negra, e nos esforçaremos como Cristo, para assumir vossa indignidade, pois queremos carregar a cruz como o único caminho para a libertação.

O que é o pacifismo atual senão um bater insistente e monótono à porta de um objetivo superior? Escutais os passos de nossas mulheres marchando pela paz? A porta se abre: ela se abre com violência. E vemos uma gruta flamejante, uma onda de lava borbulhante, um tal arsenal de armas infernais como o mundo jamais conheceu. O caos de uma miséria sem limite! Precisais de mais disso realmente? Então continuai com vosso pacifismo esotérico, pois o julgamento vem na mesma toada com que recusais realizar o trabalho.

Então, temos necessidade de quê? De uma tomada de consciência segundo Aquário! Devemos nos indagar por que o mundo se desagrega, qual é a causa disso. Quando conhecemos essa causa, "descemos ao esgoto", como diz o drama *O servidor na casa*,[2] de Charles Kennedy; limpamos o esgoto; cumprimos nossa tarefa virginiana. Mergulhamos nossos braços, por mais limpos que estejam, na sujidade diante da qual todos recuam tremendo. Nós os mergulhamos na mesma lama que foi atirada ao rosto imaculado de Cristo e assim realizamos, por nosso sacrifício, o julgamento que se torna necessário. Eis o pacifismo gnóstico, no sentido libertador do cristianismo vivo.

Assim como a religião exotérica da humanidade conduz à cristalização, o pacifismo exotérico agrava o julgamento por meio de sua magia negra. De repente a porta se abre e, como o homem recusa a obra, o trabalho, o julgamento reforçado, abate-se sobre ele. Não há vitória sem luta! Eis a

---

[2] Kennedy, C.R. *The servant in the house.* Nova Iorque: Harper and Brothers, 1908.

razão da descida aos esgotos, ao rompimento das correntes. Esse é nosso pacifismo.

É isso que vos trará a Rosacruz Áurea, porque ela é vossa amiga, porque ela vos ama.

A ordem das coisas nos impõe uma pesada tarefa e nosso caminho, como obreiros da Rosa-Cruz vivente, é dos mais perigosos, pois nós todos batemos à porta e sabemos que, diante de nosso repetido bater, a porta se abrirá várias vezes. Em *As núpcias alquímicas de Christian Rosenkreuz* esse problema é exposto magistralmente. Quando Cristiano Rosa-Cruz recebe a carta que contém a resposta a seu repetido bater, a carta que traz o convite para as núpcias, ele diz:

Após ler essa carta, pareceu-me que perderia os sentidos. Meus cabelos eriçaram-se, e um suor frio brotou de todos os poros. Apesar de bem saber que se tratava das núpcias que me haviam sido anunciadas sete anos antes numa visão – as quais havia esperado por tanto tempo com grande ansiedade – nunca esperei que se celebrariam em condições tão adversas e perigosas. Antes, sim, pensara que apenas bastaria comparecer às núpcias para ser acolhido como hóspede bem-vindo e bem-visto. Agora, porém, eu fora convidado pela providência divina, da qual nunca estivera inteiramente seguro.

Realmente não sabemos como será o julgamento divino e sua justiça. Nós o invocamos com nossos mantras e nos sentimos tão intranquilos quanto Cristiano Rosa-Cruz com relação à resposta que lhe seria dada. Então, vamos trabalhar com toda a nossa força, a fim de suavizar, com nosso sacrifício, o julgamento que virá e que, de conformidade com a lei, está escrito nas estrelas, nas constelações de Serpentário e de Cisne. Se fizermos nosso trabalho corretamente, construiremos o templo que não é feito por mãos humanas, ao mesmo tempo em que penetraremos na realidade das coisas invisíveis.

Com isso, queremos orientar-nos segundo os caminhos indicados nos antigos testemunhos da Ordem da Rosa-Cruz: A *Confessio Fraternitatis R.C.* nos coloca diante do programa, da profissão de fé.

Na *Fama Fraternitatis R.C.* o aluno passa a executar esse programa.

Em *As núpcias alquímicas de Christian Rosenkreuz* é descrito o desenvolvimento integral do caminho da iniciação cristã, depois que o objetivo, o chamado, a *Fama*, foi realizado como tarefa individual.

No primeiro capítulo, vimos como Cristiano Rosa-Cruz, graças ao ato justo, rompeu sua natureza astral inferior. De Chipre ele parte para Damasco e, daí, para Damcar, na Arábia, onde traduz o Livro M e se aperfeiçoa em Física e Matemática. Analisando esotericamente essas indicações, compreendemos seu significado; agora, a *Fama* continua:

Ele retornou ao final de três anos e, munido do salvoconduto adequado, lançou vela do Sinus Arabicus (Golfo Arábico) para o Egito, onde, entretanto, não permaneceu por muito tempo, mas onde prestou melhor atenção às plantas e às criaturas.

Quando o aluno estudou a sabedoria sublime e magistral que está na cidade do Leão, Damcar, na Arábia – ou seja: quando ele está mergulhado na realidade do mistério cristão, já não apenas em palavras, mas em ações – ele recebe, depois de três anos, a permissão de atravessar o *Sinus Arabicus* para tomar o caminho do Egito.

Capítulo 4 – Do Golfo Arábico ao Egito

O candidato que foi iniciado nos mistérios cristãos, que executou por completo o processo de assimilação ativa, segundo a medida das forças de que dispõe – em outras palavras, o processo de Júpiter, cabalisticamente representado pelo número três – esse candidato compreende que pode penetrar nos mundos invisíveis sem se tornar vítima de qualquer espécie de mistificações e dificuldades deploráveis.

Afirmamos que ninguém pode saber nada de positivo, de real, de valioso, sobre o novo estado de consciência se não estiver plenamente na vida real cumprindo neste mundo sua missão de servidor da casa, em todas as situações difíceis, que são a consequência dos erros acumulados da humanidade. Em realidade, todo o conhecimento proveniente de outras fontes, ou obtido por outros meios, apenas pode ser enganoso. Do ponto de vista das consequências, esse conhecimento é muito mais perigoso que o pacifismo exotérico, porque é uma zombaria do que há de mais sagrado. É o julgamento que intervirá como um fogo devorador.

Assim, domínios invisíveis abrem-se agora diante de Cristiano Rosa-Cruz. Pelo Golfo Arábico, pelo Arco do Senhor, pela Porta do Senhor, e instruído pela luz positiva de Cristo, conduzido por essa luz, ele entra nos mundos que nos envolvem para aí estudar as plantas e as criaturas. A partir desse instante as coisas manifestam-se diante dele de forma diferente, apresentando propriedades completamente diferentes do que ele havia suposto anteriormente, em sua qualidade de observador negativo. Agora que o medo o abandonou, agora que sua natureza astral está unificada e que seu sentimento de nostalgia romântica está transformado, ele vê as coisas como são realmente e pode-se efetivamente falar de um estudo, porque ele finalmente compreende.

Nós também queremos tentar preparar-nos para ver real e positivamente as coisas do céu e da terra, pois somente assim progrediremos na Escola de Mistérios do Ocidente. É de extrema importância poder perceber objetivamente os mundos invisíveis. A terra em que vivemos, o planeta no qual nos manifestamos é, de seu ponto central até o mundo do Espírito divino, um só complexo de campos de desenvolvimento para um número quase incalculável de hierarquias de seres que cooperam parcialmente com o nosso desenvolvimento ou que dependem de nós. Por isso, é necessário tomar conhecimento, objetivamente, dessa grande diversidade de forças e de entidades, a fim de podermos colaborar da melhor maneira com o plano de Deus.

O homem, na sua ignorância, aprendeu a considerar as esferas inferiores do mundo do desejo e a esfera etérica do mundo material como abismos infernais. De fato, elas apresentam tais propriedades; mas apenas como reflexo das ações errôneas do mundo material. Se, graças a nosso pacifismo esotérico, chegássemos a pacificar a sociedade humana – o que, aliás, é a única maneira possível de se chegar a isso – essas esferas de vida transformar-se-iam naquilo a que foram destinadas: campos de desenvolvimento harmoniosos, com uma vida extremamente interessante e poderosa.

O inferno só subsiste pela negação da vida verdadeira. Assim, uma grande quantidade de fenômenos horríveis e, vistos sob luz verdadeira, anormais, não são mais do que a consequência de vossa rejeição do único necessário, e é por isso que batemos novamente à porta de vosso coração e de vossa consciência. Com uma regularidade monótona, continuaremos a bater.

Capítulo 4 – Do Golfo Arábico ao Egito

Claro que essa porta de vosso ser se abrirá, indubitavelmente. Quando as portas se abrirem, numerosas consequências se precipitarão sobre nós, de diversas formas: seremos abatidos pelo ódio, pelo ciúme, pelos mal-entendidos e pela maldição. Seremos abatidos pela pior coisa que pode atingir um cristão, à qual o próprio Cristo foi submetido: a acusação de ser um servidor do diabo e um desertor do bom, do belo e do verdadeiro.

Entretanto, nós mesmos e os que lutam conosco continuaremos todos a carregar a cruz de Cristo, a cruz da alma do mundo. Continuaremos a descer ao esgoto e a mergulhar nossos braços na sujidade de nossa sociedade. Continuaremos a bater sem trégua, a bater sempre, com o martelo da ação, até que desponte o amor compreensivo e compassivo dos corações. Tal como uma falange de pioneiros, atravessaremos juntos o rio da morte, a fim de que todo o negativismo e toda a falsidade ouçam os passos desses poderosos batalhões que atravessam o *Sinus Arabicus*.

5

De lá atravessou o Mar Mediterrâneo, até chegar a Fez, cidade que os árabes lhe haviam indicado. É uma verdadeira vergonha para nós que sábios que vivem tão longe uns dos outros, não somente estejam unidos entre si, mas também contrários a toda polêmica e dispostos a revelar seus segredos, em total confiança.

Anualmente, os árabes e os africanos se reúnem, se consultam mutuamente sobre as artes para saber se alguma coisa melhor foi descoberta, ou se seus conceitos foram superados pela experiência. Desse modo, a cada ano algo novo se apresenta para melhorar a Matemática, a Física e a Magia, pois nisso os habitantes de Fez são muito avançados. Da mesma forma, na Alemanha não faltam atualmente eruditos, magos, cabalistas, médicos e filósofos, mas eles deveriam ser mais caridosos e a maioria não deveria querer devorar o pasto sozinha.

Em Fez, ele travou conhecimento com os que chamamos comumente de habitantes originais, os quais lhe revelaram muitos de seus segredos, do mesmo modo que nós, os alemães, poderíamos reunir muito do que é nosso se uma unidade semelhante reinasse entre nós e se aspirássemos à pesquisa com toda sinceridade.

Quanto aos habitantes de Fez, ele reconheceu muitas vezes que a magia deles não era totalmente pura e que sua cabala havia sido corrompida por sua religião. Apesar disso, soube fazer excelente uso dela e descobriu um fundamento ainda melhor para sua fé, pois esta *agora concordava com a harmonia do mundo inteiro, encarnada de modo maravilhoso em todos os tempos. E foi aí que se originou a bela associação segundo a qual assim como em toda semente está encerrada uma árvore ou um fruto inteiro, também a totalidade do vasto mundo estaria presente em um "pequeno homem", cuja religião, política, saúde, membros, natureza, palavras e obras seguiriam em uníssono a melodia de Deus, do céu e da terra. Tudo o que estivesse em dissonância com isso seria erro, falsidade e obra do diabo, que é o primeiro instrumento e última causa da dissonância do mundo, de sua cegueira e de sua ignorância. Se, no entanto, alguém pudesse examinar abertamente todos os homens sobre a face da terra, descobriria que o que é bom e certo sempre está em harmonia consigo mesmo, enquanto que o restante está maculado por milhares de interpretações incorretas.*

Fama Fraternitatis R.C.

5

Os mistérios de Fez

Muitos estudiosos das obras dos rosa-cruzes clássicos observaram que elas não se referiam apenas a acontecimentos antigos, quase lendários e relativos às alegrias e às tristezas dos primeiros irmãos rosa-cruzes, mas que esses primeiros representantes da manifestação da sabedoria ocidental falavam uma linguagem profunda para todos os que quisessem seguir o caminho ocidental da realização. Vê-se claramente que essas obras tratam da grandiosa marcha da humanidade e que elas expõem uma história do mundo em constante movimento. Não vos surpreendais por considerarmos essas obras como o *evangelium magnum* do estudante de esoterismo, como o reflexo gnóstico dos quatro evangelhos.

Assim como a palavra de Deus não pode ser erradicada e assim como a luz se propaga nas trevas em misericordioso amor, do mesmo modo os livros sagrados dirigem-se a vós em supremo esforço, a fim de despertar em vosso ser a centelha divina, que pode ser vista como uma pálida estrela de cinco pontas que deve transformar sua pequena luz em uma auréola de chamas. É por isso que nós nos afastamos das exegeses e críticas banais relativas aos testamentos da antiga Ordem da Rosa-Cruz, e partimos em viagem para a "terra santa" do saber esotérico da *Fama Fraternitatis*.

Com Cristiano Rosa-Cruz, o protótipo de nosso ser superior, colocamo-nos a caminho, na direção dos habitantes originais de Fez.

Já vivenciamos uma parte das viagens de Cristiano Rosa-Cruz. Conta-se que, com a idade de cinco anos, ele foi aceito em um mosteiro onde aprendeu *relativamente bem as duas línguas: a grega e a latina*. Muitas coisas ainda deveriam ser ditas a respeito dessa citação. Essa idade de cinco anos refere-se particularmente às diferentes fases do discipulado no decorrer do qual o aluno, pela ação verdadeira, tem a oportunidade de intensificar a luz da estrela de cinco pontas do seu corpo-alma.

Quando assim ele atinge de maneira correta a "idade de cinco anos", chega o tempo de professar o estado de "discípulo", estado que a *Fama* compara à admissão ao mosteiro. É nesse momento que o aluno prossegue seu trabalho. Um período de luta intensa tem início. Ele se sente cercado de todos os lados por paredes e obstáculos; tendo atingido uma vibração completamente diferente graças à sua vida e às suas obras, o sangue ardente em seu ser já não o deixa em paz. Estranhas vozes o chamam. Ele se sente transportado por poderosos impulsos. Sua intuição torna-se extremamente aguda. Sua sabedoria penetra profundos segredos e ele dá testemunho disso. Mas as paredes o retêm. Em um arrebatamento dos sentidos, ele vê irradiar, em sua ofuscante beleza, a Jerusalém do mundo. Como filho do fogo, ele quer construir a cidade da paz. Ele quer que o mundo de Aquário resplandeça como uma festa de luz, mas as paredes o retêm e ele se fere em sua granítica rigidez.

É assim que, como adolescente, ele luta até que finalmente as portas se abrem: Cristiano Rosa-Cruz é admitido em um grupo que fará a viagem à terra santa. Graças à

Capítulo 5 – Os mistérios de Fez

intervenção do Mestre, que a *Fama* chama de Irmão P.A.L., ele é libertado das garras da matéria grosseira. Por sua vida e seu trabalho, por sua luta intensa acompanhada de dramáticas tensões, a estrela de cinco pontas chegou a um grau de desenvolvimento tal que o período da adolescência pode ser considerado como terminado, e um nível superior da espiral pode ser atingido.

Conduzido pelo Mestre, ele começa sua viagem pelas minas de cobre de Chipre, onde pode ser celebrado o adeus definitivo à natureza inferior. É aí, em Chipre, que o Mestre se despede do discípulo. Depois de ter recebido o auxílio indispensável, o novo irmão retoma o caminho da autorrealização, agora com sua própria força. A partir desse momento, as paredes, que no início eram tão necessárias, não o retêm: ele avança em direção à sua meta.

Que meta é essa, afinal? É a comunhão de vida com a alma da Nova Jerusalém, com Cristo, o portador e o construtor dos mistérios ocidentais. O aluno aspira à união definitiva com esse realizador de vida. Desde o início de seus esforços ele sente o toque de Cristo como um alento sagrado que preenche todo o seu ser. Agora que todos os entraves que o impediam de possuí-lo definitivamente foram retirados, ele apressa o passo em direção à luz para abraçá-la, para se elevar, por essa força, à ação humana verdadeira.

É assim que, quando ele está a caminho da luz, como aluno, o grande milagre se realiza: a própria luz apresenta-se diante dele. Como muitos outros antes dele a caminho de Damasco, ele encontra a luz quando acreditava estar apenas a meio-caminho. Ela lhe mostra o caminho para Damcar, na Arábia, a cidade do Leão, do Leão de Judá, de Cristo, o poderoso e universal guia para a realização de Aquário.

É dito que Cristiano Rosa-Cruz tinha apenas dezesseis anos quando chegou a Damcar, o que compreendemos muito bem, pois esse é o caminho de glória e de triunfo do homem justo. Infeliz de quem tentar seguir pelo décimo-sexto caminho sendo um ser ímpio e corrompido. Existe um símbolo antigo e oculto do número dezesseis: um homem caindo do alto de uma torre atingida por um raio. Ninguém poderá realizar a viagem até Damcar se não aceitar seguir a preparação e o método de Cristiano Rosa-Cruz. É aí, em Damcar, que este último encontra os hierofantes dos mistérios ocidentais. Eles lhe revelam certos segredos de seu mosteiro; em outras palavras, eles lhe indicam certas forças fundamentais de seu veículo material, de sua manifestação material. Munido dessa nova sabedoria, ele poderá edificar um novo método de cura. A *Fama* nos relata que, dia após dia, ele aprende a compreender melhor a língua árabe. Ele penetra cada vez mais profundamente a essência das coisas, de tal modo que é capaz de traduzir o Livro M, o livro da humanidade, o *evangelium magnum* dos rosa-cruzes, o evangelho gnóstico. É aí também que ele assimila a síntese de outras ciências, o que será mais tarde um grande regozijo para o mundo.

Tendo assim saciado suficientemente sua sede na fonte do inesgotável conhecimento de Cristo, o aluno prossegue sua viagem, pois, como irmão dos mistérios, antes de poder começar sua tarefa essencial, ele precisa ter suficiente experiência de todas as forças e de todas as coisas que se encontram e que se manifestam nos diferentes domínios da matéria e do espírito.

Atravessando o *Sinus Arabicus*, ele empreende, portanto, a tão perigosa viagem ao Egito, a fim de aí prosseguir sua preparação e seus estudos. Aqui, o Egito é o símbolo

Capítulo 5 – Os mistérios de Fez

das regiões espirituais nas quais só é possível penetrar quando nos sentimos interiormente fortes e perfeitamente preparados. É efetivamente nessas condições que Cristiano Rosa-Cruz parte para o Egito através do *Sinus Arabicus*, o que significa que ele está provido de todas as armas de luz da magia gnóstica, magia haurida da própria fonte de Cristo. A um aluno assim equipado já não se apresentam obstáculos. Como vimos, ele chega no Egito e aí realiza seu trabalho; assim que o termina, toma imediatamente o caminho de Fez, na África do Norte, como já lhe haviam aconselhado quando estava em Damcar.

Os estudiosos da *Fama* devem ter observado que a viagem de Cristiano Rosa-Cruz descreve um círculo ao redor do Mediterrâneo, berço do mundo ocidental. Cristiano Rosa-Cruz sai do mosteiro alemão para alcançar Damasco, através de Chipre, e prossegue em direção à Arábia. Ele passa pelo Egito e parte em seguida para Fez, no Marrocos. Depois de ter visitado Fez, dirige-se para a Espanha, para finalmente retornar à Alemanha. No capítulo seguinte, no decorrer do qual nós estudaremos a permanência de Cristiano Rosa-Cruz na Espanha, também tentaremos explicar o significado esotérico dessa linha de força que segue um traçado geográfico. Concentremo-nos agora em sua estada em Fez.

Em Fez ele travou conhecimento com os que chamamos comumente de habitantes originais, os quais lhe revelaram muitos de seus segredos, do mesmo modo que nós, os alemães, poderíamos reunir muito do que é nosso se uma unidade semelhante reinasse entre nós e se aspirássemos à pesquisa com toda sinceridade. Quanto aos habitantes de Fez, ele reconheceu muitas vezes que a magia deles não era totalmente pura e que sua cabala havia sido corrompida por sua religião.

Apesar disso, soube fazer excelente uso dela e descobriu um fundamento ainda melhor para sua fé, pois esta agora concordava com a harmonia do mundo inteiro, encarnada de modo maravilhoso em todos tempos.

Possivelmente aprendestes que existem sete mistérios, sete sistemas, sete canais pelos quais o aluno pode elevar-se a um saber superior. Essas sete escolas são as "sete cordas" que descem no sombrio poço da vida aqui embaixo a fim de realizar sua tarefa libertadora. Logo depois de terem atingido sua meta, os que possuem ou que desenvolvem essa força, o poder de sair do poço com a ajuda dessas sete cordas, são então chamados, por sua vez, para içar as cordas onde estão dependurados, esperneando e ainda presos a suas correntes, os candidatos aos mistérios. Aqui, expressamo-nos na linguagem simbólica de *As núpcias alquímicas de Christian Rosenkreuz*.

Portanto, uma escola de mistérios é uma comunidade de trabalho mágico de seres adiantados a serviço dos homens. Consequentemente, como manifestação de força, uma escola de mistérios depende do número de alunos capazes que se apresentam para seguir e progredir em tal aprendizagem. A união faz a força! Essa lei também vale para as coisas espirituais.

Ora, as sete escolas de mistérios, as sete comunidades de trabalho mágico, encontram-se distribuídas por todo o mundo, e, de acordo com seu lugar de trabalho, todas elas se adaptam à religião, aos costumes e aos hábitos de determinadas raças. Assim que uma raça em particular se eleva a um nível superior da espiral, essas escolas fundem-se umas nas outras. A sétima Escola de Mistérios é a mais avançada, a mais poderosa e a mais sublime em manifestação, porque foi estabelecida para a raça mais evoluída, isto é, a do Ocidente,

CAPÍTULO 5 – OS MISTÉRIOS DE FEZ

e também porque ela está fundamentada na religião mais avançada: o cristianismo.

De fato, o conjunto de mistérios ocidentais é o coroamento dos antigos e antiquíssimos mistérios. Uma vez que a *Fama* nos traz a história do desenvolvimento da sétima Escola de Mistérios, Cristiano Rosa-Cruz entra em contato com a sexta Escola de Mistérios, simbolicamente estabelecida em Fez, na África do Norte, a fim de inteirar-se de suas artes mágicas.

Antes de consagrar-se à sua missão, o aluno, o novo irmão, portador de um mandato tão poderoso como o de acender a luz da Gnosis, vai estudar um instrumento de trabalho que já foi comprovado. Não há nenhuma rivalidade entre as diversas escolas de mistérios. Ao contrário: existe entre elas a mais estreita cooperação, pois sua tarefa comum é o serviço para a humanidade, e é nesse ponto que suas artes mágicas estão sempre sintonizadas, mesmo que seus respectivos métodos sejam muito diferentes.

É assim que, tomado de profunda gratidão, Cristiano Rosa-Cruz menciona sua estada em Fez; mas, comparando a magia que aí é exercida com seu conhecimento superior, ele verifica que ela não é pura e que esse ensinamento secreto está mesclado, como é compreensível, com uma religião pré-cristã. Entretanto, ele sabe tirar excelente proveito da sabedoria aplicada em Fez e aí encontra uma base ainda melhor para sua fé.

Depois do que foi exposto, pode acontecer que sintais um novo estímulo para o estudo das religiões comparadas. Na verdade, um tal estudo, apesar de ter grande valor, comporta, ao mesmo tempo, um aspecto bastante perigoso, como nos mostra a prática diária. Se quereis aproveitar o valor de um estudo comparado de forma correta, deveis realizar esse estudo utilizando o único método que está a vossa disposição, ou seja, o método que vos ensina a *Fama Fraternitatis*, o método de Cristiano Rosa-Cruz, e não certamente o método chamado de "teosófico". Existe uma lei cósmica que ensina que as pessoas devem primeiro chegar à autoconsciência (Áries) antes de poder começar o autossacrifício (Peixes). Libertando-se das correntes de uma Igreja completamente decadente, a autoconsciência que caracteriza o ocidental torna indispensável que nos orientemos primeiro pela religião do Ocidente, manifestada para nós pelos Senhores do Destino, ou seja, o puro cristianismo original.

Somente depois de ter sondado a base do conhecimento cristão é que estareis preparados para penetrar nas câmaras do tesouro da sabedoria universal, o tesouro dos antigos, e aí encontrar a sabedoria indispensável para realizar, de maneira correta, vossa tarefa no Ocidente. Somente então podereis discernir as intenções dos mistérios antigos ou atuais sem vos perder num labirinto de valores incompreensíveis que prendem a uma espiral inferior.

É com toda razão que a *Fama* diz que, quando seguis falsos métodos, maculai-vos com uma multidão de opiniões errôneas que, como a cegueira e a estupidez, estão na origem de todas as discordâncias deste mundo, o que não vos permite realizar nem sequer um mínimo de trabalho positivo. É somente para os que conseguem entrar em Damcar, a cidade do Leão, que todas as coisas atuam para o bem. Somente eles podem fazer sínteses corretas daquilo que lhes é manifestado, daquilo que é por eles analisado. Eles encontram uma base ainda melhor para sua fé, *pois esta agora concordava com a harmonia do mundo inteiro, encarnada de modo maravilhoso em todos tempos.*

Se possuís algo disso, dia a dia, hora a hora, tornar-vos-eis mais positivos. Vivereis, então, uma série de revelações ininterruptas que serão maravilhosas em sua radiosa manifestação. Passo a passo, avançareis sobre a ponte luminosa que liga o tempo à eternidade, o microcosmo ao macrocosmo. Esse processo de desenvolvimento é como a canção das esferas: é a canção mágica da Rosacruz Áurea.

6

Dois anos mais tarde, o Irmão R.C. partiu de Fez rumo à Espanha, como portador de inúmeros e valiosos tesouros, com a esperança de que aí, uma vez que havia tirado tanto proveito de sua viagem, os sábios da Europa ficassem muitíssimo contentes com ele e edificassem agora seus estudos sobre fundamentos tão seguros. Por isso, conversou com os eruditos, na Espanha, sobre o que faltava a nossas artes e quanto ao modo de auxiliá-los, e de onde poderiam tirar indícios seguros para os tempos vindouros e em que deveriam concordar com os tempos passados; saberiam como corrigir os defeitos da Eclésia e de toda a filosofia moral. Ele lhes mostrou novas plantas, novas frutas e animais que não estavam de conformidade com as leis da antiga filosofia e lhes transmitiu novos axiomas que poderiam resolver tudo perfeitamente.

Mas isso lhes pareceu risível e, como tudo ainda era novo, temeram que seu grande renome sofresse, uma vez que eles deveriam, inicialmente, entregar-se novamente ao estudo e confessar que estavam perdidos há muitos anos. Além disso, eles estavam muito acostumados a essa situação e já tinham tirado muito proveito dela. Que outra pessoa, a quem a inquietude fosse agradável, fizesse a reforma!

Esse estribilho foi-lhe cantado também por outras nações, o que muito o afligiu, pois de maneira alguma contava com isso e estava *pronto a comunicar generosamente todas as suas artes aos eruditos, quisessem eles apenas dar-se ao trabalho de constatar os axiomas infalíveis de todas as faculdades, ciências, artes e de toda a natureza. Afinal, ele estava persuadido de que esses axiomas, como em uma esfera, deviam se dirigir a um único ponto central e, tal como acontecia entre os árabes, deveriam servir de diretriz unicamente aos sábios, a fim de que também na Europa houvesse uma comunidade que dispusesse de bastante ouro e pedras preciosas, para poder comunicar isso aos reis com a devida e respeitosa finalidade de que os soberanos fossem instruídos por essa comunidade, de modo que soubessem tudo o que Deus permite ao homem saber e pudessem, em casos de necessidade, ser consultados, tal qual os pagãos faziam com seus oráculos.*

Fama Fraternitatis R.C.

6

A VIAGEM À ESPANHA

O trabalho de Aquário goza de um crescente renome e data de uma época remota. Houve quem acreditasse que esse trabalho tivesse surgido da cabeça e do coração de certos obreiros rosa-cruzes orientados politicamente, como se a Rosa-Cruz e a política não se excluíssem uma à outra. Apesar de antiga e fora de moda, essa opinião continua tomando novas formas, de acordo com as circunstâncias. Na realidade, o trabalho de Aquário e seu dinamismo são tão remotos quanto a luta contra eles; tão remotos que não é de admirar que muitos que conhecem e estudam a Rosa-Cruz ignorem sua origem. Além disso, se pessoas honestas se deixam enganar e com suas suspeitas tentam impedir nosso trabalho, isso se deve exclusivamente à sua profunda ignorância no que se refere à natureza e à essência da Rosa-Cruz.

Se pudéssemos compreender completamente a situação, descobriríamos que a Rosa-Cruz se eleva muito acima das ações habituais dos homens, e que os ataques que ela sofre devem-se ao mal, que tenta por todos os meios obstaculizar e anular o desenvolvimento do trabalho gnóstico salvador. Mas, acontece aqui o mesmo que acontece com todas as coisas. A arma dirigida contra nós provou ser fraca nas mãos dos agressores e benéfica para nós, pois, desde os dias de opressão, nosso trabalho cresceu, interior e exteriormente. Com relação a todos os que nos atacaram, não manifestamos certamente nenhum ódio, mas um amor cheio de compaixão. Em um tempo como o que atravessamos, consideramos um privilégio o fato de sermos atacados como mensageiros de Cristo. Tal como um rochedo varrido pelas tempestades da vida, achamos magnífico poder continuar em pé, por amor a Cristo e a seus sublimes servidores.

No decorrer das eras, a Rosa-Cruz tem sido caluniada, perseguida e mutilada pelo clássico inimigo: a magia negra. Ao longo dos séculos, o odioso monstro não parou de levantar sua cabeça para engolir a obra dos Irmãos Maiores; e o fato de esses ataques clássicos, tão conhecidos na história da filosofia ocidental, manifestarem-se novamente na atualidade, nos preenche de grande alegria interior; e, apesar da preocupação diária, prova que estamos no bom caminho. Realmente, não estamos adaptados aos hábitos vigentes. Não somos rosa-cruzes por diversão: queremos seguir as pegadas de nosso Pai-Irmão Cristiano Rosa-Cruz! Não queremos nos envolver com as lutas políticas das diversas comunidades exotéricas. Nosso trabalho está acima do caos das paixões de nosso tempo. Não queremos nos deixar arrastar nem para a direita, nem para a esquerda.

Compreendei bem: quando dizemos que estamos acima das coisas deste tempo, queremos dizer que nosso trabalho é solidamente fundamentado em uma força que não é deste mundo. Assim, poderemos trabalhar muito bem neste mundo, aqui reconhecer a verdade e igualmente divulgá-la.

Não dizemos, por exemplo, baseados em uma meditação interior: "A realidade nova, libertadora, está chegando; nós só temos de esperá-la". Não dizemos isso porque, para nós, não é indiferente saber quando e como ela se manifestará entre os homens. Trabalhamos para o advento do novo homem, seguindo as linhas de menor resistência e, tanto quanto possível, tentamos poupar nossos irmãos e irmãs das dores mais intensas. É por isso que, como os Irmãos Maiores, ardemos como chamas vivas abrasadoras, a fim de permitir que a luz de Cristo encontre uma entrada. Até o momento, tivemos as mesmas experiências que eles, ao menos em parte.

A comunidade da Rosacruz Áurea, o Lectorium Rosicrucianum, assim como todos os aspectos internos da jovem Fraternidade gnóstica, existem e trabalham neste mundo como instrumentos dos Irmãos Maiores, com a antiga força de outrora, à qual pertenciam, e formam, assim, um instrumento que pode ser manejado a serviço da bondade, da verdade e da justiça, no sentido clássico da Gnosis universal.

Aqueles que querem saber exatamente qual é o objetivo de nosso trabalho deveriam examinar os antigos escritos da Ordem. Há muitas eras, eles se expressam em sua linguagem mágica, e não queremos desviar um só passo à direita ou à esquerda deste caminho.

Aos nossos olhos, todos os governos são bons, qualquer que seja sua forma, contanto que andem no caminho de Deus. Se eles não andarem, não seremos nós que iremos conspirar contra eles, pois já sabemos que serão varridos pela violência cósmica, logo que se apresente o momento psicológico. Desejamos trazer para os homens a verdade, a bondade e a justiça, no sentido gnóstico, tais como elas são. Sem desvios, sem acepção de pessoa, a fim de que a luz possa obter poder sobre nós e viver em nós. Um governo, um partido político, uma comunidade exotérica não constituem de forma alguma valores permanentes, assim como nunca o foram no passado.

Portanto, é assim que o trabalho de Aquário, tão velho quanto o mundo, manteve-se invariavelmente inalterado. Encontramos a prova disso na *Fama Fraternitatis R.C.* Assim como diz seu título, essa *Fama* se dirige a todos *os sábios e chefes de estado da Europa*. A *Fama* do vivente cristianismo gnóstico não quer ficar afastada da ciência, nem da religião, nem da política, pois sempre foi intenção do Logos que as três manifestações da verdadeira humanidade – arte, ciência e religião – se unissem e se fundissem na ação, na comunidade da verdadeira vida, a fim de que daí resultasse um campo formador de forças libertadoras e realizadoras.

Desde tempos imemoriais, os apóstolos desse campo reformador do verdadeiro cristianismo, no mundo material, têm sido os Irmãos da Rosa-Cruz. Eles não se curvam diante das contingências, eles não buscam nenhum outro compromisso, mas fazem suas exigências, advertindo e chamando dia e noite, sem cessar. Eles não trabalham de improviso, impelidos por súbito entusiasmo, dando expressão a forças que turbilhonam dentro de si. Não! Eles trabalham segundo um sistema preciso e bem estudado, solidamente fundamentado nos mistérios cristãos. Nesse sistema, cada colaborador é perfeitamente preparado para sua tarefa. A natureza dessa preparação encontra-se descrita na viagem de Cristiano Rosa-Cruz. Nos capítulos precedentes, já falamos dessa viagem sob dois aspectos diferentes. Queremos esclarecer ainda um terceiro.

Em seu significado profundo, essa viagem também diz respeito ao desenvolvimento das sete rosas da cruz da gênese. A permanência de Cristiano Rosa-Cruz em seu mosteiro,

Capítulo 6 – A viagem à Espanha

seu profundo e intenso anelo por Jerusalém e seu esforço para chegar até lá, tudo isso constitui para nós o realismo cristão, a síntese jupiteriana, as forças que nos permitem agir na matéria por meio das secreções das duas glândulas suprarrenais. Sua permanência em Chipre, centro de adoração de Vênus, simboliza a transmutação da natureza dos desejos inferiores, transmutação que, pela secreção da glândula timo, provoca uma mudança importante no corpo. Sua chegada e sua permanência em Damasco fazem que nele se expresse o poderoso metal de Mercúrio, o saber superior, cujo desenvolvimento depende da glândula tireoide Em seguida, ele continua seu caminho em direção a Damcar, a cidade do Leão: o Cristo-dentro-dele desperta. As poderosas forças-Urano, que agem com as forças da hipófise, são então liberadas.

Quando Cristiano Rosa-Cruz obtém, assim, o autodomínio, sua viagem prossegue pelo *Sinus Arabicus* e pelo Egito, que é uma alusão ao guardião do umbral, e continua até Fez, onde assimila todos os mistérios existentes até então, completando assim, efetivamente, seu período de preparação e de desenvolvimento. Todos os valores espirituais encapsulados na glândula pineal – a sétima rosa sobre a cruz da gênese – estão agora à disposição do aluno na senda.

Depois dessa preparação harmoniosa e de uma espera de dois anos, isto é, quando os tempos estão maduros, ele empreende a viagem para a Espanha. Poderíamos comparar a Espanha ao espírito humano, ao aspecto Plutão: é o espírito humano que se liberta como o silencioso guardião da câmara do rei, para começar sua grande tarefa para o mundo e a humanidade na qualidade de iniciado e guardião dos mistérios.

Assim lemos na *Fama*, dirigida a todos os eruditos em geral, e aos chefes de Estado da Europa em particular, nesse antigo documento da Ordem da Rosa-Cruz, o programa de Aquário, arauto da bondade, da verdade e da justiça:

Dois anos mais tarde, o Irmão R.C. partiu de Fez rumo à Espanha, como portador de inúmeros e valiosos tesouros, com a esperança de que aí, uma vez que havia tirado tanto proveito de sua viagem, os sábios da Europa ficassem muitíssimo contentes com ele e edificassem agora seus estudos sobre fundamentos tão seguros. Por isso, conversou com os eruditos, na Espanha, sobre o que faltava a nossas artes e quanto ao modo de auxiliá-los, e de onde poderiam tirar indícios seguros para os tempos vindouros e em que deveriam concordar com os tempos passados; saberiam como corrigir os defeitos da Eclésia e de toda a filosofia moral. Ele lhes mostrou novas plantas, novas frutas e animais que não estavam de conformidade com as leis da antiga filosofia e lhes transmitiu novos axiomas que poderiam resolver tudo perfeitamente.

Mas isso lhes pareceu risível e, como tudo ainda era novo, temeram que seu grande renome sofresse, uma vez que eles deveriam, inicialmente, entregar-se novamente ao estudo e confessar que estavam perdidos há muitos anos. Além disso, eles estavam muito acostumados a essa situação e já tinham tirado muito proveito dela. Que outra pessoa, a quem a inquietude fosse agradável, fizesse a reforma! Esse estribilho foi-lhe cantado também por outras nações.

Assim podemos ver que o mais elevado e o melhor que os mistérios e o cristianismo podem nos ofertar, a nós e ao mundo, nos é entregue diariamente. Existe, é-nos ofertado, mas não o queremos. Cristo disse: "Estarei convosco até o fim do mundo". No entanto, nós o rejeitamos. Qual é o mérito de nosso estado de vida atual? Afinal, são numerosos os que possuem um nome célebre como sábios, teólogos e benfeitores da humanidade. Imaginai, por exemplo, que sob a brilhante luz da verdade sejamos obrigados a abandonar como ilusório tudo o que acreditamos ser de nossa propriedade, o que possuímos por autoridade e o que divulgamos. Mas, por causa do desejo de autoconservação neste mundo material, agarramo-nos à escuridão muito mais facilmente do que à luz. Eis por que existem somente duas possibilidades: ou aceitar a luz, ou ser aniquilado por ela.

A história da Rosacruz Áurea adquire, assim, um enfoque dramático: a luz é ofertada, dada gratuitamente. Entretanto, por espírito de autoconservação, combatemos a luz e a pisoteamos como se ela fosse um perigo. O redentor do mundo anda entre seus bem-amados, mas eles cospem-lhe no rosto, arrancam-lhe as vestes do corpo e se escondem atrás de sua devoção a fim de cobrir sua própria nudez.

Entretanto, compreendei bem que essa completa apatia do sagrado é apenas aparente. Quem se bate contra a luz aniquila-se nas trevas. É assim que o elemento superior é protegido e que uma escola de mistérios se torna necessária para preservar esse elemento superior. É assim que se levanta a arma da magia gnóstica, arma com a qual – como é dito na *Fama Fraternitatis* – a Fraternidade gnóstica universal volta-se sempre de novo para os que querem escutar.

Tudo o que queremos é mostrar e oferecer ao mundo e à humanidade os tesouros superiores que estão aí para todos. Tudo o que queremos é apontar ao mundo e à humanidade os graves perigos que surgem quando se persiste numa recusa brutal. Tudo o que queremos é proteger e realizar a grande obra que nos foi confiada, através dos abismos da noite.

A noção "Espanha" possui ainda uma acepção, a que faremos apenas uma simples alusão. Alguns lugares da Europa, como a Espanha, simbolizam portas de entrada pelas quais os egos de outras raças entram na Europa pela reencarnação. Assim como no passado existiu uma cultura hispânica muito avançada, em estreita conexão com a antiga cultura árabe, no futuro haverá de surgir uma nova cultura espanhola. Pouco antes de explodir a Segunda Guerra Mundial, uma terrível luta fratricida tomou conta da Espanha, e no decorrer dessa luta dezenas de milhares de homens foram dizimados. Essa luta era o começo inevitável da nova ordem que deve um dia aparecer; mas, ao mesmo tempo, surgiu o perigo de que esse processo fosse reprimido pelos poderes das trevas. Como já havíamos anunciado na época, a guerra civil espanhola não aconteceu por acaso, como muitos pensavam. Ela anunciava um sintoma que podia ser aplicado a toda a Europa, como todos perceberam mais tarde.

Seguindo as linhas cósmicas de força, uma nova ideia tentava, com esforço, espalhar-se por toda a Europa. Ela entrou pela Espanha, do mesmo modo como C.R.C. aí chegou com sua filosofia cristã para dirigir-se, depois de uma recusa, até a Alemanha. Eis por que inúmeros acontecimentos significativos na Alemanha já haviam sido previstos pelos esoteristas, cujas previsões também se concretizaram.

Pois bem, a serviço da bondade, da verdade e da justiça, nosso trabalho segue em frente, a fim de que, também em nosso tempo, o antigo evangelho seja transmitido a um mundo abatido e desconcertado. Alargamos nossa frente de batalha para mostrar a todos os que querem nos escutar que damos indicações corretas, falamos de valores justos e anunciamos os acontecimentos futuros. Apontamos para algumas chagas a ser curadas e queremos, sob o impulso da luz que nos toma em seu poder, ensinar aos homens como eles devem viver a serviço daquele que é o grande protetor e realizador de toda a vida: Cristo.

7

É preciso reconhecer que o mundo, na época já prenhe de uma tão grande comoção, atravessava as dores do parto: assim, ele engendrou heróis infatigáveis e gloriosos que, com todas as suas energias, atravessaram as trevas e a barbárie, deixando para todos nós, os mais fracos, o cuidado de segui-los. Sem dúvida, eles foram o vértice mais alto do triângulo ígneo de onde as chamas irradiarão, daqui para frente, com energia cada vez maior, para acender, indefectivelmente, o último incêndio do mundo.

Fama Fraternitatis R.C.

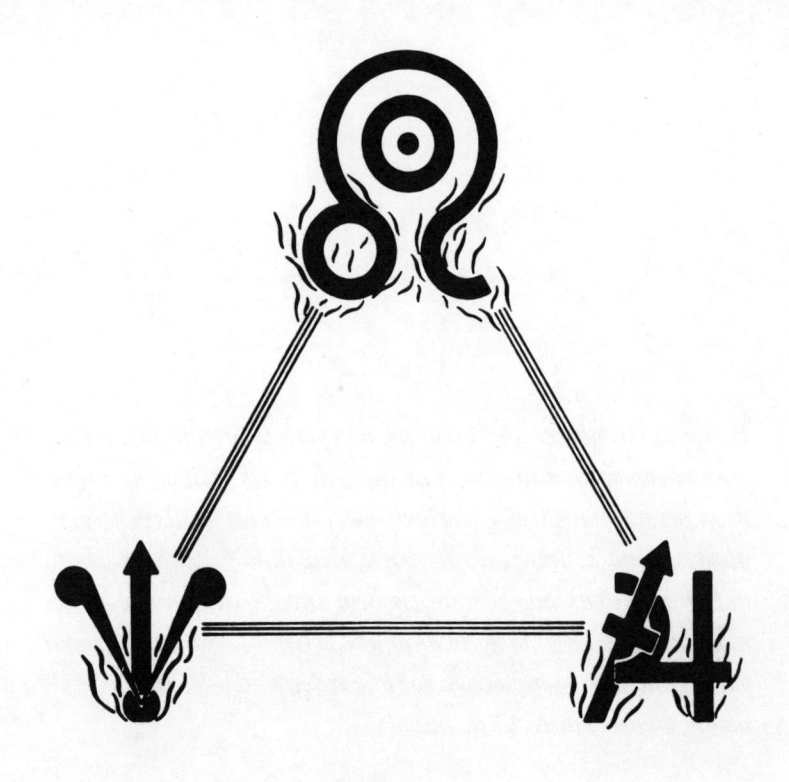

O triângulo ígneo

7

O TRIÂNGULO ÍGNEO

Na *Fama Fraternitatis*, há referências ao *trigonum igneum*, o triângulo de fogo. Depois de sua viagem maravilhosa, Cristiano Rosa-Cruz chega à Espanha. A cada um que quer escutá-lo por um momento, ele oferece todos os tesouros e toda a grande sabedoria que reuniu; entretanto, somente recebe uma recusa brutal como resposta. As classes governamental, científica, artística e religiosa, graças à sua sagacidade lunar, foram de opinião que os oferecimentos de Cristiano Rosa-Cruz eram totalmente opostos a suas próprias ideias e práticas primitivas. Se tivessem aceitado esses dons divinos livremente oferecidos, então, segundo descreve a *Fama*, isso teria prejudicado seu prestígio; ficaria evidente que eles nada sabiam e teriam de retomar seus estudos, reconhecendo ao mesmo tempo seus longos anos de erros; veriam, então, secar a fonte de seus rendimentos e diminuírem seus tesouros.

Pois bem, depois dessa amarga experiência, que em certo sentido nos é mais ou menos conhecida, antes de continuar a narrativa da viagem de Cristiano Rosa-Cruz, a *Fama* entrega-se a uma profunda explicação esotérica e filosófica, para tornar evidente aos que a estudam a nítida oposição entre a luz que se oferece incessantemente e a treva negativa. Ela descreve a formidável luta da Fraternidade da Luz para fazer surgir, destas trevas e desta barbárie, homens suficientemente valorosos para aplainar o caminho para o restante da corrente de vida humana, até o luminoso brilho de um estágio superior da espiral evolutiva. Pensando nessa falange heroica, a *Fama* continua:

Sem dúvida, eles foram o vértice mais alto do triângulo ígneo de onde as chamas irradiarão, daqui para frente, com energia cada vez maior, para acender, indefectivelmente, o último incêndio do mundo.

Quando pensamos nessas coisas, nossa grande admiração, nossa profunda veneração e nossa inexprimível gratidão dirigem-se àqueles que edificaram a Fraternidade da Luz no Ocidente, a esses nobres espíritos que foram içados dos abismos infernais para fora do poço da morte, não para se tornarem libertos, mas sim para abrir um caminho, para preparar uma senda para todos os que viriam depois deles. Uma corrente de amor vem a nosso encontro. Vemos um pequeno grupo de figuras luminosas em torno do Único, em torno de Cristo, com o qual e para o qual elas querem carregar a cruz. Esses espíritos iluminados formam o ápice do flamejante triângulo ígneo; e é sobre esse luminoso símbolo mágico que iremos falar neste capítulo.

De fato, é preciso ver nestas linhas uma confissão, uma declaração. Sabereis quem somos, quais são nossas intenções, qual é o trabalho que nos ocupa e até que ponto estamos ligados ao triângulo ígneo.

O triângulo mágico tem muitos aspectos. Descobrimos isso quando estudamos os triângulos geométricos. Podemos considerar o triângulo como uma superfície plana compreendida entre três linhas, mas ele pode apresentar-se também como um triângulo retângulo, obtusângulo ou acutângulo; e existem também triângulos esféricos.

Na franco-maçonaria mística, o triângulo é o princípio básico e a finalidade última de toda construção. No cristianismo esotérico, gnóstico, o triângulo é representado pelas três cruzes sobre a colina do Gólgota. Na filosofia rosa-cruz, o triângulo simboliza os três aspectos do ego, a saber: o espírito divino, o espírito vital e o espírito humano. Na astrosofia mágica, encontramos o triângulo de fogo traçado por Áries, Leão e Sagitário. No planetário gnóstico, vemos o triângulo irradiar como Urano, Netuno e Plutão, os três poderosos sinais na constelação de Serpentário e Cisne.

Conhecemos o triângulo cósmico sob os aspectos do Pai, do Filho e do Espírito Santo, e o triângulo supracósmico como os três aspectos do Logos. No trabalho da Escola Espiritual Moderna da Rosacruz Áurea, que antigamente era a continuação direta da franco-maçonaria mística, vemos surgir o mesmo triângulo nas exigências de Aquário: bondade, verdade e justiça.

Certamente poderíamos escrever um livro inteiro sobre esses aspectos do triângulo e até sobre os que não citamos aqui; é exatamente por isso que devemos nos limitar na escolha dessas prodigiosas riquezas. Seguiremos apenas uma linha única de pensamento mágico, para não nos perdermos na multiplicidade das chamas irradiantes.

O triângulo é o símbolo da harmonia absoluta, um símbolo da trindade; três é o produto da unidade absoluta, o número da perfeição. Essa ideia de absoluto, de construção integral, espalha-se, partindo do aspecto mais elevado do Logos, semelhante a uma chama incandescente, através de todos os domínios cósmicos. Por toda parte onde aparece, essa chama ígnea de Deus acende a substância-raiz cósmica e o caos se manifesta: uma agitação intensa, vibrante, pulsante, um impulso evolutivo. Em sua imensa compaixão, a chama de fogo divino desce ainda mais baixo e aproxima-se da terra obscura, como a luz que brilha nas trevas, como a luz que faz nascer o caos, o movimento, a crise e o julgamento. A ponta ígnea e cortante do triângulo divino desce e penetra o mundo como um gládio. É o espírito de Cristo que veio não para trazer a paz, mas a espada.

O aluno que perscruta o céu na vigília noturna de sua vida, aí buscando descobrir a luz de Deus, vê as chamas de fogo se precipitarem e tocar sua vida. A trindade, o triângulo ígneo de seu ser microcósmico, é atacada pelo triângulo divino. A trindade humana é simbolizada pelos três aspectos do Espírito, que podemos discernir como três núcleos, como três estrelas suavemente luminosas na cabeça, que são as radiações da hipófise, da pineal e do espaço situado atrás do sínus frontal, entre as sobrancelhas.

Assim que esse encontro divino é celebrado, assim que os dois ápices dos triângulos se tocam, eleva-se um intenso conflito, um perecimento da natureza inferior e uma ressurreição; os dois triângulos se interpenetram e é assim que nasce a imagem dos dois triângulos entrelaçados, a estrela de seis pontas, o hexagrama. Esse símbolo mágico do número seis era considerado pelos antigos cabalistas como o símbolo da perfeição. Todos os que estudam *As núpcias alquímicas de Christian Rosenkreuz* compreendem agora por que Cristiano Rosa-Cruz sai do poço sombrio graças à sexta corda.

Somente um iniciado unido a Deus e possuidor desse selo de Salomão pode desenvolver seu triângulo de fogo até que ele seja uma chama poderosa. Essa chama se avivará cada vez mais e doará ao mundo a luz derradeira.

Agora, vejamos mais de perto como esse processo pode se desenvolver. Ele somente pode acontecer de uma maneira: seguindo o caminho da *bondade*, da *verdade* e da *justiça*. Essas três palavras são as palavras-chaves de Urano, de Netuno e de Plutão. São os nomes das três propriedades libertadoras da hipófise, da glândula pineal e do guardião silencioso, a tireoide. São os três aspectos do ego.

Isso representa o serviço de amor total, em total autossacrifício aos outros, o cristianismo integral, a franco--maçonaria absoluta. São as três cruzes no lugar do crânio, onde o sangue da reconciliação corre como um resgate para muitos. Resumindo: trata-se aqui da ação integral da cabeça, do coração e das mãos dos homens. É o trabalho de Aquário, o trabalho mágico da Fraternidade da Rosa-Cruz atual. A base do triângulo representa o conceito da bondade, e dessa base se elevam, de um lado, a verdade e, de outro, a justiça, e lá onde essas duas forças ascendentes se tocam realiza-se a iniciação, essa chama que se torna sempre mais brilhante.

O que significa a *bondade*? Qual é a intenção desse princípio de Urano? Esse princípio refere-se à forma mais sublime do verdadeiro amor, ao aspecto cristão das coisas. O que os homens fizeram, porém, do amor? Ele se tornou algo sentimental, fraco, ou um impulso provocado por um sentimento incontrolável, ou ainda um estado passional levado a seu limite máximo, um amor próprio exagerado ao extremo, um apego ao romantismo esotérico, enfim, um meio de preencher a própria vacuidade e a própria impotência. E cada um diz a si mesmo: "Se não estou conseguindo nada sozinho, então vou tentar com a ajuda de alguém". Esse amor é a própria imagem da negatividade. É limitado.

A base do triângulo leva-nos a uma direção totalmente diferente. Ela exige a abnegação total, o doar-se impessoalmente à humanidade, a compaixão absoluta por aqueles que vagueiam nas trevas. Somente podereis ser amigas e amigos de Aquário se conhecerdes um pouco dessa intensa misericórdia por todos os que, submetidos a um destino cruel, debatem-se neste poço escuro do mundo, em uma miséria incomensurável.

Somente quando conhecerdes essa compaixão é que podereis vos considerar "filhos" d'Aquele que carrega a dor do mundo. Então estareis prontos a deixar pai e mãe, sim, tudo, para servir a Deus, ao mundo e à humanidade. Nesse momento é que ireis "à Espanha" para oferecerdes vossos tesouros a todos, como o fez Cristiano Rosa-Cruz, o protótipo de vosso ser superior. Exatamente como ele, vós vos defrontareis com a recusa, com as insinuações e as perseguições; e também por vossa vez escutareis o "Crucificai-o!"

Por vosso sacrifício, a cruz se eleva no lugar do crânio e os soldados proferem injúrias ao redor de vosso coração que sangra. Eles lançam sortes sobre vossa posse espiritual manifestada na ação como se ela fosse uma mercadoria. Assim, o sangue escorre gota a gota de vosso corpo: é vosso amor que alimenta o mundo; ele encharca a terra para que de seu seio um dia possam surgir melhores frutos. É assim que assentamos o princípio fundamental do verdadeiro amor, o autossacrifício em Cristo. É daí que se elevam, como já dissemos, duas outras forças.

Da bondade nasce, em primeiro lugar, a verdade. Enquanto não tiverdes compreendido a verdadeira bondade do coração, no sentido esotérico, será impossível perceberdes a verdade; essa razão superior, esse princípio netuniano, nasce da bondade. Esse é o segredo de todo conhecimento verdadeiro. A bondade é como o cajado simbólico de Moisés. Tocais com ele a rocha do conhecimento universal e a água viva daí jorra, vibrante. Sois, então, revestidos da verdade libertadora. Vossa visão passa a ser mais aguda, vedes a agitação no escuro poço deste mundo; vedes as linhas diretrizes da libertação; e, além de vosso amor, trazeis convosco vossa sabedoria.

Porém, novamente o príncipe deste mundo tenta matar-vos; é então que a segunda cruz é erguida no lugar do crânio. Aquele que deseja ser o assassino da vida inferior é crucificado como assassino no madeiro da cruz. Juntos, o coração e a cabeça são, desse modo, dependurados, em indizível sofrimento, e as gotas de sangue se multiplicam e desaparecem pouco a pouco nas areias do deserto.

E vede: da bondade também procede a justiça. Quando vosso coração irradia, cheio de amor verdadeiro e já perfurastes as fontes da verdade eterna, o ser se eleva em plena positividade e exige justiça. O clamor de Aquário ressoa no mundo inteiro: Justiça! Observais a horda negra em sua face manchada de crimes, barrais seu caminho, mesmo que ela esteja revestida com um manto real ou com uma veste sacerdotal para mascarar seu estado moribundo. Fazeis ressoar em seus ouvidos o grito por justiça, a exigência de Plutão por uma perfeita humanidade, pois a exigência de vosso triângulo é a exigência de Deus, do Logos, da chama do fogo eterno que desce e penetra o tempo.

Assim, a terceira cruz é erigida no lugar do crânio; o segundo assassino, o espírito humano, deixa-se pregar na cruz,

em total oferenda. Desse modo, o espírito humano perece na natureza inferior; mas, vede, o grande coração do mundo lhe diz: "Em verdade, em verdade te digo: hoje mesmo estarás comigo no paraíso".
A morte se converte, aqui, em vitória. O ponto extremo do *trigonum igneum* foi atingido. Como um clarão, a luz que cega a escuridão atravessa o mundo, e como um grande clamor de júbilo ressoa o trovão, o grito de liberdade do iniciado: *Consummatum est!* Está consumado! O selo de Salomão, formado pelos dois triângulos entrelaçados, nasceu no sangue.

Eis a obra de Aquário, a única senda que conduz à libertação do mundo e da humanidade. O triângulo de fogo da bondade, da verdade e da justiça coloca-se no meio de vós e vos convida para serdes companheiros nessa grandiosa construção de Deus. Não penseis que este ensinamento do triângulo se impõe exclusivamente aos alunos da Escola da Rosacruz Áurea. Não: ele também se apresenta para todo o restante da humanidade.

E vemos como alguns se esforçam por reagir a ele. Entretanto, como não compreendem a filosofia ocidental, reagem pela metade, provocando uma intensa luta no campo mundial. Somente quem responde a estes três aspectos pode libertar-se de suas próprias correntes.

Há muitas pessoas no mundo que tentam responder à exigência do amor em autossacrifício; mas, como não possuem a verdade, a verdade cósmica, daí resulta uma justiça deformada e distorcida. Elas não sabem como, de gládios, "forjar foices", segundo as palavras de Isaías. Continuam, assim, a buscar e a lutar no âmbito do humanitarismo, sem jamais ter sucesso.

Capítulo 7 – O triângulo ígneo

Clamores se elevam do escuro abismo, mas tudo continua como antes.

Há outros, pseudoesoteristas, que chafurdam de maneira negativa, buscando o conhecimento oculto; estudam cosmologia e tornam-se fabricantes de horóscopos. Entretanto, não possuem nenhuma bondade, nenhum amor, nenhum espírito de autossacrifício; seu amor é uma ideia que consiste em falar no vazio e no imaginário e em fazer de conta; a pungente emoção de sentir o sofrimento dos homens é desconhecida para eles. Quanto à justiça, eles não querem saber dela em absoluto. Eles nem mesmo são capazes de justiça, pois falta-lhes a força fundamental, o amor que é a autodoação total. Eles não se ocupam da justiça porque, segundo dizem, isso é assunto de Deus, e é melhor não se meter nisso. Para eles, pregar o Evangelho é o bastante. Porém, o segundo mandamento de Cristo, a cura dos doentes, bate à sua porta em vão, pois eles não compreendem que a cura dos doentes consiste de fato em curar a humanidade sofredora e cega de sua ignorância quanto ao caminho de libertação, do qual testemunha o Evangelho, e ajudá-la a seguir verdadeiramente esse caminho pela efetiva atitude de vida e pela ação. Se eles recusam Cristiano Rosa-Cruz é porque não têm o conhecimento, o discernimento; é porque ainda fazem parte, eles mesmos, dos doentes, dos que precisam ser curados!

Há também os que só buscam a justiça, sem amor e sem verdade. A consequência é uma luta terrível e sangrenta, golpes irracionais, incêndios e crimes como práticas revolucionárias.

Existem ainda grupos que representam somente dois aspectos do triângulo. São homens que conhecem a bondade e a verdade, mas que são muito covardes diante da justiça, perdendo, dessa maneira, toda eficácia. Outros, conhecendo a bondade e a justiça, permanecem impermeáveis à verdade cósmica: o resultado é um imenso desvio, e os sofrimentos da humanidade se intensificam. Por fim, há os homens que amam a verdade e a justiça, mas que não possuem bondade e permanecem igualmente impotentes, pois sem Cristo nenhum desenvolvimento no sentido gnóstico é possível.

Deixemos, portanto, que esse livro misterioso que é a *Fama Fraternitatis* fale a vós. Impelimo-vos em direção ao triângulo ígneo e, colocando-vos diante desse símbolo sagrado, perguntamo-vos a qual aspecto vos sentis ligados e quais são os valores que recusais conscientemente por covardia, por falta de amor, ou por ignorância.

Sabeis agora qual é o objetivo da obra de Aquário, ou seja, realizar a obra mais sublime da Fraternidade da Rosa-Cruz, trabalho dos mais perigosos em uma época degenerada como a nossa. Quem tem coragem para juntar-se às fileiras dos heróis do mundo, daqueles que tornaram possível a Fraternidade da Luz?

Chegará um tempo em que direis: "Se pelo menos eu tivesse respondido ao chamado da Rosa-Cruz!" Esse será o momento em que a luz despertará em glória triunfal. Entretanto, já não será possível para vós ser um dos portadores de luz.

Uma onda de amor vem a nosso encontro, e vemos um pequeno grupo de figuras luminosas ao redor do Único, ao redor de Cristo, com quem e por quem elas querem carregar a cruz, a cruz tríplice, o flamejante triângulo ígneo. E a canção das esferas vibra sobre a escura terra:

Rompei vossos grilhões,
vinde para a luz.
Arrancai a máscara
de vossa face.

Atravessai os portais,
agora, nesta hora.
Tomai aí o facho
do fogo sagrado.

Saí, deixai vossas casas,
deixai tudo para trás.
Aceitai vossa vocação:
tomai sobre vós a cruz.

Chamai os homens
que tão penosamente vão,
que gemem enquanto caminham
em seus caminhos de dor.

Acordai de vossos sonhos!
Sede vigilantes! Despertai!
Sede obreiros da verdade.
Executai vossa tarefa!

Erguei-vos já, em bondade!
Lutai pela verdade!
E, com todos os heróis,
buscai a justiça.

8

Teofrasto, por vocação, foi também um desses heróis. Apesar de não haver entrado em nossa Fraternidade, ele leu diligentemente o Livro M, o qual iluminou seu discernimento inato. Contudo, a confusão dos eruditos e dos ignorantes impediu esse homem de se desenvolver melhor, de modo que nunca pôde falar pacificamente com outrem de suas reflexões sobre a natureza. É por isso que, em seus textos, mais zombou dos indiscretos do que se deu a conhecer inteiramente. Todavia, a harmonia mencionada acima achava-se profundamente ancorada nele, e ele a teria sem dúvida comunicado aos sábios, se eles fossem encontrados mais dignos de uma arte superior do que inclinados a sutis vexações. Assim, ele desperdiçou seu tempo com uma vida livre e descuidada, abandonando o mundo a seu tolo prazer.

Fama Fraternitatis R.C.

8

TEOFRASTO

Guiados pela *Fama Fraternitatis*, nós vos faremos penetrar agora na tragédia do passado, apresentando-vos um homem que a *Fama* chama de "Teofrasto". "Teofrasto" significa o intérprete de Deus, mas sem dúvida o conheceis sob o nome de Paracelso, que significa "o sublime".

A *Fama* fala desse homem relacionando-o com o triângulo ígneo, pois existe no mundo um grupo de pioneiros que usam o triângulo ígneo como o sinal flamejante da verdadeira franco-maçonaria mística, sinal de bondade, verdade e justiça. Paracelso pertencia em ação e em verdade a esse grupo de servidores do mundo. Talvez saibais o que aconteceu a esse homem: médico muito hábil e muito adiantado em relação a seu tempo, era, além disso, adepto da magia superior e possuía uma sabedoria tão perfeita e tão sublime, que seus contemporâneos, enciumados, não puderam seguir suas sábias dissertações. Seu renome espalhou-se por toda a Europa e as curas que realizou foram consideradas grandes milagres pelo público. Ele revolucionou toda a base da ciência médica e renovou-a radicalmente, sob todos os aspectos.

Se houvessem escutado Paracelso, muitos fatos estranhos da história do mundo teriam acontecido de maneira totalmente diferente e hoje não teríamos de lutar contra tamanha corrupção, nem estaríamos envolvidos em conflitos entre diferentes grupos. Os ensinamentos de Paracelso teriam conduzido a uma reforma mundial de indizível importância, e não é sem razão que a *Fama* fala sobre ele.

Entretanto, os feitos e os gestos desse homem foram incessantemente combatidos pela multidão de eruditos e ignorantes, de tal modo que ele jamais pôde falar pacificamente sobre sua compreensão e sobre seu conhecimento da natureza das coisas. Como ele sabia e fazia muito mais do que os outros, era detestado e evitado por todos os que, na opinião do público e em sua própria, deveriam ser modelos de sabedoria e realização, mas que infelizmente falhavam.

Foi assim que esse desmascaramento provocou uma calúnia infame. Já no tempo de Paracelso isso era tão possível quanto é hoje. Quando se trata de empunhar a pérfida arma da calúnia, a massa ignorante age de forma indizivelmente rápida. Se alguém não está de acordo com determinada ideia ou com uma linha de conduta estabelecida, a calúnia sempre intervém. Se alguém luta destemidamente neste mundo e essa ação se torna incômoda de alguma maneira para determinados objetivos sórdidos, a calúnia aparece.

Quando sois bem pouco conscientes, muito negativos para distinguir a luz das trevas, quando ainda não podeis ver irradiar a verdade e consequentemente sofreis as dores decorrentes de um modo de vida incorreto, então recorreis imediatamente à calúnia; mergulhados em vossa miséria, aspirais sempre a um reencontro face a face com o provocador e finalmente a calúnia vos fornece um bode expiatório. A história não conta quanta pureza, quantos esforços justos e ideias importantes foram aniquilados pela calúnia, mas podeis facilmente imaginar. A calúnia transforma o "hosana" em "crucificai-o". Quando desejais entrar nas fileiras dos pioneiros que lutam por uma ordem mundial diferente e melhor, quando içais o estandarte da bondade, da justiça e da verdade, então a calúnia cai sobre vós.

O grupo de pioneiros da Rosa-Cruz é relativamente pouco numeroso. Como é possível que homens com uma visão totalmente diferente da nossa consigam ainda prestar alguma atenção em nós? Entretanto, os grandes deste mundo vertem calúnia sobre nosso trabalho! Haverá, entre os grandes deste mundo, certo medo de que a história de Davi e de Golias se repita? Em todo caso, não haverá de acontecer conosco o que sucedeu outrora com o antigo ministro francês Salengro, que se suicidou quando as ondas de calúnia se derramaram sobre ele. Os alunos da Rosa-Cruz não se suicidam e também não se inquietam com as consequências de suas palavras e de seus atos, pois em palavras e atos eles estão sempre sintonizados com Aquele que chamam de Senhor de toda a vida, Cristo, que realiza tudo no todo.

Os alunos da Rosa-Cruz seguem apenas uma política: a do reino de Deus. E não falamos desse reino divino e de sua política em termos abstratos, mas em uma linguagem concreta. É por essa razão que estão frequentemente irritados conosco. Não especulamos a respeito de uma pátria celeste que está por vir, mas colocamos aqui mesmo, no mundo dos fenômenos, a necessidade urgente de construir esse reino divino, a construção verdadeira das cabeças, dos corações e das mãos que estão sintonizados com o cristianismo esotérico. Eis por que a calúnia não nos envolve, não nos toca, e por que usamos nossa funda de Davi contra as forças "bem visíveis" das trevas (Golias significa: bem visível), na certeza da vitória.

Seria pretensioso falar em vitória? Não, pois, quando Cristiano Rosa-Cruz, o protótipo de nosso verdadeiro ser, recebe o convite para a festa da consumação, sua convocação carrega, com o sinal da cruz, a menção: "Por este sinal vencerás". Compreendeis, certamente, esse simbolismo.

Assim, a calúnia atinge Paracelso, sem, entretanto, aniquilá-lo. Ele teve o mesmo destino de muitos apóstolos da bondade, da verdade e da justiça. Ele foi assassinado, mas isso não o aniquilou. Seu conhecimento, seu amor e a harmonia que ele havia encontrado acabarão por conquistar o mundo. O fogo do espírito de Deus, de Teofrasto, o intérprete divino, o fogo do flamejante triângulo, triunfará.

A grande tragédia da vida de Paracelso foi não ter conseguido demonstrar quem ele realmente era. Ele não conseguiu agir como tanto gostaria de ter feito. Toda a sua vida foi uma luta para resguardar sua postura espiritual face a seus difamadores e ainda fazer algo pelo bem da humanidade sofredora. Ele alimentou uma polêmica incessante contra os inimigos da humanidade e introduziu conscientemente algumas mutilações em suas obras, com a finalidade de frustrar todo e qualquer emprego incorreto que alguém quisesse fazer dela. Desse modo, o tempo passou sem que ele tivesse conseguido ser o construtor que tanto gostaria de ter sido. Ele deixou a vida sem ter acabado inteiramente o que poderia ter feito.

Como já aconteceu antes, pode ocorrer que quem estuda Paracelso venha a imaginar que ele teria cometido graves faltas, que explicariam por que sua vida teve um final tão trágico. Contestamos essa crítica porque ela não tem fundamentos, e a *Fama Fraternitatis* nos fornece a prova disso. De fato, o Testamento da Ordem da Rosa-Cruz nos informa que Teofrasto havia lido com zelo o Livro M e que, por vocação e inspiração, pertencia realmente ao ápice do triângulo de fogo.

Sabeis o que é preciso entender por Livro M. Quem quiser estudá-lo deverá penetrar até a cidade secreta de Damcar, na Arábia, a cidade da beleza, da sabedoria e do amor, situada no país do Leão, de Cristo, o Leão de Judá. Aqueles que conhecem o Livro M pertencem aos iniciados dos mistérios ocidentais, aos grandes guias espirituais da humanidade. Aqueles que quiserem conhecer o Livro M devem seguir o caminho traçado no testamento da Ordem, o caminho de Cristiano Rosa-Cruz, a senda do sacrifício pessoal, a senda da purificação pessoal, o caminho da bondade, da verdade e da justiça, a senda da ação.

Segundo nosso ponto de vista, Paracelso era um dos grandes, e nele vemos um exemplo luminoso para o verdadeiro aluno da Rosa-Cruz. A tragédia da vida de Paracelso também é nossa; sua luta também é nossa; seu trabalho também é nosso. É por essa razão que queremos nos concentrar na essência dessa luta. Queremos fazer reviver diante de vós Teofrasto, esse herói, para poder comparar nossa realidade à dele, ao seu sacrifício, e conseguir desse modo determinar as linhas diretrizes, o chamado e o trabalho da Rosa-Cruz nos tempos atuais.

Assim, baseamo-nos na declaração da *Fama* que diz que Paracelso ficou terrivelmente abatido com as declarações de tantos eruditos e ignorantes:

A confusão dos eruditos e dos ignorantes impediu esse homem de se desenvolver melhor, de modo que nunca pôde falar pacificamente com outrem de suas reflexões sobre a natureza. É por isso que, em seus textos, mais zombou dos indiscretos do que se deu a conhecer inteiramente.

Suponhamos, por exemplo, que já tivésseis estudado o Livro M e que tivésseis penetrado até Damcar, na Arábia. Compreenderíeis, então, todo o alcance da realização da lei de Cristo no mundo das aparências; vosso ser se consumiria no fogo do amor pela humanidade e perceberíeis com agudeza tudo o que se opõe à realização da lei de Cristo neste mundo; seríeis igualmente torturados pela dor e pela tristeza causadas pelos terríveis sofrimentos da humanidade, por suas ideias falsas e por suas ações insanas e, enfim, começaríeis a trabalhar para fazer tudo o que deve ser feito em prol do triunfo da luz.

Há estudiosos de ciências espirituais que se atêm unicamente a levar em consideração o objetivo da senda. Praticam a meditação e concentram-se no reino de Cristo. Desenham os contornos da Nova Jerusalém, versificam, escrevem e falam sobre o amor de Deus que é manifestado em Cristo. Eles dizem: "O amor exige amabilidade para com os homens; o amor é ventura e felicidade; o amor é paz e harmonia; o amor é o farfalhar das palmas e o som das trombetas. O amor exige a amizade e o não-julgar, pois em todos os seres repousa uma centelha divina e cada ser é um deus-em--devir. O amor é não violência". Eis como ressoam em nossos ouvidos os sons melodiosos do amor poético. E vemos as tulipas brancas e as piedosas procissões de lanternas brancas, as campanhas feministas para a paz e as reuniões de testemunho pela igreja e pela paz, e ouvimos protestos contra a violência. E dizem que o aluno da Rosa-Cruz tem realmente um trabalho magnífico a realizar junto a essa negatividade.

Está tão bem e tão refinadamente concebido! Ele não tem nada a fazer além de ser uma luz neste mundo, uma grande luz, e deve falar algo sobre a filosofia rosa-cruz. E naturalmente também deve falar de amor, mas, nesse caso, em sentido esotérico. Compreendeis isso, não é verdade? Ele tem de estar acima dos fenômenos históricos e deve vigiar para não queimar seus dedos no caldeirão efervescente das feiticeiras da vida. Ele se mantém fora de tudo isso, bem longe, bem seguro, bem acima de tudo isso, bem no alto. Recebe a todos com um sorriso, um sorriso de amor compreensivo: ele é uma lâmpada incandescente com a luminosidade de quinze velas. Quando ele dá a mão a alguém, dá igualmente a outro, pois Deus faz luzir seu sol sobre maus e bons; afinal, Cristo se doa a todos! Pensais que esse homem vai deixar por menos?

Assim, estendeis vossa mão para o bem e dais um forte aperto de mãos ao mal; desse modo, cuidais para que nenhum dos dois escape. É assim que, pela má compreensão do amor de Cristo, sois impulsionados a manter o mal como está e a fazer crescer os sofrimentos neste mundo. Tal interpretação do amor constitui um dos maiores perigos para a humanidade! Ela mantém os homens distantes da realidade e do ato verdadeiro, introduz o equilíbrio entre o branco e o negro e é desprovida de caráter: ela é negativa. Compreendei bem. Ser desprovido de caráter não significa para nós ser mau, mas, sim, estúpido e ignorante. A malignidade e os atos maus podem ser as consequências da imbecilidade e da ignorância. Um caráter se forma de acordo com a medida de crescimento da alma que possuímos.

Aqueles que podem estudar o Livro M chegam a Damcar por meio da ação. Sua alma tríplice já desabrochou e, guiados pela luz da estrela de Belém, avançam até Aquele que sustenta o Universo. Eles penetram até a gruta natal deste mundo, e fazem a oferenda de ouro de sua alma. Ao mesmo tempo em que são recebidos por José, o carpinteiro, eles querem se tornar também construtores, e juntam-se às fileiras dos verdadeiros maçons.

Então compreendereis o que é o amor. Então sentireis a força triunfante do amor, o segredo do verdadeiro amor. Não se trata simplesmente de uma tensão meditativa, de uma emissão de pensamentos carregados de amor e nada mais. Isso poderia ter seu valor, mas é apenas a terça parte da panaceia curadora. O verdadeiro amor derruba os dogmas, é constantemente inteligente e cumpre com a exigência do momento. Assim como a verdade, o amor se dirige a todo ser indigno. Ele é como um raio que ilumina a escuridão. O amor é, na verdade, protetor, estimulante, explicativo e desmascarador. Milhares e milhares de pessoas neste mundo se traíram e se venderam por sua própria ignorância, por sua negatividade, distanciando-se, assim, do que é essencialmente cristão. Quando os vencidos reerguem a cabeça, lançam seu grito de dor e buscam bodes expiatórios, eles são colocados em falsos caminhos e, em sua ilusão, acalentam víboras em seus corações despedaçados. Voltam-se contra seus amigos e contra os que os ajudam. Lançam no rosto de Cristo: "Crucificai-o!"

É por isso que a exigência do verdadeiro amor é indicar o branco e o preto. O homem é instigado a lutar contra seus irmãos. Por isso dizemos: "Aí espreita a traição! Ei-la!" Quando os gemidos de dor dos homens nos alcançam, dizemos: "Aí está vosso assassino!" Quando todo tipo de manobras de desvios religiosas é inventado, e as ovelhas sem pastor perguntam, angustiadas: "Onde está a traição?", então dizemos: "Ela está aí no bálsamo dos textos bíblicos, aplicados no coração dos pobres seres humanos desamparados!" Eis a verdade que a lei do amor exige que expressemos.

Escrevemos isso porque, diante de nós, ergue-se a figura luminosa de Teofrasto Paracelso. Esse era um homem que amava a verdade acima de tudo. Ele derramou a verdade, essa verdade plena de amor, sobre seus arrogantes contemporâneos. Não foi ele o rancoroso, mas rancorosos foram os que se retraíram sob a magnífica luz de seu amor inelutável e que finalmente o apedrejaram.

Escrevemos isso para dizer que a Rosa-Cruz é irresistível. Escrevemos isso porque queremos vos dizer que os Irmãos Maiores construíram uma fortaleza inexpugnável em meio a este mundo. Chamamos a essa fortaleza Escola de Mistérios.

Cristiano Rosa-Cruz terminou sua viagem. Ele entrou na Espanha e ofereceu seus tesouros *a todos os sábios e chefes de Estado da Europa*. Entretanto, eles o insultaram, não o aceitaram e até o expulsaram dali. Sua oferenda magnífica era destinada a todos, mas não foi aceita. O triângulo ígneo de beleza, sabedoria e amor estava pronto para irradiar neste mundo, mas o mundo não o aceitou.

Teofrasto veio também com suas dádivas: recusaram-nas. Teofrasto veio com sua obra: semearam armadilhas em seu caminho e caluniaram-no. Teofrasto veio com sua verdade, seu protesto, seu desmascaramento: mataram-no. O mundo não queria contemplar as maravilhosas vastidões do Livro M.

E então? Então erigiu-se a Escola de Mistérios, a fortaleza inexpugnável, a Escola de Mistérios do Ocidente. Nós, a jovem Fraternidade gnóstica, somos a vanguarda, o grupo de pioneiros, os enviados encarregados de vos falar dessa maravilhosa magnificência, dessa vitória que já está assegurada.

9

Não esqueçamos, porém, nosso amado Pai, Irmão C.R. que, após muitas viagens cansativas e após um ensinamento verídico ofertado em vão, regressou à Alemanha, que ele – por causa da mudança iminente e da luta singularmente perigosa que aí deviam ocorrer – amava de coração. Embora lá pudesse ter brilhado por sua arte, em especial pela transmutação dos metais, interessou-se mais pelo céu e por seus cidadãos, os homens, do que por toda glória. Contudo, construiu para si uma morada apropriada e limpa, onde meditou sobre suas viagens e sua filosofia e sobre as quais escreveu um relatório. Nessa casa dedicou-se um longo tempo à Matemática e fez, de todos os âmbitos da arte, muitos belos instrumentos, dos quais, entretanto, somente chegaram até nós poucas coisas, assim como veremos em seguida.

Fama Fraternitatis R.C.

9

DE VOLTA PARA A ALEMANHA

Conhecemos os efeitos da queda de uma pedra na água. Quando ela toca a superfície da água, forma-se uma onda circular que se expande em círculos cada vez mais largos, que finalmente se dissipam. Esse movimento, ao qual estamos tão acostumados, é regido por uma lei cósmica. Quando dois objetos se encontram, a força assim liberada expande-se em círculos. Em todos os domínios da matéria e do espírito encontramos o mesmo fenômeno. No que diz respeito à luz, ao som, às vibrações etéricas, às ondas de força mental e etc., observamos sua propagação sob a forma de ondas esféricas. É em virtude desse fenômeno que se fala, nos meios esotéricos, de "círculos de força". A força liberada estende-se cada vez mais longe, até perder-se no Universo. É preciso concluir que a efusão de força que faz nascer o movimento deve sempre repetir-se se quisermos criar um resultado permanente. Assim, abordamos outra lei cósmica: a da repetição.

Imaginai que um grupo de homens deva aprender a reagir a certa vibração. A vibração ou sinfonia sonora é produzida e depois se dissipa em poucos instantes, escapando ao poder de assimilação. É necessário repetir incessantemente um novo som, na mesma frequência, para que esse grupo de homens manifeste finalmente sinais de uma reação, de uma realização. Comprovado o resultado, outra sinfonia passa a ser necessária para permitir um novo passo na direção desejada. Além disso, a sinfonia sempre deve estar de acordo com a época, com os hábitos e com os costumes. Consequentemente, os trabalhadores na vinha do Senhor, conforme alguns já observaram, devem estar sempre vigilantes. O método de trabalho deve ser continuamente adaptado às circunstâncias. O obreiro que só repete e revive o que pertence a um círculo de força que já se dissipou não está preparado para ouvir as novas composições dos inteligentes e constantes Irmãos Maiores da Rosa-Cruz.

Não penseis jamais que a onda de vida humana seja estática. Inúmeras e poderosas forças a influenciam, e cada impulso é adaptado à necessidade do momento. Essa certeza nos leva a consequências de amplo alcance. Pensai por um instante na Igreja. Como fenômeno social, ela apresenta dois aspectos: primeiro nós a conhecemos pelas manifestações humanitárias, com todos os equívocos que isso comporta. Eis por que a Rosa-Cruz rejeita a Igreja. Esta também aparece com seus antigos valores místicos, baseados em círculos de força anteriores. São essas últimas características da Igreja que o aluno da Rosa-Cruz mais deplora. Por quê? Porque uma Igreja que se adapta ao mundo acelera a crise, precipita o novo devir, a explosão, ao passo que a Igreja que se compraz com valores ultrapassados demonstra, por sua negatividade, que seu tempo já passou.

Na Bíblia, encontramos a seguinte afirmação: "Há maior alegria no céu por um só pecador que se arrepende". Um profundo júbilo toma conta do coração de um esoterista quando do ele descobre um homem enérgico que antes aplicava sua energia dinâmica de modo inadequado começando a trabalhar na direção correta. Ele sabe que um obreiro firme juntou-se ao grupo dos pioneiros.

Entretanto, o que dizer da pessoa que se considera extremamente religiosa, totalmente voltada para Aquele que sustenta o Universo enquanto, por seu comportamento negativo, se apega a valores ultrapassados e, em sua ignorância, não para de ultrajar a Cristo com suas preces e seus salmos, com seu falso misticismo? Uma pessoa como essa não consegue mudar seu ponto de vista; diante dela, devemos apenas calar; um caso como esse é um caso perdido.

Suponde, por exemplo, que as forças que animam a Rosa-Cruz cheguem até vós amanhã, com um fervoroso e premente convite para servirdes à grande obra de determinada maneira; que elas vos roguem, vos supliquem ardentemente, dizendo: "Vinde auxiliar-nos!", e que vós vos recuseis baseados na opinião de um esoterista, de um texto, ou de uma doutrina.

Imaginareis facilmente o quanto alguém pode rejeitar a Cristo baseando-se em uma de suas sentenças. Os trabalhadores na vinha do Senhor temem sempre que já não se perceba o pulsar do tempo e as obrigações que daí decorrem; que as ondas ritmadas dos impulsos de força já não sejam compreendidas e que se fique agarrado ao passado; que já ninguém queira percorrer o caminho da construção do mundo; que os sons celestes de bondade, verdade e justiça sejam rejeitados, apagando assim as chamas do triângulo ígneo.

Aí está a constante incerteza em que permanecemos: que, quando chegar o momento que sempre se repete, semelhante àquele no jardim do Getsêmani: "Não pudeste vigiar comigo nem uma hora?", tenhais adormecido sobre vossas mistificações dedicadas a Deus, que vos recuseis a atender ao chamado, enquanto o coração do mundo sangra. É essa a santa angústia de amor de todos os servidores de Cristo.

"Quando eu era menino, falava como menino, sentia como menino e agia como menino. Depois que me tornei homem, desisti das coisas próprias de menino", e vejo a dura e áspera realidade destes tempos. Enquanto, assustado, ergo as mãos em súplica para a libertação do mundo, ouço a voz do Redentor: "Eis que estou à porta, e bato".

Logo que percebemos a primeira batida, experimentamos o primeiro impulso do círculo de força mágico. Vemos o evangelho radiante, a imagem do futuro, o protótipo do ser verdadeiro, a sociedade do futuro, a humanidade do futuro, a obrigação do futuro. Captamos o sentido do amor divino e, enquanto nos regozijamos com esses raios da luz divina, o oceano de sons da segunda batida dada na câmara de nosso coração nos envolve, fremente: "Operai a vossa salvação em temor e tremor". E colocamo-nos a caminho; tomamos o bastão do peregrino e nos cingimos com nosso manto. Partimos para o país dos sonhos dourados, através do abismo do mal.

Mas, como um trovão, a terceira batida ressoa nas janelas de nossa alma: "Ama a teu próximo como a ti mesmo!" Entregai-vos a serviço de todos em um amor em que a autoentrega é total. O pastor não dorme nem vai-se embora sem que uma única ovelha desgarrada seja reencontrada.

É por isso que não vagamos rumo ao país dos sonhos dourados. É aqui que trabalhamos, na vida real. Vemos como nossos irmãos e irmãs jazem dilacerados pela violência infernal da besta demoníaca. E assim escrevemos durante a

Segunda Guerra Mundial: "Já não podemos dormir, pois uma criança soluça nas ruas de uma cidade bombardeada, com as perninhas arrancadas, chamando por sua mãe". Já ouvistes esse choro? Ouvis aquele que bate nas câmaras de vosso coração, de todo o vosso ser? Já ouvistes o soluço desses milhares de seres que, durante a guerra, foram martirizados em câmaras de tortura?

Podeis dormir, pensando na degeneração total que atacou de todos os lados, primeiro uma grande parte da juventude, mas também um número cada vez maior de adultos, e que os arrasta a uma velocidade vertiginosa no caminho que os leva de volta ao ponto de partida lemuriano? Quando pensais nas angústias da humanidade, no desespero de tanta gente, na sufocante ameaça de violência que forma o equilíbrio instável sobre o qual repousa toda a construção humana, ficais tranquilos? Podeis dormir quando pensais em todo esse futuro sem perspectiva no qual a humanidade está engajada?

Eis por que o verdadeiro franco-maçom começa a construir, entre nós, uma inexpugnável cidadela da verdade, de baixo para cima. Eis por que hoje nós nos voltamos para os oprimidos deste mundo, para neles buscar o que está perdido. A todos eles, oferecemos o consolo de nossa ação, de nossa nova realidade. Essa é a senda, e não existe outra.

Quem assim trabalha deseja ouvir as divinas composições sonoras através das quais o método de realização é transmitido. E aqueles que se recusam? Estes verão e sentirão como o chamado do Senhor transforma-se em duro golpe, de tal modo que cairão por terra em sua realidade despedaçada. Seu bom Deus passa a ser a justiça divina, porque a base da bondade é violada e a verdade, negada.

Não esqueçamos, para citar a *Fama Fraternitatis, nosso amado Pai, Irmão C.R. que, após muitas viagens cansativas e após um ensinamento verídico ofertado em vão, regressou à Alemanha, que ele – por causa da mudança iminente e da luta singularmente perigosa que aí deviam ocorrer – amava de coração. Embora lá pudesse ter brilhado por sua arte, em especial pela transmutação dos metais, interessou-se mais pelo céu e por seus cidadãos, os homens, do que por toda glória.*

Em nossas dissertações sobre a *Fama*, falamos a respeito do resultado de um único círculo de força. O círculo começa na Alemanha e se fecha na Alemanha. Seguimos o círculo completo e verificamos a maneira pela qual a sabedoria ocidental penetrou na Europa, como o cristianismo esotérico, positivo, foi transmitido à humanidade, e como foi a reação a ele.

Cristiano Rosa-Cruz foi ao encontro de todos com seus tesouros, mas foi rejeitado por um espírito mesquinho de autoafirmação. A primeira batida na porta foi dada, mas o círculo se desvaneceu sem ter tocado as cabeças e os corações. O primeiro golpe de martelo caiu sobre a blindagem de aço sem sucesso aparente. A exigência do tempo, dos costumes e dos hábitos tornou necessário um segundo golpe de martelo. Deveis observar bem que a princípio não se tratava absolutamente de fundar uma escola de mistérios no Ocidente. A estrutura e o objetivo do cristianismo exigem, todavia, que seja dado à humanidade, de maneira direta, o que há de mais sublime, o que há de mais absoluto. Deus mesmo se manifesta no cristianismo. Ele mesmo mergulha em nosso nadir para doar-se a nós. Entre Ele e vós, todo o intermediário deve ser basicamente rejeitado, por razões esotérico-cristãs.

Capítulo 9 – De volta para a Alemanha

A *Fama Fraternitatis* mostra muito claramente que todos podem assimilar os valores da sabedoria ocidental; e nós verificamos que os fatores libertadores são onipresentes, mais próximos de nós do que mãos e pés. Contudo, aqueles que os encontraram, que compreenderam o sentido das batidas de martelo, esses não se desligam de nós, não param, não medem esforços, e tudo isso em razão de seu amor maravilhoso e indizível, em total auto-oferenda.

Eles não se obstinam a utilizar o método empregado no primeiro impulso, já desaparecido. Muito inteligentemente, eles compreendem que o príncipe deste mundo deve ser combatido de outra maneira. É por isso que eles erigem uma cidadela em pleno país inimigo: a Escola de Mistérios, sede da franco-maçonaria mística. Eles se engajam em um combate com a horda tenebrosa e, de um modo bem estudado e contínuo, dirigem seus golpes de força sobre a vida real aqui embaixo, a fim de que as ondas de força, irradiando amplamente, tenham, enfim, o efeito esperado. A cidadela dos Irmãos é inexpugnável e é dela que partem os companheiros para o campo de batalha do mundo, para aí lançar as bases da construção.

Contemplemos o campo de batalha. Aí vemos a imponente tríade da arte, da ciência e da igreja, essa tríade que se colocou inteiramente a serviço da besta tenebrosa. O imenso rebanho formado pelos homens da massa continua a depositar sua confiança nesses guias. A arte, a ciência e a igreja dirigem-no como lhes apraz, enviando-o a lugares onde podem melhor abusar dele, por meio das forças abissais. A massa é mantida na ignorância, engajada em caminhos errados, e suas contestações são desviadas para organizações humanitárias. Os slogans e os movimentos humanitários são as prostitutas que impedem a humanidade que aspira à luz de se aproximar das verdadeiras núpcias alquímicas, da bondade, da verdade e da justiça.

Imaginai que as autoridades dirigentes deste mundo pudessem ser levadas a uma compreensão superior: seria possível, através delas, influenciar a massa. O evangelho do amor poderia ser erigido como um verdadeiro edifício. Foi o que Cristiano Rosa-Cruz tentou fazer, mas foi rejeitado. Teofrasto, espírito livre, também tentou o mesmo, mas foi apedrejado, pois se ganha muito dinheiro com o *status quo*. Apesar de tudo, a luz *deve* triunfar e Cristo *deve* nascer nas cabeças e nos corações da humanidade. É por esse motivo que se trilha agora o caminho do renascimento fora da opressão e da ignomínia deste mundo. Aqueles que estão angustiados recebem a semente da renovação. A magia do fogo continua irresistivelmente sua obra em segredo, até que a chama incandescente da luz do mundo suba ao céu. A influência espiritual que impele ao ato demonstra isso muito bem.

Foi assim que Cristiano Rosa-Cruz voltou para a Alemanha, para fundar a Escola de Mistérios do Ocidente. De volta à Alemanha! Foi a partir desse momento que esse país se tornou um baluarte do novo pensar, da nova vida em devir. Os espíritos foram influenciados de incontáveis maneiras. Uma nova filosofia abriu passagem; poetas e pensadores, inspirados pela Ordem, surpreenderam a consciência do mundo. A grande reforma conduzida por Lutero, a formidável revolução da Igreja, que abarcou o mundo, nasceu na Alemanha. Foi na Alemanha que Marx lançou sua reforma social também para o mundo inteiro. Uma série quase ininterrupta de obreiros espalhou-se da

Capítulo 9 – De volta para a Alemanha

Alemanha para o mundo, combatentes a serviço da bondade, da verdade e da justiça.

E entretanto – o que é perfeitamente compreensível – em nenhuma outra parte a reação foi mais violenta, em nenhuma outra parte a ação do calcanhar de ferro foi mais esmagadora do que na Alemanha. O nacional-socialismo e o fascismo foram as últimas tentativas de reação para sufocar os coros crescentes do canto de liberdade. No baluarte da liberdade foi travado, diante de nossos olhos, um combate titânico; sofremos atrozmente, irmãos foram jogados uns contra os outros. Aos olhos da massa ignorante, o vampiro era o timoneiro, mas os que escutaram bem puderam ouvir e ainda ouvem o novo, porém tão antigo, canto da libertação. Ele nasceu e nasce do desespero e do sofrimento.

Cristiano Rosa-Cruz voltou para a Alemanha. Não fazemos exibição de nossos talentos e nem os esbanjamos inutilmente. Antes de tudo, precisamos nos preocupar com o céu e com seus habitantes, os homens. Sejamos companheiros a serviço d'Aquele que sustenta o Universo. Pensemos naqueles que jamais se rendem e trabalham sem descanso para o mundo e a humanidade. Percebei conosco os sons das sublimes sinfonias de Deus: Cristiano Rosa-Cruz voltou "para a Alemanha".

10

Após cinco anos veio-lhe de novo à mente a reforma desejada. Uma vez que não conseguia o auxílio e a assistência de outrem, apesar de ser trabalhador, ágil e infatigável, decidiu empreender esse trabalho com apenas poucos auxiliares e colaboradores. Por isso, convidou três de seus confrades de seu primeiro mosteiro, pelos quais tinha simpatia especial: Irmão G.K., Irmão I.A. e Irmão I.O., sendo que estes últimos estavam mais familiarizados com as artes do que era de costume então. Solicitou a esses três irmãos o compromisso de serem-lhe o mais fiéis possível, diligentes e silenciosos, e de colocar por escrito, com a maior aplicação, todas as instruções que ele desse a cada um, a fim de que os futuros membros, que deveriam ser admitidos na Ordem por causa de uma revelação especial, não fossem enganados por nenhuma sílaba e nenhuma letra.

Fama Fraternitatis R.C.

10

A MODERNA REFORMA NA ALEMANHA

Queremos tentar preencher uns aos outros com uma grande e silenciosa alegria; queremos fazer vibrar uns aos outros com a alegria do conhecimento. Quando a prece dos rosa--cruzes diz: "Senhor, concede-nos a alegria do conhecimento", é preciso compreender o sentido profundo oculto nessa passagem. Não temos em vista, aqui, o prazer intelectual, e nossa atenção não é retida pelas maravilhosas riquezas contidas na arte, na ciência, ou nos exercícios místicos, porém, que a prece dos rosa-cruzes nos leva às altas torres do conhecimento mágico.

Um espírito refinado sente prazer em ler uma bela obra literária e se deleita com as manifestações superiores da arte poética; um espírito esclarecido conhece as belezas da filosofia rosa-cruz; mas nenhum dos dois conhece ainda as imensas e profundas alegrias do conhecimento mágico.

De que natureza é, pois, essa alegria do conhecimento? Trata-se de conhecer alguma coisa tão positivamente, de admiti-la tão irresistivelmente, de vivenciar conscientemente algo tão absoluto, que nada nem ninguém, nem inferno nem céu, nem dor nem provação, sim, nem mesmo o mais terrível calabouço nazista, onde reinava a morte mais tenebrosa de todos os tempos, possam desviar-vos do divino resplendor desse saber. É conhecer algo tão intangível, tão grandioso e poderoso, que tendes dificuldade em conter um sorriso de alegria, mesmo na mais tenebrosa noite terrestre, quando todos os demônios parecem estar celebrando seu sabá infernal.

Esse saber faz irromper uma tal alegria que, para um público atônito, chega às raias da demência. É um saber que forma os heróis de que falam as narrativas simbólicas dos antigos profetas; essas narrativas falam também de legiões celestes prontas para a luta, e de forças imensas liberadas por esse sublime saber. É esse saber que faz jubilar o iniciado Paulo: "Nem a altura, nem a profundidade poderá separar-nos do amor de Jesus Cristo, nosso Senhor". Esse saber é semelhante a uma rocha que se ergue no meio da ressaca da vida, a rocha contra a qual todas as ondas vêm quebrar-se.

Bem, um pouco desse saber nos penetrou e queremos aqui dar testemunho dele. Com uma tranquila alegria interior, queremos esclarecer-vos a respeito da moderna reforma na Alemanha, que não pode ser aniquilada, que se impõe com força. De fato, diversas manifestações do mal começam a se conscientizar de que delas se aproxima um grande perigo, perigo que reside no trabalho da Fraternidade gnóstica universal, a Fraternidade da Luz. Trata-se de um perigo absolutamente intangível, como esperamos poder mostrar-vos. Essa intangibilidade está subentendida na fórmula bíblica: "Tudo posso em Cristo, que me fortalece".

A Fraternidade da Luz, a Fraternidade da Rosa-Cruz, não é nem antissocial, nem antinacionalista, nem comunista, nem anarquista, nem contra qualquer dinastia; ela não se opõe a nenhuma forma de governo e, apesar de ter tudo para temer as tendências fascistas, declaramos aqui que o desenvolvimento do fascismo na Europa não podia ser evitado. Na

Capítulo 10 – A moderna reforma na Alemanha

realidade, esse desenvolvimento precipitou o processo de aniquilamento de coisas que deviam desaparecer. Pelo sofrimento, ele tornou a humanidade consciente. O mal sempre destrói a si mesmo, enquanto a bondade, a verdade e a justiça não podem ser detidas em sua marcha; as forças do bem não podem ser nem proibidas, nem aprisionadas, nem perseguidas, nem excluídas. É por isso que profunda alegria nos preenche, uma vez que podemos falar que essa reforma moderna, por Cristo, ganha poder sobre os homens.

Em um dos capítulos anteriores falamos sobre a volta de Cristiano Rosa-Cruz à "Alemanha" depois de todas as suas tristes experiências. Depois da oferenda generosa de seu amor, de seus tesouros e de sua sabedoria, ele se chocou contra os muros da cultura egoísta, pretensiosa, capitalista, e também contra os muros da magia negra. Este último fato deu impulso a um trabalho totalmente novo: à formação, à organização de uma falange de heróis combativos prontos para a luta.

É preciso distinguir este último método de trabalho do primeiro método de Cristiano Rosa-Cruz quando chegou à Espanha. O primeiro método era mais centrado no primeiro mandamento de Cristo – "Pregai o evangelho" – na esperança ingênua de que o segundo mandamento – "Curai os enfermos" – se realizasse de modo harmônico, automático, depois do cumprimento do primeiro. Em teoria, é claro que isso é perfeitamente possível, mas, na prática, as coisas se apresentam de modo bem diferente. É preciso estar bem consciente de que a frente de batalha da cultura demoníaca não pode ser rompida pelo primeiro mandamento de Cristo: "Pregai o evangelho". Se esse primeiro mandamento não é seguido de um real "curai os enfermos", todo o trabalho é vão e se reduz a uma tortura mental e a uma estúpida verborragia.

É por isso que os rosa-cruzes estão constantemente em oposição aos movimentos de pregação. É evidente que, entre esses grupos existem incontáveis pessoas de boa vontade que, com o coração sangrando, observam as consequências de nossa cultura, lançando milhares de apelos ao cristianismo, ou melhor, à parcela de cristianismo que elas compreenderam. Isso é um "pregar o evangelho" em infinitos matizes seguido da clássica consequência: uma recusa desavergonhada, um desvio de atenção, um comprometimento. O evangelho é vestido de bufão enfeitado com sinos. Os sinos soam nas igrejas e nas tardes de testemunho; em suma, em todos os feitos e gestos pseudocristãos da atualidade. É impossível derrubar facilmente os muros da cultura negativa. É por isso que já há muito tempo os rosa-cruzes adotaram um novo método, e pedimos com insistência a cada um, no caso de não compreendê-lo ou de não querer aplicá-lo, que não nos retenha; pois queremos ser verdadeiros companheiros de nosso pai Cristiano Rosa-Cruz.

Sabemos que "pregar o evangelho" está inseparavelmente ligado a "curar os enfermos". Essa exigência de realização é de grande alcance. Alguns dentre nós pensavam que o trabalho de cura da Rosa-Cruz se relacionasse exclusivamente à cura das doenças corporais. Os que conhecem um pouco das alegrias do saber descobriram, entretanto, que o trabalho rosa-cruz de cura se estende a todos os domínios da matéria e do espírito e que ele faz desaparecer os males corporais, mas dirige-se essencialmente à cura da decadência humana, consequência de sua própria ignorância. É essa, de fato, a razão pela qual a exigência prioritária da Rosa-Cruz é a revivificação da alma que possui a Gnosis, isto é, "o conhecimento que é e que está no Pai". Quando essa alma retoma a direção da vida humana, todas as "doenças" desaparecem, bem como todas as degenerações humanas, e começa a regeneração total do homem: é somente então que se pode falar de um verdadeiro retorno ao Lar.

É desse modo que a Rosa-Cruz compreende o mandato divino de "curar os enfermos". Quando esse processo de cura se realizar na humanidade em uma escala maior, consequentemente serão curadas também as doenças sociais e as perturbações comuns ao gênero humano desaparecerão, o que constituirá uma cura de incalculáveis resultados.

Em 1909, quando Max Heindel surgiu, o tempo dessas manifestações ainda não tinha chegado. Durante séculos os Irmãos da Rosa-Cruz souberam disfarçar suas intenções e, nesse contexto, Max Heindel também teve uma tarefa a cumprir, servindo como introdutor do grande movimento da Rosa-Cruz moderna. É certo que ele conheceu o grande chamado da Fraternidade para o século XX, segundo a lei fundamental: "Uma mente pura, um coração nobre e um corpo são". Uma mente pura – verdade; um coração nobre – bondade; um corpo são – justiça. E uma parcela de nossa grande alegria foi ter podido dar continuidade à grande obra, seguindo nossa vocação, sobre as bases já estabelecidas por Max Heindel, e também ter podido impulsionar o trabalho da Rosa-Cruz em direção a uma revelação cada vez mais grandiosa. A grande obra surge diante de nós, em imensa glória, uma glória antes jamais suspeitada.

Para seu trabalho atual no mundo, os Irmãos Maiores têm necessidade de um grande número de auxiliares, de companheiros treinados, que conheçam muito bem a filosofia e a ciência gnósticas. Se a finalidade da obra rosa-cruz tivesse sido anunciada antes, então o trabalho teria sido prontamente aniquilado pelos bem conhecidos ataques das hordas tenebrosas. Mas elas pensaram que se tratava de um simples movimento inofensivo, do tipo "pregar o evangelho", um movimento que seguia o antigo método, pois um grupo desse tipo enquadra-se perfeitamente com a cultura antiga. Ele mantém em quietude e tranquilidade milhares de seres e torna-se um precioso movimento de desvio. "Deixai-os brincar tranquilamente com seu joguinho rosa-cruz. Eles não atrapalham nada, e o bloco demoníaco torna-se cada vez mais forte."

Entretanto, mediante esse sublime trabalho da Rosa-Cruz, milhares de seres despertaram. Heindel tocou inumeráveis pessoas no coração e na cabeça e algumas foram escolhidas, aqui e ali, para receber uma influência particular. Essas pessoas foram instruídas e colocadas à prova durante anos, atravessando enormes dificuldades. E no momento em que o bloco demoníaco pressentiu o perigo, seus vassalos se espalharam por todos os lugares, para solapar a obra, pois ela começava a tornar-se perigosa para eles. Foi então que, das cinzas do sacrifício de Max Heindel e por seu amor, elevou-se restaurada a Rosa-Cruz, como um novo instrumento nas mãos da Fraternidade da Luz.

E agora, no momento psicológico em que a negra sombra manifestou-se, agitando-se convulsivamente em impotente ira, nós vos falamos da grande reforma, da nova aurora dos tempos. Vermelho cor de sangue, eleva-se o sol de Aquário no horizonte. Tal como um globo de ouro, símbolo da glória de Cristo, ele seguirá sua rota até o zênite.

Desde 1909, os Irmãos já tinham conhecimento dos graves acontecimentos que chamamos de duas guerras mundiais; desde esse momento já tinham conhecimento do monstro fascista cuja goela deveria abrir-se para engolir as massas inocentes. É por essa razão que, com suas publicações, Max Heindel formou um grupo maduro de heróis, pronto para ser utilizado no momento apropriado. Nossa grande alegria reside no fato de que esse grupo-núcleo, extremamente fortalecido e ampliado pela Rosa-Cruz, nesse meio-tempo ressurgida sob uma nova forma, é um núcleo que coopera com o mecanismo da nova manifestação onde temos de desempenhar nosso humilde papel. É-nos permitido dar testemunho a vós desses novos acontecimentos da ordem mundial e da glória da vitória; e também convidar-vos a partir conosco para o novo país.

A chave do novo desenvolvimento mundial está depositada na "Alemanha". Quando Cristiano Rosa-Cruz voltou para a Alemanha, *construiu para si*, como é narrado na *Fama, uma morada apropriada e limpa, onde meditou sobre suas viagens e sua filosofia e sobre as quais escreveu um relatório. Nessa casa, dedicou-se um longo tempo à Matemática e fez, de todos os âmbitos da arte, muitos e belos instrumentos.*

Talvez compreendais o que se deve entender por isso. É aqui que foi preparado o impulso do novo método, o de "curar os enfermos", o da progressão mágica do evangelho. Transcorridos cinco anos, a reforma ansiada veio-lhe à mente; embora estando ele cheio de preocupações, aventurou-se, valente e incansável, em tentá-la com alguns que estavam com ele, embora duvidasse da ajuda e do apoio dos demais. Com esse fim, solicitou de seu primeiro mosteiro três de seus irmãos. A esses três solicitou o compromisso da maior fidelidade para com ele e que fossem diligentes e absolutamente discretos.

Dessa maneira, a Fraternidade da Rosa-Cruz começou com somente quatro pessoas.

Suponde que sejais verdadeiros servidores de Deus. Então, pensareis nos males da humanidade com o coração pleno de amor. No momento apropriado, assim que vossa qualidade de amor tiver chegado à sua plenitude, sentireis o anelo, o intenso desejo de auxiliar a humanidade sofredora e incitá-la, impulsioná-la ao renascimento da alma. Depois de cinco anos (símbolo cabalístico desse estado de amadurecimento, dessa festa de Pentecostes, festa da estrela áurea de cinco pontas, festa do pentagrama áureo) manifestar-se-ia em vossos pensamentos a reforma solicitada e ousaríeis tentar derrubar as muralhas da cultura tenebrosa de maneira totalmente diferente da simples pregação. Então, do claustro de vosso desenvolvimento interior, dinamizaríeis as tríplices qualidades da alma, colocando-vos, assim, a serviço da grande obra, com vossos três irmãos.

Vimos que esse impulso da Ordem não foi nem será jamais uma ilusão, pois novas forças, forças reformadoras, sempre abrem uma senda a partir da Alemanha. Queremos ainda dirigir vossa atenção para a grande reforma da Igreja empreendida por Lutero, sob a influência da Rosa-Cruz. Com Lutero foi dado o primeiro golpe na dominação ultramontana, e foi aberto o caminho para a livre pesquisa espiritual. Com Marx, a via do desenvolvimento social foi liberada de suas barricadas, e um futuro próximo revelará que fatos do passado serão igualmente comprovados.

O realismo cristão que animou Lutero e Marx propulsionará o espírito até uma nova manifestação, a um nível bem mais elevado. Face à completa degeneração da humanidade, consequência do encaminhamento cego dos próprios homens, haverá uma intervenção de maneira irresistível na constituição do mundo, sob a égide da Corrente da Fraternidade Universal da Luz, a fim de realizar a reforma ordenada por Deus. Essa reforma oferecerá a possibilidade de encontrar e percorrer a senda da regeneração, do retorno à vida original, a inúmeras pessoas que ainda se encontram sob o domínio da ilusão e ainda continuam a seguir suas autoridades.

Assim que chegaram ao poder no desencadear da Segunda Guerra Mundial, os movimentos que serviam às potestades do mal lançaram-se contra os grupos esotéricos e, entre eles, o da Rosa-Cruz em sua forma exterior. O verdadeiro movimento rosa-cruz, contudo, é tão intangível quanto o ar, e os Irmãos da Luz trabalharam e continuam a trabalhar intensamente. Nada nem ninguém pode parar a marcha triunfal; nada nem ninguém pode estancar a reforma.

Na Europa e no mundo inteiro, em meio a forças de desagregação que ganham terreno e nos envolvem de todos os lados, a vitória está sendo preparada. As ondas da reforma, as forças irresistíveis do corpo etérico de Cristiano Rosa-Cruz, elevam-se com majestade divina, envolvendo e penetrando todo o nosso campo de vida. Somente o bloco da cultura demoníaca deverá temer o poder da revolução de Aquário.

Qual é o papel da Fraternidade da Rosa-Cruz nos acontecimentos humanos? Segundo a exigência do Logos, é um papel cristão, uma obra de Cristo neste mundo, a qual contribuirá para uma reviravolta libertadora no curso dramático da humanidade. Quem nos reterá? Nem a altura, nem a profundidade poderão separar-nos do amor de Cristo, que somente pode estabelecer sua força em nós por meio de cabeças, corações e mãos humanos.

11

Assim, a Fraternidade da Rosa-Cruz começou com apenas quatro pessoas. A linguagem e a escrita mágicas foram providas por elas de vasto vocabulário, que utilizamos, ainda hoje, para a honra e a glória de Deus, e onde encontramos grande sabedoria.

Fama Fraternitatis R.C.

11

A LINGUAGEM SECRETA
DO VOCABULÁRIO DE AQUÁRIO

Na vida do aluno rosa-cruz sério, chega um dia em que ele descobre que a Ordem da Rosa-Cruz, a Escola de Mistérios do Ocidente, nasceu de oposições e se desenvolveu com base na dura realidade. Quando o filho da luz, o filho do fogo, provido da sabedoria que renova a vida, volta-se para a escuridão e para as ruínas deste mundo, e quando por autodefesa essa escuridão, essa negatividade, o rejeita, ele modifica sua tática. Se quereis compreender a base espiritual da revolução de Aquário, realmente é preciso que vos aprofundeis nessa tática e em sua estrutura.
Aqui já tocamos diretamente no problema crucial desta exposição. Quando o buscador entra pela primeira vez em contato com a filosofia ocidental da Rosa-Cruz e é inflamado por sua mágica luminosidade, ele tende, como fez Cristiano Rosa-Cruz quando chegou à Espanha, a querer transmitir para o restante da humanidade a sabedoria que a Fraternidade, tão bondosa e desinteressadamente, lhe ofereceu. Então, ele começa a divulgar os ensinamentos do cristianismo gnóstico e experimenta naturalmente a mesma lição de Cristiano Rosa-Cruz: ele passa por uma brutal e implacável rejeição. Ele é atacado pelo ódio e vê-se preso nas redes das forças inferiores; elas tentam manobrá-lo com os hábitos da vida comum.

Quando o obreiro chegou a esse ponto do caminho, os Irmãos Maiores observam seu desenvolvimento ulterior com grande atenção, pois ele está em um estágio extremamente crítico. Sairá ele dessa crise como um pássaro de fogo renascido? A reforma exigida dele virá outra vez à sua mente, decorridos os cinco anos? Ou ele se deterá na fronteira? Neste caso, ele estará perdido para a Escola de Mistérios. Ele já não pode ser um livre-construtor. Chocando-se com as resistências, ele é incapaz de ultrapassá-las, e então estaca no estágio de efésio, como um habitante da fronteira; mas, desse modo, jamais entrará no estado de alma vivente.

Existe uma diferença incomensurável entre o cristão humanitário e o cristão no sentido da Escola Espiritual gnóstica. O cristão humanitário é o pregador, geralmente bem intencionado, que, quando entra em ação, é o contestador, o apresentador de petições; ele tenta curar as feridas com atos filantrópicos ou humanitários, mas nem por isso é um curador. Em seu aspecto mais elevado, ele é o homem que lança palavras de protesto inflamadas contra a decadência; ele é o pregador violento que exorta ao arrependimento.

Entretanto, sabei que o cristão gnóstico não é nenhum pregador que exorta ao arrependimento; não vejais em nós pregadores violentos. Nós somos bem mais perigosos! Com a ajuda de Deus, realizamos a revolução de Aquário e seguimos outra tática. Desejais um exemplo bíblico? Pensai, então, em João Batista, o precursor de Cristo, o homem que prega no deserto, vestido com seu manto de pelo de camelo. De pé, no deserto deste mundo, ele diz: "Endireitai os caminhos do Senhor, endireitai os caminhos para vosso Deus!" João batiza com a água do Jordão, a água da realidade; ele fustiga com a realidade, exortando seus ouvintes para que se preparem interiormente para a vinda de Cristo, por meio de um comportamento consequente.

Mas, fostes já batizados pela realidade inferior? Conheceis o inferno no qual viveis? Ou fostes somente batizados em uma igreja? No momento em que mergulhardes na realidade, quando vossa realidade existencial vos oprimir até sufocar, quando estiverdes preparados para aniquilar esta realidade da separatividade do eu para que a luz de Cristo possa se manifestar em vós, então sereis batizados com a água do Jordão, e somente então compreendereis as palavras de João Batista: "Aquele que vem após mim era antes de mim. Eu não sou digno de desatar as correias das suas sandálias". Então sabereis que há um novo céu e uma nova terra, uma nova realidade. Então conhecereis Aquele que não deseja batizar-vos com água, mas com fogo; Aquele que, pelo fogo, vai aniquilar a realidade infernal.

Quando compreenderdes isso e já tiverdes passado pela prova dos cinco anos (aspecto cabalístico da razão suprema da nova alma), então a nova reforma terá sentido para vós. Já não continuareis a pregar no deserto, às margens do Jordão!

E então ele chega, o homem-Jesus, o homem-alma verdadeiro. Ele vem até o Jordão. Ele imerge na água; quer ser batizado em nossa realidade. Ele mergulha completamente na indizível miséria desta existência, arriscando até mesmo a sufocar-se nela. Ele aceita inteiramente esta miséria; todas as dores dos homens manifestam-se nele. "É necessário que ele cresça e que eu diminua", diz João. Quando Jesus surge dessa água, vemos o espírito de Deus descer sobre sua cabeça, sob a forma de uma pomba. Então ele prossegue. Atravessando o deserto, ele rompe o envoltório de Saturno: e o sol se eleva! Ele avança na lama desta existência: e o sol se eleva! É claro que ele prega o evangelho, mas, ao mesmo tempo, cura os doentes: e o sol se eleva! Ele se sacrifica integral e completamente. Ele escolhe a cruz: e o sol se eleva! E na manhã da ressurreição, eis que o sol já irradia sobre um novo mundo. Compreendeis esse chamado do sol, esse chamado de Cristo?

Agora sabeis que a Escola de Mistérios surgiu da dura realidade. Sabeis que a Escola de Mistérios não pode ser a escola da água, mas sim a escola do fogo. Compreendeis também as consequências disso? *Na Fama*, essas consequências são chamadas de *a linguagem e a escrita mágicas providas de vasto vocabulário*.

Quais são as consequências disso? Por enquanto, os homens que escutam unicamente João Batista, boquiabertos de admiração, cheios de interesse ou de desagrado, ainda não podem compreender nada sobre essas coisas. Primeiro, eles devem compreender o sentido da vida e conhecer a realidade. É por essa razão que a filosofia ocidental se dirige a eles, para que possam medir sua realidade com essa sabedoria. Esta realidade é terrível! É por isso que, avançando rapidamente com a filosofia ocidental, chamamos com ela: "Endireitai os caminhos do Senhor!"

Mas a horda tenebrosa, que mantém sob seu domínio o mundo e a humanidade, se recusa. Uma aceitação significaria seu fim. Por sua própria vontade, ela não faria essa escolha. É por isso que o aluno que avança no caminho da realização faz-se batizar, tal como Jesus, na água do Jordão, e sabeis agora o que é preciso entender por esse batismo.

Após o batismo, ele muda completamente de tática, pois é então admitido na Ordem.

Por que atacamos a horda tenebrosa com uma violência tão grande? Por que vos incitamos a partir conosco? Por que vos descrevemos a realidade tão cruamente? Não o compreendeis? Porque queremos vos incitar à ação. Qual ação? Saltar conosco na água do Jordão e nela mergulhar por completo. Quando fizerdes isso, quando tiverdes coragem de aceitar essa luta heroica, tereis posto o pé no caminho que leva ao novo estado de alma.

Nestes últimos tempos, a Escola de Mistérios gozou de considerável expansão. Ela se prepara para um trabalho grandioso e decisivo. Por isso estais perturbados; e é graças a essa perturbação que o ouro é provado e purificado; é por isso que os que estão aptos são escolhidos, dessa maneira, para um novo trabalho. Muitos agarraram essa oportunidade. Pelo testemunho do ato de amor, o amor desceu entre vós. Quanto mais vos esvaziardes do eu, tanto mais vossa alma crescerá.

Quando o irmão mais novo entra na Ordem, Ordem essa nascida da necessidade, ele começa a estudar a sabedoria do grande "vocabulário". A tática da Ordem faz parte de sua instrução; como base de seu novo trabalho, ele aprende a compreender: a luz não se deixa rejeitar; ela quer triunfar. Se ela não puder triunfar com o suave brilho dos raios solares libertadores que dissipam a escuridão, ela golpeará como um raio. Se compreenderdes a magia da luz, sabereis como ela impulsiona as coisas naturais no mundo, com um número infinito de gradações e com uma multiplicidade imensa. A astrosofia nos explica os raios das forças cósmicas e nós conhecemos também os poderosos efeitos das radiações invisíveis dos elementos.

Existe, portanto, algo como uma ilegalidade divina: sem que o homem natural se dê conta disso, a matéria grosseira é minada até seu desmoronamento. O processo mantido pela horda tenebrosa volta-se contra ela. Ela se destrói por sua própria natureza inferior, por causa da ação mágica e revolucionária da luz e do fogo.

Diariamente, diz a *Fama*, o Irmão R.C. usa o grande vocabulário dessa revolução da luz para a honra e a glória de Deus, e aí encontra uma grande sabedoria. Nesse livro, ele aprende a grande diferença entre as doutrinas e sua prática. Os ensinamentos não são libertadores por si mesmos; somente sua realização permite a solução dos problemas. Podeis comparar os ensinamentos ao elemento água e a sua realização ao elemento fogo.

Na vida natural, esses dois elementos são hostis um ao outro. Essa é a razão pela qual as pessoas recuam diante da missão do cristianismo. Desse modo, a religião ocidental é enterrada sob o dogmatismo, e assim permanece. O aluno rosa-cruz, porém, aspira à unidade da água e do fogo, e é por isso que ele estabelece a revolução de Aquário neste mundo, revolução que deve conduzir a essa unidade.

Encontramo-nos no Jordão. Aí vemos, de pé, a figura de João Batista, que nos faz mergulhar na realidade destroçada pela natureza inferior. Depois de sermos batizados, atravessamos o deserto com ele, o Senhor de toda vida, rumo à Canaã da renovação; chegamos até as novas núpcias onde o sangue do Senhor, o novo vinho, cintila na taça; e aí construímos a nova morada para a onda de vida humana.

Precisais compreender essa linguagem secreta; a Escola de Mistérios não visa nenhuma elevação do que é inferior, nenhuma libertação da miséria e da corrupção, mas

Capítulo 11 – A linguagem secreta do vocabulário de Aquário

precipita-vos naquilo que é inferior, na realidade, no Jordão. O espírito de Cristo também desce nessa água do Jordão e vos precede rumo à Canaã da renovação. Esse é o motivo pelo qual deveis desligar-vos da ilusão que consiste em crer que existe algo como uma "libertação" desta realidade infernal. Não; deveis apagar, vós mesmos, este fogo infernal com o fogo de vossa ação, até que vejais enfim um novo sol subir até o zênite. Quando ousardes empreender esse trabalho, quando aceitardes essa tarefa e compreenderdes essa linguagem secreta do vocabulário da revolução de Aquário, então "todas as coisas serão depositadas em vossas mãos".

"Ora, antes da festa de Páscoa, sabendo Jesus que já era chegada a sua hora de passar deste mundo para o Pai, como havia amado os seus, que estavam no mundo, amou-os até o fim. E, acabada a ceia, tendo já o diabo posto no coração de Judas Iscariotes, filho de Simão, que o traísse, Jesus sabendo que o Pai tinha depositado nas suas mãos todas as coisas, e que havia saído de Deus e que ia para Deus, levantou-se da ceia, tirou as vestes e, tomando um tecido de linho, cingiu-se. Depois, deitou água numa bacia e começou a lavar os pés aos discípulos e a enxugá-los com o tecido com que estava cingido. Aproximou-se, pois, de Simão Pedro, que lhe disse: Senhor, tu lavas-me os pés a mim? Respondeu Jesus e disse-lhe: O que eu faço, não o compreendes tu agora, mas o compreenderás depois."

Com certeza existem leitores que não compreendem esse simbolismo sagrado de extraordinária verdade. Para eles, essa parte do Evangelho de João está em linguagem secreta.

Eles pensam em um ato ritual, na assombrosa paródia realizada pelo Papa de Roma por ocasião do lava-pés anual. Para inúmeras pessoas, o cristianismo todo permanece uma linguagem secreta e uma espantosa caricatura.

Entretanto, compreendereis a seguir essa linguagem secreta, quando a pesada e dura realidade vos tiver em suas garras, extraindo de vós o último vestígio de egoísmo; quando o mundo aqui embaixo já tiver se tornado um inferno tão terrível que cada passo vos custará uma dor infinita. Por essa mesma dor, vossos olhos se abrirão e a linguagem secreta do vocabulário da Fraternidade da Rosa-Cruz se iluminará para vós. Então compreendereis o mistério do lava-pés.

Então vereis o sublime, mergulhado na água do Jordão, elevar-se em indescritível majestade, cingido por um tecido de linho puro, imaculado, símbolo do serviço de amor impessoal. Ele vem como servidor, e no tristíssimo deserto, curva-se, carregando sua cruz, em completa abnegação pelo homem e pela sociedade; esse é o milagre do lava-pés, o símbolo de Peixes, o sinal da cruz.

Assim Simão Pedro, o elemento enérgico e dinâmico em vós, indaga: "Por que tu, Senhor? Esse sacrifício não deveria ser realizado por cabeças humanas, corações humanos e mãos humanas?" O Deus encarnado, porém, diz: "O que eu faço, não o compreendes tu agora, mas o compreenderás depois".

Quando a vida está em chamas, quando chega o momento psicológico da luta, a cruz aí está; e é somente sob esse signo que o homem dinâmico poderá triunfar e que todas as coisas serão entregues em suas mãos. Sem o sacrifício de Cristo, todo o trabalho é vão. Sem nosso sacrifício, todo o trabalho de libertação é uma quimera.

Capítulo 11 – A linguagem secreta do vocabulário de Aquário

Portanto, compreendei conosco a linguagem secreta do vocabulário da revolução de Aquário, a linguagem secreta da *Fama Fraternitatis*. Se ainda não a compreendeis, compreendereis mais tarde que existe apenas um sinal, um símbolo da revolução de Aquário: a cruz de Cristo. Mergulhai na realidade: construí a vitória da cruz na realidade, pelo ato de amor impessoal, em meio ao deserto! Isso é Aquário, isso é o rosacrucianismo! Essa é a nossa tática! Quem poderá resistir a nós?

12

Eles também escreveram a primeira parte do Livro M. Mas como esse trabalho havia se tornado demasiadamente importante, e a incrível afluência de doentes muito os estorvava, estando além disso concluída a nova morada, denominada Sancti Spiritus, decidiram admitir outras pessoas em sua comunidade e fraternidade. Para isso foram escolhidos: Irmão R.C., filho do irmão de seu falecido pai; Irmão B., hábil pintor; G.G. e P.D., seus secretários. Assim, eram agora ao todo oito, alemães, com exceção de I.A., todos celibatários e devotados à castidade. Eles deveriam recompilar em uma só obra tudo o que o homem pudesse querer, desejar ou esperar para si.

Fama Fraternitatis R.C.

12
___

A NOVA MORADA
DO ESPÍRITO SANTO

Quando o aluno da Escola de Mistérios da Rosa-Cruz segue sua árdua senda a fim de cumprir sua tarefa, ele encontra a força para isso, pois sabe que é sustentado pela lei fundamental dos mistérios do Ocidente, lei expressa na inscrição encontrada no túmulo simbólico de Cristiano Rosa-Cruz: *Ex Deo nascimur, in Jesu morimur, per Spiritum Sanctum reviviscimus*, ou seja: "De Deus nascemos, em Jesus morremos e pelo Espírito Santo renascemos".

Essa sentença não é somente uma máxima edificante, envolvida por certa mística, mas tem um profundo significado gnóstico. Ela é o átomo-semente prismático da filosofia ocidental, e quando o aluno da Rosa-Cruz se une a esse testemunho de fé, ele sabe o que diz e o que faz, conhecendo a força maravilhosa que aí se encontra depositada.

Quem é aceito em um dos círculos mágicos dos mistérios deve indagar-se: "Sei realmente o que digo? Sei realmente o que faço? Conheço verdadeiramente alguma coisa dessa força maravilhosa, agora que novamente pronuncio a lei fundamental dos mistérios do Ocidente: De Deus eu nasci, em Jesus eu morro e pelo Espírito Santo eu renasço?"

Se possuirdes uma parcela desse saber compreendereis também a *Fama Fraternitatis*, quando ela fala da Fraternidade da Rosa-Cruz fundada por quatro pessoas. Lemos na *Fama*:

Mas como esse trabalho havia se tornado demasiadamente importante, e a incrível afluência de doentes muito os estorvava, estando além disso concluída a nova morada, denominada Sancti Spiritus, decidiram admitir outras pessoas em sua comunidade e fraternidade. Para isso foram escolhidos: Irmão R.C., filho do irmão de seu falecido pai; Irmão B., hábil pintor; G.G. e P.D., seus secretários. Assim, eram agora ao todo oito, alemães, com exceção de I.A., todos celibatários e devotados à castidade. Eles deveriam recompilar em uma só obra tudo o que o homem pudesse querer, desejar ou esperar para si.

Quando o pregador de uma comunidade religiosa estende os braços sobre ela para abençoá-la e pronuncia a sua invocação: "Em nome do Pai, do Filho e do Espírito Santo", a importante pergunta a ser feita é se esse homem sabe o que faz, pois seus próprios ensinamentos e seu comportamento de vida deixam muito a desejar face as exigências do Pai, do Filho e do Espírito Santo. Se ele realmente cumprisse seus ensinamentos, certamente já não poderia suportar a permanência em sua comunidade religiosa.

Depois do voto, revela-se o contraste: a ignorância na sua prece, na sua pregação e sua cegueira frente à realidade.

"De Deus nasci." O que quer dizer isso? É a afirmação do homem que conhece Deus, que sonda algo do divino mediante cabeça e coração. É a afirmação do homem que percebe em todo o Universo, *uma* vontade, *uma* sabedoria, *uma* força que

Capítulo 12 – A nova Morada do Espírito Santo

tudo sustenta. Já não é a fé em uma direção superior insondável, que pode ser percebida de diversas maneiras. Já não é o lamentável balbuciar do homem primitivo que diz: "Sim, deve haver algo", mas o saber perfeito, o saber sublime do investigador esotérico.

É o plano cósmico, a irresistível organização que segue seu curso. Milhões de sistemas solares movem-se através do espaço incomensurável do sétimo domínio cósmico; inúmeras constelações estelares mostram a glória sem par da única força que tudo governa. Assim como um objeto que se desloca rapidamente e que precisa vencer certa resistência faz nascer um som no espaço, assim também essas miríades de esferas, tão diferentes em velocidade, volume e composição, emitem cada uma seu próprio som em sua trajetória dirigida através da matéria primordial, da substância-raiz cósmica. Juntos, esses sons formam o imenso coro dos representantes de Deus.

Já ouvistes alguma vez esse oceano de sons? Conheceis um pouco de astrosofia? Certamente não estamos falando da astrologia dos fazedores de horóscopo que se ocupam de toda espécie de banalidades, mas sim da linguagem de Deus, que vem a nós por intermédio de seus sublimes servidores. Então conheceis a santa emoção de descobrir que, ao comando de Deus, todas as sublimes forças cósmicas colaboram conosco e que o salmista não se exprime em vão quando diz: "Vede, ele conhece a todos pelo nome".

Assim, com os olhos baços de lágrimas e com as mãos postas, tereis conseguido captar um saber único, grandioso e sublime, uma prova clara de algo inexprimível e magnífico, ou seja, que nós, micro-organismos infinitamente pequenos em comparação com esses titãs majestosos, tornamo-nos conscientes de termos sido, nós também, lançados em um processo de devir. Percebemos também que não fomos simplesmente jogados num dos menores corpos celestes como meros núcleos acidentais de consciência para, no final, sermos triturados em uma catástrofe sideral, mas que estamos incluídos em um plano, um plano divino, cujo objetivo ultrapassa em muito nosso atual poder de compreensão.

"De Deus nasci!" O aluno repete essa frase tomado de grande positividade, pois ele compreende o poder contido nessa prece. Enquanto o homem da massa, tomado negativamente pelo grande mistério, murmura "Deve haver algo", o candidato, pleno de reconhecimento e de amor, levanta a cabeça para Aquele que pensou os céus – e os céus se fizeram. Ele sabe que está em unidade com Ele; ele sabe que está no princípio de uma grandiosa senda e formula a seguinte prece: "Senhor, ensina-me a dominar o medo", pela percepção da voz interior que diz: "Sede perfeitos, como vosso Pai que está nos céus é perfeito".

Quem, porém, disse isso? Quem falou dessa perfeição que podemos atingir? A grande voz chamadora de Cristo. Cristo, que nos explica o santo método.

"De Deus nasci": saído da matriz do Universo, fui enviado aqui para baixo, no tempo, para que, atravessando a multiplicidade dos aspectos desta ordem de socorro, eu possa elevar-me novamente, como entidade perfeita, ao plano superior que foi previsto; e, para que eu possa renascer pelo Espírito Santo, devo morrer em Jesus Cristo. Toda a realização vos parece ilusória, toda a realização parece absurda pois não entendeis o sagrado método se não estais prontos para morrer em Jesus Cristo.

Capítulo 12 – A nova Morada do Espírito Santo

Não considereis esta exposição como um sermão; não queremos absolutamente uniformizar vossa consciência pelo nivelamento ortodoxo cristão que está em vigor atualmente, na caricatura cristã feita pela igreja A, B ou C. Nós, rosa-cruzes, estamos voltados para o realismo. É por isso que, antes de repetir "Em Jesus morremos", queremos lembrar que nascemos de Deus, que somos de sua linhagem.

E como estamos plenos do legítimo orgulho de pertencer à grande hierarquia dos seres, de ter recebido um lugar na onirrevelação, vemos ao mesmo tempo o terrível fantasma da realidade. Vemos um mundo semelhante aos rugidos do inferno, vemos dele os atrozes contrastes e sabemos que fomos lançados neste plano de socorro onde as potências inferiores mantêm a humanidade sob seu domínio. Vemos a traição evidente, o sinistro abraço da besta infernal. Vemos a massa em um sabá demoníaco; a terra está embebida por nossas lágrimas; nossos gemidos são incontáveis e nosso coração está exausto.

E o aluno, aquele mesmo aluno que cantava com júbilo "De Deus nasci!", vê com profundo desespero que a massa não conhece a origem de seu nascimento, que a luz brilha sobre uma terra em trevas, incapaz de assimilar essa luz.

É por isso que o aluno diz, tão resoluto: "Em Jesus eu morro". Para ele não se trata de verborragia dogmática, nem de romantismo fúnebre, nem de um suave murmúrio. Para ele, não se trata nem de beatice, nem da terminologia pastosa do povo das igrejas. Trata-se de um formidável salto dentro da realidade: é um combate extremamente sério com os fantasmas do mal; é um salto na natureza infernal para aí entrar em combate com todas as forças do mal, para aí liberar a humanidade que nasceu de Deus e que, entretanto, corre o risco de ser sufocada sob o calcanhar de ferro de todos os tipos de práticas dogmáticas. É um mergulho na vida cruel, onde milhões de seres perecem e morrem na miséria e onde uma minoria se empanturra com toda espécie de excessos. É penetrar as piedosas mentiras dos sepulcros caiados. É desmascarar a falaciosa esperança da salvação prometida neste plano de existência.

É o sofrimento, tantas vezes indizível, para os verdadeiros heróis de Deus. É, no decorrer de todos os tempos, a prisão e os campos de concentração, as perseguições e o exílio, e a tortura e o terror. É ouvir os golpes dos martelos pneumáticos nas fábricas de armamentos. É ver a fumaça dos navios de guerra prontos para o ataque. É ver os submarinos nucleares. É o oceano de sangue. E agora é hora de despertar os abatidos e os prisioneiros, de levantar os que caíram, para elevá-los até a luz, para que um dia eles possam, também eles, regozijar-se no grande coro dos conscientes: "De Deus nascemos". É a construção concreta de uma nova morada, não como uma imagem ilusória e difusa, criada pela reflexão cristã, mas a construção de uma nova "Morada *Sancti Spiritus*", realizada por cabeças, corações e mãos. É a verdadeira franco-maçonaria. Isso é morrer em Jesus.

"De Deus nascemos, em Jesus morremos." A única senda de libertação é a aceitação da cruz, a aceitação do fato de estarmos neste mundo em sacrifício, demonstrando assim um puro amor aos homens, irradiante e esplêndido, do qual todo o egoísmo cristão, todo o paganismo cristão, é expulso. Não se trata absolutamente de um jogo de esconde-esconde com o amor de Cristo. Trata-se de aceitá-lo tal como ele quer ser aceito: seguindo-o até o Gólgota.

Somente uma descida na vida real, um mergulho na realidade infernal da ordem de socorro inferior pode salvar tanto o mundo quanto nós mesmos.

Prestai bem atenção a estas palavras de Cristo: "Muitos do últimos serão os primeiros". Confirmamos essas palavras todos os dias. Nós, rosa-cruzes, temos o maior interesse por essa multidão cada vez maior de homens e mulheres que, mesmo não conhecendo Cristo, abre caminho até ele mediante sacrifício pessoal e luta verdadeiramente altruísta. Eles serão os primeiros, pois, por seu grande amor aos homens, fazem funcionar a grande lei, a lei de Cristo. O caminho, o único caminho de libertação, é a aceitação da cruz: "De Deus nascemos, em Jesus morremos, e pelo Espírito Santo revivemos".

Assim chegam a vitória e a nova Morada do Espírito Santo. Do abismo terrestre surge uma planta nova e forte: a semente semeada, segundo o plano de Deus. Ela é enviada à terra e aí morre em Cristo, e, pelo Espírito Santo, a força latente é liberada e se eleva até à luz, para dar frutos.

E agora compreenderemos a *Fama Fraternitatis*. Aí estão quatro Irmãos da Rosa-Cruz. Em Cristiano Rosa-Cruz percebemos a aurora de uma nova era, e é nesses quatro irmãos que, segundo o simbolismo gnóstico, devemos compreender a altura do meio-dia. O sol espiritual, Cristo, brilha e encontrou morada nas cabeças e corações dos homens; a luz atravessou as trevas; logo as chamas se elevarão.

Assim é escrita a primeira parte do Livro M. Iluminados interiormente pelo amor à humanidade, irradiantes, Cristiano Rosa-Cruz e seus companheiros penetram até a realidade: a cruz é carregada, pois somente dessa maneira Cristo pode ser conhecido. Quanto mais nos orientarmos desse modo na vida, maior será a afluência de doentes que querem e podem ser auxiliados por nós. Os que sofrem chegam até nós em filas intermináveis, estendendo os braços para uma libertação. Mas, ai! Sentimos nossa fraqueza. O que podemos fazer neste mar de sofrimento?

Entretanto, o milagre se produz por nosso sacrifício: a semente se abre na terra escura, as forças latentes se liberam e a nova Morada do Espírito Santo se eleva como um jovem Deus. Então, os quatro Irmãos da Rosa-Cruz encontram seus quatro componentes e nós os vemos surgir a partir desse momento como a Fraternidade dos Oito. Dobrados em número, eles constituem a fórmula da transmutação mágica de Saturno:

De Deus nascemos – Espírito.
Em Jesus morremos – na matéria.
Pelo Espírito Santo renascemos – em espírito, na senda da espiritualização.

Eis o maravilhoso processo da transmutação, o processo de transfiguração diante do qual o cristianismo vos coloca, o processo aplicado pela Fraternidade da Rosa-Cruz. É assim que vemos a conversão de energia em matéria e de matéria em energia. É assim que nasce o reino que não é deste mundo. Ele se eleva de um processo de transmutação religioso, científico e artístico, cumprido por cabeças, corações e mãos humanos. Eis a conversão que tencionamos.

Bem-aventurado é quem compreende um pouco que seja disso. Bem-aventurado é quem se coloca entre as fileiras dos que fundaram a nova Morada *Sancti Spiritus*. Ele recebeu tudo o que um ser humano pode querer, desejar ou esperar:

Ex Deo nascimur,
in Jesu morimur,
per Spiritum Sanctum reviviscimus.

13

Apesar de admitirmos sinceramente que o mundo tenha melhorado muito nos últimos cem anos, estamos certos de que nossos Axiomata permanecerão imutáveis até o Último Dia e de que o mundo não verá, mesmo em sua última e mais avançada idade, nada mais valioso, pois nossas Rotæ começaram no dia em que Deus pronunciou seu Fiat *(Faça-se) e terminarão quando ele pronunciar seu* Pereat *(Pereça). Contudo, o relógio de Deus marca cada minuto, ao passo que o nosso não indica senão as horas inteiras. Cremos também firmemente que nossos bem-amados pais e irmãos, tivessem eles alcançado nossa presente clara luz, tratariam mais rigorosamente o Papa, Maomé, bem como os escribas, artistas e sofistas, e lhes teriam fornecido as provas de sua força de alma de fato, e não apenas mediante suspiros e desejos de realização.*

Fama Fraternitatis R.C.

13

Os princípios básicos
inegáveis dos Rosa-Cruzes

Proveniente de milhões de seres, em suspiros se eleva uma aspiração: quando a humanidade se libertará das garras das forças demoníacas que a aprisionam com pesadas correntes? As mãos estendem-se para o céu e, se quisermos escutar, no silêncio, perceberemos a indizível tristeza que se derrama sobre a terra, como uma onda imensa. Sim, a dor da humanidade é como um mar imenso de profundezas insondáveis, violentamente agitado. Aí reina o desespero, a confusão e a morna resignação. É aí que aparecem os mortos-vivos, lutando por suas pseudovidas e lançando seu grito de agonia: "Queremos viver!"

E vede, na beira da praia alguns seres representam o papel de salvadores. Simbolizam os gritos por libertação da multidão negativa, e a ideias de libertação vão e vêm como luzes, passando apressadamente na escuridão, para logo serem engolidas por ela. As ideias de libertação chegam como imagens deformadas da abstração divina. Elas não podem ser projetadas imaculadamente no pensamento concreto, pois a vida dos homens está degradada e a integridade desapareceu. Tudo não passa de caricatura! É o jogo da morte, a dança macabra de um bando de loucos que agitam guizos. Os desejos inferiores estão à espreita e já agarraram o mundo inteiro com seus inúmeros tentáculos.

Como um polvo, eles derramam sobre o mundo sua tinta negra.

As ideias de libertação vêm como poemas, em formas atraentes, mas, quando tentamos agarrá-las, transformam-se em fantasmas, retorcidos por um riso infernal. As ideias de libertação chegam bem perto de nós, mas não podemos agarrá-las. São como embarcações instáveis, incapazes de sair mar afora. Com o tempo, elas envelhecem e desaparecem.

Essa é a razão desse riso e dessa maldição. Não é absolutamente um riso alegre, mas o riso nascido da miséria, esse riso lúgubre que dilacera vossa alma. Não é absolutamente uma maldição de ódio, mas a maldição que surge da dor, que faz cerrar os punhos e contrair os músculos em um sobressalto de energia e que, não encontrando nenhuma saída, escapa num grito que rasga os céus.

É por isso que rimos das ideias antigas e impotentes, ideias de libertação incapazes de se realizarem, e amaldiçoamos os valores carcomidos que arrastam os homens em fileiras intermináveis. Nós já não contemplamos as miragens que aumentam o sofrimento. Já não recorremos a hipóteses de uma ciência corrompida, objeto de especulação dos traidores e demagogos.

As próprias noções de humanidade, de bondade, de verdade e de justiça não são como um jogo? Um jogo lúgubre, por detrás do qual se esconde uma realidade de vida fundamentada em sangue e lágrimas? "Nós somente queremos viver, viver realmente." Esse grito espalha-se pelo mundo como

CAPÍTULO 13 – OS PRINCÍPIOS BÁSICOS INEGÁVEIS DOS ROSA-CRUZES

um uivo. O homem que busca uma saída mais uma vez põe seus pés na senda dos sofrimentos, resolutamente. Mais uma vez, como um suspiro, eleva-se o anseio por um fim, por libertar-se das garras do império das potestades demoníacas que acorrentam a humanidade.

Aí está o movimento circular das coisas; a deterioração de uma das órbitas determina uma deterioração mais acentuada da órbita seguinte. Onde estará a espiral da evolução? Existirá algo que se pareça com progresso? Ou tudo não passa de uma ilusão satânica? A onda de vida humana não seria talvez apenas uma mistificação hedionda na ordem cósmica das coisas? Se, pelo menos uma vez, a humanidade pudesse chegar a libertar-se do reino ilusório da imaginação, se pudesse desligar-se desta ilusão, se viesse a perceber realmente as verdadeiras linhas diretrizes, as ideias cósmicas de valores eternos! Se pudésseis ver algo de tudo isso, daquilo de que se trata em definitivo! Se pudésseis ver algo da divina ordem das coisas! Ou algo d'Aquele que, como diz a Bíblia: "Permanece sempre o mesmo, de eternidade em eternidade". Se pudésseis um dia vos libertar de filosofias mentirosas, dos poetas e pensadores pagos, remunerados profanadores de Deus; se pudésseis rasgar os véus da ilusão e da imaginação, de tal modo que a verdade, a verdade imperecível e eterna, pudesse ser percebida, irradiante, na escuridão do mundo! Bem, vós podeis fazer isso! Os princípios básicos inegáveis e eternos da verdade existem! Vós os possuís! Eles podem ser vistos e conhecidos. Eles tomam forma nos axiomas da filosofia ocidental gnóstica.

Um axioma é um princípio fundamental inegável que não pode ser destruído pelo tempo e que, portanto, abarca a eternidade. É a essas ideias fundamentais, a esses princípios básicos inegáveis que queremos ligar-vos, na Escola Espiritual da Rosacruz Áurea. Não se trata absolutamente de "navios que passam pela noite escura", deixando-nos, depois de sua passagem, como afogados desesperados. O que Cristiano Rosa-Cruz veio trazer-nos não tem nada de mistificação. Eis o que diz a *Fama*:

Apesar de admitirmos sinceramente que o mundo tenha melhorado muito nos últimos cem anos, estamos certos de que nossos Axiomata permanecerão imutáveis até o Último Dia e de que o mundo não verá, mesmo em sua última e mais avançada idade, nada mais valioso, pois nossas Rotæ começaram no dia em que Deus pronunciou seu Fiat *e terminarão quando ele pronunciar seu* Pereat.

Existe uma filosofia universal e eterna que pode ser conhecida por todos os que vagueiam e lutam no nadir da materialidade. Não penseis nem em livros, nem em palavras, mas pensai em uma força que se manifesta naquele que se eleva do sofrimento à ação, segundo a ordem de Jesus Cristo.

Se conhecêsseis esses princípios, ganharíeis em positividade, estaríeis desligados da negatividade. Já não recuaríeis diante das coisas, mas veríeis através delas, passaríeis através delas. Então, erguer-vos-íeis com mais firmeza contra as forças demoníacas que mantêm a humanidade acorrentada.

Prosseguindo em sua revelação, a *Fama* diz:

Cremos também firmemente que nossos bem-amados pais e irmãos, tivessem eles alcançado nossa presente clara luz, tratariam mais rigorosamente o Papa, Maomé, bem como os escribas, artistas e sofistas, e lhes teriam fornecido as provas de sua força de alma de fato, e não apenas mediante suspiros e desejos de realização.

Capítulo 13 – Os princípios básicos inegáveis dos Rosa-Cruzes

Concluímos, portanto, que o conhecimento dessa luminosa e imperecível verdade irá mudar completamente vossa vida. Permiti-nos expor algumas considerações ao aluno iniciante. Existem tantas almas, belas e boas, que se contentam em ser servidoras, suspirando e ansiando pelo fim, pela aniquilação dos valores infernais que aprisionam o mundo e a humanidade! Essas esperanças e esses suspiros caminham ao lado da expectativa de que uma força exterior intervirá no último momento; ou ainda que um Mestre, ou um Irmão Maior, finalmente conduzirá todos pela mão; ou de que o próprio Cristo se manifestará. E há uma devoção e até uma adoração pelos dogmas cristãos que, ao serem aceitos, deveriam trazer-lhes a regeneração. Existem ainda cultos em templos, nos quais essas almas fazem suas meditações. Mas elas nada conhecem ainda da clara e viva luz dos princípios básicos inegáveis, pois, desde que tenhais um mínimo conhecimento deles, já agis com mais rigor. A súplica dá lugar à positividade. A partir desse momento, ergueis o estandarte da bondade, da verdade e da justiça. Escutais a voz de Cristo, que diz: "Sede perfeitos como vosso Pai que está nos céus é perfeito" e sois atingidos pelo látego divino: "Trabalhai por vossa santificação, em temor e tremor!", e já não colocais todas essas palavras no contexto de vossa consciência-eu, mas no contexto da consciência coletiva, na religião do amor e da abnegação. Podeis realmente dizer adeus à negatividade do "o que posso realizar com minha força?", porque sabeis que a força divina se realiza na fraqueza humana. Podeis fazer isso no momento em que reconheceis as linhas diretrizes cósmicas. Eis por que o verdadeiro homem de Aquário, o franco-maçom positivo, é tão pouco compreendido por quem ainda está diante do portal.

Quais são as características que nos fazem reconhecer os homens que compreenderam algo da límpida luz dos princípios básicos inegáveis?

O homem de Aquário tem uma profunda estima por todo pensamento puro, por todo sistema de pensamento; mas ele quer colocar cada pensamento e cada sistema na esfera à qual pertencem. Sem dúvida, uma religião oriental continuará necessária para milhões de orientais e cumprirá sua tarefa. Entretanto, para o ocidental, outras diretrizes se impõem. Quanto a isso, uma negação ou uma confusão terá por consequência acréscimo de sofrimentos, uma dor mais profunda, fatores obstaculizantes e uma degeneração cada vez maior. É por isso que o homem que possui o verdadeiro amor tem de se erguer contra esse nivelamento, com grande rigor e grande veemência.

Conforme relata a *Fama*, o aprendiz rosa-cruz esclarecido também se volta contra os escribas, que são as inúmeras pessoas que envenenam os espíritos por meio de ideias negativas e perversas. Sabeis que, quanto a este ponto, o candidato segue igualmente a senda do rigor.

Em seguida, vêm os artistas, ou seja, os magos negros, os parasitas, todos os pretensos iniciados, em realidade charlatães; e sabeis que acertamos nossas contas impiedosamente com todos os "artistas" que se colocam em nosso caminho.

Para terminar, vêm os sofistas, a pseudociência que já se vendeu ao príncipe deste mundo. São os falsos guias do povo.

É contra todos esses grupos que o homem positivo deve se erguer, intransigentemente. Por quê? É o ódio que o impulsiona? É a mesquinharia sectária? Por que razão ele se bate com tanta força contra o muro do negativo? Por que ele bate com o martelo da bondade, da verdade e da justiça?

Capítulo 13 – Os princípios básicos inegáveis dos Rosa-Cruzes

Porque ele aprendeu a aprofundar-se nos princípios básicos inegáveis do Universo; porque ele sabe que é somente seguindo essas vias que se pode festejar a vitória; porque ele se despediu de sua suspirosa aspiração negativa; porque ele sabe que somente pela ação da cabeça, do coração e das mãos dos homens, ainda que em fraqueza, é que a força de Deus pode ser manifestada; e, por fim, porque ele nasce para a ação mediante serviço amoroso e abnegado.

Ele se torna servidor. Não como alguém que dá gorjetas depois de ter sido servido, mas positivamente servidor na realização do grande plano de Deus para este mundo, realização que tem de ser cumprida por mãos humanas. É por isso que ele está aqui.

Certo dia, o professor Adolf Keller indagou-se: "O que posso fazer com minhas próprias forças?" Nós dizemos: convidamo-vos a tomar consciência dos princípios básicos inegáveis da filosofia gnóstica ocidental, pois, na viva luz que daí emana, estamos convencidos de que podereis festejar essa mudança fundamental em vossa vida e, com a firmeza e a intransigência que o conhecimento do amor vos dá, podereis tomar parte conosco no combate, na crescente legião dos servidores da humanidade.

14

Quando esses oito irmãos haviam preparado e disposto tudo, de modo que já nenhum trabalho especial era necessário, e como cada um possuía uma visão geral da filosofia secreta e revelada, decidiram não mais continuar juntos. Conforme a intenção inicial, eles se espalharam por todos os países, de modo que seus Axiomata pudessem ser examinados profundamente e em segredo pelos eruditos, mas também para que se, pela observação. Em outro país, um erro aparecesse em relação a isso, eles pudessem se informar mutuamente.

Seu acordo estabelecia o seguinte:

1. *Ninguém deve exercer outro ofício a não ser o de curar os doentes, e isso gratuitamente.*

2. *Ninguém deve ser obrigado, por causa da Fraternidade, a usar uma roupa especial, mas cada um deve seguir o costume do país.*

3. *Cada irmão deve se apresentar anualmente, no dia C., à Casa Sancti Spiritus ou comunicar a razão de sua ausência.*

4. *Cada irmão deve se assegurar de ter uma pessoa de valor que possa, a seu tempo, sucedê-lo.*

5. A sigla "R. C." deve ser seu selo, insígnia e distintivo.

6. A Fraternidade deve permanecer secreta durante 100 anos.

Fama Fraternitatis R.C.

14
___

O CONTRATO SÊXTUPLO

Quando o aluno da Escola de Mistérios do Ocidente assimilou os valores essenciais da filosofia gnóstica de acordo com suas predisposições e seu caráter; quando, segundo a *Fama*, já pode "realizar um discurso completo sobre a filosofia secreta e revelada", então ele é enviado como profeta ou arauto da grande obra. Assim como Cristo enviou seus discípulos como obreiros da grande vinha, encontramos colaboradores rosa-cruzes que, de todas as maneiras possíveis, executam em todos os países da Terra seu serviço na grande morada da onda de vida humana.

Agora desejamos observar mais detalhadamente quais são as regras segundo as quais o trabalho é realizado. Os irmãos rosa-cruzes são ligados por um contrato sêxtuplo livremente consentido. Na *Fama Fraternitatis* o contrato sêxtuplo está formulado nestes termos:

1. *Ninguém deve exercer outro ofício a não ser o de curar os doentes, e isso gratuitamente.*

2. *Ninguém deve ser obrigado, por causa da Fraternidade, a usar uma roupa especial, mas cada um deve seguir o costume do país.*

3. *Cada irmão deve se apresentar anualmente, no dia C., à Casa Sancti Spiritus ou comunicar a razão de sua ausência.*

4. *Cada irmão deve se assegurar de ter uma pessoa de valor que possa, a seu tempo, sucedê-lo.*

5. *A sigla "R. C." deve ser seu selo, insígnia e distintivo.*

6. *A Fraternidade deve permanecer secreta durante 100 anos.*

Assim, à primeira vista, esse contrato sêxtuplo é dos mais simples, até mesmo ingênuo e mais ou menos frustrante. Aliás, ele já foi alvo de frequentes zombarias, pois achava-se que essa lei sêxtupla era um pretexto para comentar reprovadoramente que o autor da *Fama Fraternitatis* quis escrever uma sátira para ridicularizar a Fraternidade da Rosa-Cruz. À primeira vista, há muitas razões para se pensar assim. Quando as cláusulas de um trabalho gratuito devem ser definidas a fim de derrotar uma eventual ambição pelo dinheiro, quando alguém se preocupa com a questão de usar ou não um hábito da Ordem e quando se julga necessário confeccionar um certo símbolo, pode parecer que a situação espiritual de uma Ordem como essa não deve ser muito brilhante.

Entretanto, por falta de conhecimento e de visão interior, esse ponto tornou-se uma pedra de tropeço para mais de um homem, e vamos frustrar todos os críticos. O contrato sêxtuplo não é do tipo que nasce depois de um debate apaixonado sobre as cores de um clube, sobre as vantagens ou desvantagens de uma moda particular, ou alguma coisa do gênero. Não, o contrato sêxtuplo é um contrato de nível muito elevado, de concepção perfeita, de nenhum modo baseado em conjeturas superficiais. Vamos tentar mostrá-lo em sua verdadeira luz.

Assim, colocamo-nos diante do primeiro artigo: *Ninguém deve exercer outro ofício a não ser o de curar os doentes, e isto gratuitamente.* Sabemos que os irmãos rosa-cruzes realizam em sua vida a grande lei de Cristo, ou seja, a de pregar o evangelho e de curar doentes; e essa lei pede apenas: falar e agir. De fato, não deve existir nenhuma espécie de separação entre um e outro, se bem que, segundo o método eclesiástico, a palavra, o evangelho, deve preceder o ato, a cura.

Isso também acontece no terreno dos mistérios. Como pregador, Cristiano Rosa-Cruz lança um chamado de despertar; mas, por esse meio, ele não obtém nenhum resultado, uma vez que é brutalmente rejeitado em toda parte. Em sua volta para a Alemanha, ele constrói a Escola de Mistérios, como uma fortaleza, como uma cidadela da verdade, para fazer triunfar de um só golpe a luz da verdade. Em outras palavras, ele saca a espada da Fraternidade Universal para atacar as forças demoníacas. Se tivesse continuado obstinadamente a pregar o evangelho, a pregar a verdade e nada mais, assim como fazem atualmente todas as pessoas negativas, ele teria sido totalmente inofensivo para as forças demoníacas. Se tivesse se contentado em pregar o evangelho, teria sido de bom grado honrado, festejado, e teriam até mesmo erigido uma estátua com esta comovente inscrição: "Eis o grande reformador mundial, infelizmente ainda incompreendido", ao que acrescentariam internamente: "Oxalá continue assim por muito tempo".

Cristiano Rosa-Cruz, porém, não caiu nessa armadilha. Ele quer pôr a palavra em prática, e por isso devemos compreender aqui que, quando os rosa-cruzes clássicos falam de *não exercer outro ofício a não ser o de curar os doentes*, isso significa a luta, o combate pela bondade, pela verdade e pela justiça. Então, descobrimos que os cavaleiros da Rosa-Cruz são aqui descritos como heróis combativos que partem para curar as enfermidades da humanidade. Não se trata de uma dor de cabeça ou de um desarranjo intestinal resultantes da transgressão das leis elementares de alimentação. É claro que existe um trabalho de cura corporal, mas é apenas uma ínfima parte do grande trabalho de cura que engloba toda a humanidade, um trabalho que quer banir o câncer que corrói esta sociedade; que quer reerguer o que se encontra perdido no mundo; que procura tornar a espécie humana consciente de sua vocação e de sua humanidade. Essa é a "cura dos doentes", segundo a Ordem dos Irmãos da Rosa-Cruz.

E ela se efetua gratuitamente. Eles não fazem isso nem por ouro, nem por prata; eles não realizam esse grande trabalho nem por honra, nem por glória. Nem tampouco para serem vistos pelos homens, nem para atingirem certas vantagens espirituais. Trata-se da humanidade que deve ser salva, que deve ser impulsionada para o alto, rumo à luz, que deve ser arrancada do domínio da besta infernal. Eis o trabalho gratuito dos irmãos rosa-cruzes. Para dizer a verdade, "gratuito" não é a palavra exata. Sabeis o que eles ganham? A zombaria e o ódio, a lama da calúnia e da mentira, empecilhos mesquinhos de toda espécie, colocados em cena pelo Moloque infernal. Vendo pelo ângulo material, eis o pagamento que é recebido. "Gratuitamente" é na realidade inexato, pois os que se doam impessoalmente a serviço da humanidade, tomando para si o ultraje da cruz, tornam-se incrivelmente ricos, ricos em força e em amor irradiados diretamente pela luz. É uma força que torna incrivelmente forte e que faz brilhar cada vez mais seguramente a vitória.

O segundo artigo diz: *Ninguém deve ser obrigado, por causa da Fraternidade, a usar uma roupa especial, mas cada um deve seguir o costume do país.* Este artigo trata do método, da tática, da finalidade da grande obra. Aqui entende-se por "traje" esse método, essa tática, essa finalidade. Cada colaborador, cada grupo de cooperadores, dispõe de completa liberdade de ação. Os colaboradores da Rosa-Cruz não são obrigados a seguir um plano de trabalho determinado como se fosse um clichê, mas cada posto avançado deve agir conforme as circunstâncias. Não há nenhum método autoritário que deva ser seguido internacionalmente; cada país deve adaptar-se aos costumes locais. Todo desvio com respeito a isso deve sempre ser corrigido para que cada grupo possa trabalhar para a realização do grande ideal, com a maior flexibilidade possível.

Nenhum dos Irmãos da Rosa-Cruz deve ser obrigado, por causa da Fraternidade, a usar uma roupa especial. Eles não se ligam absolutamente a corporações ou a movimentos particulares, mantendo-se acima de todos os partidos para melhor cumprir sua tarefa. É necessário que compreendais bem isso. Como tudo se situa no sistema e na ordem universais, é evidente que o trabalho de organização e a construção metódica e efetiva são criados onde quer que sejam úteis e necessários, mas a estrutura dessa construção deve, antes de tudo, tornar impossível toda tendência à cristalização.

Assim, por esse artigo de lei, fica evidente que a Ordem da Rosa-Cruz é inatacável em seu trabalho multiforme. Um grupo que se manifesta materialmente como uma unidade pode ser atacado, mas uma diversidade intangível em seus aspectos e seus métodos é tão invulnerável quanto a própria luz. A luz se propaga sobre o mundo e a humanidade sob a forma de uma irradiação de milhões de aspectos, penetra os recônditos mais sombrios; e por toda parte em que essa luz aparece, as trevas devem desaparecer.

Assim, sem dúvida também compreendereis o que se entende pelo terceiro artigo: *Cada irmão deve se apresentar anualmente, no dia C., à Casa Sancti Spiritus ou comunicar a razão de sua ausência.*

Embora o corpo eleito dos pioneiros espirituais esteja disperso pelo mundo inteiro, existe um contato diário entre todos eles. É uma comunidade de vida permanente que apaga as fronteiras e atravessa os oceanos.

O "dia C." é o *dies crucis*, o dia da cruz, o dia de Cristo; é cada dia dado por Deus. Cada dia nós vivemos na mão do Senhor; dele, por ele e nele todas as coisas são. Aqui não se trata de um encontro em sentido material, mas do encontro na casa do Espírito Santo. Quem adquiriu qualidade de alma e teceu sua veste nupcial pode encontrar essa morada. Aí, nessa veste de Júpiter, é bom e é belo morar; é a veste mágica dos irmãos, é a espiritualização; é o jardim maravilhoso da Morada do Espírito Santo.

Os que não podem se apresentar no momento em que percebem o chamado do *dies crucis*, os que estão ligados a seu trabalho quando se festeja a comunidade de alma dos irmãos, em bem-aventurada alegria, carregando-se mutuamente com a força de amor que ultrapassa toda compreensão, esses escrevem uma carta na qual é explicada a razão de seu impedimento. Isso quer dizer que ninguém pode abandonar uma construção com a qual está ocupado; que ninguém pode abandonar seu posto antes que o trabalho seja terminado. Com o sangue de seu coração, com o sangue da alma, o colaborador que se encontra impedido escreve sua carta. A diária e ininterrupta união de alma dos Irmãos da Rosa-Cruz não é absolutamente um sonho ou uma exaltação mística, enquanto o mundo miserável se esvai em seu próprio sangue. Vosso ato concreto, vosso sacrifício contínuo, é vossa carta, escrita com os caracteres ígneos do amor.

Cada irmão deve se assegurar de ter uma pessoa de valor que possa, a seu tempo, sucedê-lo. É o que diz o quarto artigo.

Compreendeis, assim, que o trabalho não só jamais pode ser interrompido, mas também não deve jamais ter o mínimo atraso. Sem dúvida, conheceis os círculos de força mágica que nascem de um foco central para depois dissipar-se nos vastos espaços da manifestação universal. Um novo impulso de força é incessantemente necessário para fazer nascer um novo círculo de força. Assim, os irmãos rosa-cruzes cuidam constantemente de que seus sucessores estejam preparados. Nem bem um certo trabalho foi iniciado e jovens obreiros já estão prontos para tomar o lugar dos antigos construtores, fragilizados pela idade. Realmente, no trabalho exotérico, acontece muitas vezes que as criações desaparecem com seus criadores. Na realidade, na Escola de Mistérios, em atitude previdente e sensata, procuramos buscar e encontrar sucessores. Portanto, preparai-vos para serdes admitidos em um novo círculo.

É lógico que, como diz o quinto artigo, *a sigla "R.C."* – a palavra Rosa-Cruz – *deve ser seu selo, insígnia e distintivo*: a cruz, símbolo do corpo, onde os poderes latentes devem desenvolver-se; a cruz, símbolo da personalidade que deve sacrificar-se em bondade, verdade e justiça; a cruz de Cristo que se sacrificou pelo mundo e pela humanidade; a cruz de Cristo que nos revelou o caminho do Ocidente; a cruz do sofrimento carregada por uma interminável série de heróis, de homens e mulheres que trabalham pela libertação de nossos irmãos e irmãs segundo o corpo, a alma e o espírito.

E o símbolo da rosa? Por que todas estas dores e todas estas ofensas? Por que todo este cansaço e tormento de espírito? Por que todos estes sacrifícios e este trabalho? Por que este longo caminho do autossacrifício? Por um sentimento profundo de amor pela humanidade, sentimento purificado pelo fogo. É o perfume da rosa. É a sinfonia de amor tocada pelos Irmãos da Rosa-Cruz.

Para terminar, eis o sexto artigo do contrato mágico. Ele é bem mais impressionante, graças a seu significado oculto e genial: *A Fraternidade deve permanecer secreta durante 100 anos.* Por quê?, indagaram os críticos, curiosos. O que isso quer dizer? Por que não cento e vinte e cinco, ou duzentos anos? Porque aqui não se trata de "cem anos" no sentido literal, mas sim no sentido de "criação perfeita".

Diz-se que o número cem é construído, cabalisticamente, de doze degraus. Esses doze degraus nos abrem inúmeras perspectivas. Elas nos relatam a saída do homem de sua miséria material, da corrupção de sua existência inferior; do homem que encontrou o elo entre o infinito e o finito, entre o invisível e o visível, entre a essência e a matéria, entre Deus e

CAPÍTULO 14 – O CONTRATO SÊXTUPLO

o homem. Esses doze degraus nos falam da atividade espiritual e da compreensão dos mundos materiais, da travessia da matéria e da vitória sobre o Moloque tenebroso. É o sol que projeta seus raios, mesclados de gotas de ouro fluido, sobre o positivo e o negativo, sobre quem ora com devoção; é o princípio ativo, que executa. É o imaculado, o imutável, sentado em seu cavalo branco como a neve, carregando o estandarte vermelho do derramamento do sangue, do sacrifício de si mesmo pelos irmãos e irmãs.

Eis o segredo da Fraternidade da Rosa-Cruz, segredo que não se espalha em voz alta, batendo no peito: "Olhem, aqui estou eu!", antes que o trabalho esteja terminado. Impessoalmente, do mais profundo de seu ser, a Ordem da Rosa-Cruz quer cumprir seu trabalho até que ele seja coroado por uma criação perfeita. O que vós observais da Ordem, são atos de amor; é a derrubada dos muros que vos cercam. São os cem anos do segredo.

Possa Deus vos iluminar a fim de que compreendais esse segredo e possais dele retirar algo para vossas vidas.

15

Eles juraram fidelidade mútua em relação a esses seis artigos, e cinco irmãos partiram dali. Somente os Irmãos B. e D. permaneceram por um ano junto ao Pai-Irmão C. Quando eles também partiram, permaneceram junto dele seu primo e I.O., de modo que sempre teve junto de si, durante todos os dias de sua vida, dois irmãos.

Conquanto a Igreja ainda não estivesse purificada, sabemos contudo o que eles pensavam dela e o que esperavam, cheios de anelo. Todos os anos, reuniam-se alegremente e faziam um relatório detalhado de suas atividades. Deve ter sido realmente maravilhoso lá ouvir a narrativa, veraz e sóbria, de todas as maravilhas que Deus disseminou aqui e ali no mundo.

Também se pode aceitar como certo que tais pessoas – conjuntamente orientadas por Deus e por toda a Machina Celeste, escolhidas dentre os homens mais sábios que existiram em muitos séculos – viveram, entre si e com os outros, na mais elevada unidade, na máxima discrição e na mais bela vida de atos.

Fama Fraternitatis R.C.

15
___

O MÉTODO DE TRABALHO MÁGICO
DOS IRMÃOS DA ROSA-CRUZ

Sem dúvida já vos indagastes por que, neste mundo, um trabalho dá certo e outro não; por que o que parece forte desaparece, enquanto o que é fraco e desconhecido manifesta-se com potência insuspeitada; por que o que é empreendido com grande estardalhaço não dá resultado, enquanto o que é frágil e menosprezado frequentemente alcança a vitória; em resumo, por que as coisas se desenvolvem ao contrário da expectativa geral. Aos olhos surpresos das multidões espectadoras e sob todas as formas, será demonstrado inevitavelmente de que maneira a pedra rejeitada pelos construtores passa a ser a pedra angular. De que maneira, em uma sequência quase monótona, o homem descobre que suas previsões são falsas, que suas ações transformam-se em seus contrários.

O aluno sério deve ter compreendido há muito tempo que todas essas decepções e todo esse desperdício de forças têm uma causa profunda. Ele saberá que deve haver algo como uma lei cósmica, uma lei natural ignorada pela maior parte da humanidade, lei com a qual todo o trabalho deve harmonizar-se para que possa haver êxito. Como já é sabido, o candidato busca essa lei até encontrá-la, pois ele poderia sintonizar com ela seu trabalho, todas as manifestações de sua viva aspiração à bondade, à verdade e à justiça. O sucesso seria, assim, assegurado com antecedência.

Encontramos essa lei, e tentamos nos harmonizar com ela em todos os nossos trabalhos e esforços; e é indubitável que a expansão de nosso trabalho da Rosa-Cruz deve ser atribuída à compreensão dessa lei, compreensão que nós adquirimos pouco a pouco. Se conhecêsseis essa lei obteríeis com isso uma grande ajuda para vosso poder de compreensão. Poderíeis medir as coisas e os fenômenos ao vosso redor conforme seu grau de importância, determinar assim embasados vosso comportamento e poderíeis escolher o caminho certo através da agitação frenética e caótica deste tempo.

Observemos as coisas mais detalhadamente ainda. Julgamos extremamente importante que quem realmente quer ser um franco-maçom, um sólido construtor da nova comunidade de vida orientada para a exigência do cristianismo gnóstico, seja bem informado quanto a essa lei. De fato, o discipulado gnóstico é impossível, e continua sendo uma quimera, sem a posse de um conhecimento ao menos elementar da grande lei cósmica da construção.

É nossa intenção falar-vos sobre essa lei na medida de nossa compreensão. Não deveis esperar encontrar nessas palavras mais do que elas contêm. Nós podemos apenas ajudar-vos a começar a andar na direção daquilo que há muito tempo está à vossa disposição, pois a estrutura desse mandamento cósmico figura na *Fama Fraternitatis*. Ela se encontra ao vosso alcance, envolta em um véu, magistral em sua simplicidade.

Conheceis o contrato sêxtuplo dos Irmãos da Ordem da Rosa-Cruz. Imediatamente em seguida a esse contrato, podemos ler, na *Fama*, a lei cósmica de construção. Aqui está ela:

Capítulo 15 – O método de trabalho mágico dos Irmãos da Rosa-Cruz

Cinco irmãos partiram dali. Somente os Irmãos B. e D. permaneceram por um ano junto ao Pai-Irmão C. Quando eles também partiram, permaneceram junto dele seu primo e I.O., de modo que sempre teve junto de si, durante todos os dias de sua vida, dois irmãos.

Eis toda a lei cósmica de construção, que todo trabalho autêntico no reino de Deus deve tomar em consideração. Todo trabalho orientado, conscientemente ou não, para essa lei e efetuado em harmonia com ela deve ter êxito. Portanto, é perfeitamente evidente que o homem de Aquário, o companheiro da bondade, da verdade e da justiça, deve conhecer essa lei.

A lei de construção é caracterizada pelos números *um*, *dois* e *cinco*. Trata-se de Cristiano Rosa-Cruz, o ponto central, o único. Ele é ladeado, acompanhado a cada dia por dois irmãos; e os outros cinco irmãos da Ordem dos oito partem para cumprir o trabalho. A cada ano, os dois irmãos que estão próximos do Pai são substituídos por dois dos irmãos que estavam em viagem. Estabelece-se assim uma interação permanente entre as noções *um*, *dois* e *cinco*. Os cinco que trabalham no estrangeiro estão constantemente em contato com a tríade, na Casa da Ordem, a Morada do Espírito Santo. Vamos ver mais de perto o que tudo isso quer dizer.

Em relação a isso, devemos dar uma olhada na cabala, o ensinamento esotérico dos números, pois sem esse ensinamento antigo é impossível resolver o enigma. Queremos fazer-vos perceber sucessivamente as noções cabalísticas *um*, *dois* e *cinco*; primeiro, com base em um ponto de vista individual, depois coletivo, para finalmente abarcar a natureza da lei cósmica de construção.

O número *um* é o poderoso incognoscível, a centelha divina da qual tudo provém, da qual tudo jorra em um abrasar de chamas. É o que era no começo; é o prelúdio de toda construção; é a essência da criação no homem, o grande depositário do mistério latente de Deus, por meio do qual Ele se faz conhecer ao homem. É a luz, o espírito oculto, que toca profundamente seu ser. É o número do Sol, o dispensador de vida, a fonte de todo mistério, da qual jorra todo o incorruptível em uma glória indizível.

Sem o um, sem essa fonte de todas as coisas, sem essa centelha divina no homem, todo devir é uma ilusão, toda humanidade é uma loucura, e a vida não passa de uma farsa sinistra e cruel. Sem esse um, sem essa essência imortal que desce no homem para que um dia ele possa festejar a ressurreição, o Logos criador é uma mistificação, um fantasma que vem atormentá-lo dia e noite.

O princípio cabalístico do um é o princípio da vida e da morte. Por que o homem vive? O que ele anela? Por que ele morre? Qual é a força misteriosa que o persegue, no decorrer da vida? Que aspiração ardente é essa dentro dele? De onde vêm esses pensamentos de realeza que o assaltam? Por que ele persevera, enquanto a besta infernal o ataca? Por quê? Porque ele é um deus adormecido! Porque ele sonha completamente acordado! Porque, em sua atitude negativa, ele espera tempos melhores. Ele está suspenso na cruz deste mundo como um animal inerte e gordo, como um sonhador obeso.

Vós também estais suspensos como um gigante gordo na cruz do mundo, adormecidos, fazendo a sesta, enquanto vosso comportamento dialético vos explora de todas as maneiras possíveis. Sonhais com esse um que era desde o

Capítulo 15 – O método de trabalho mágico dos Irmãos da Rosa-Cruz

princípio, pois sois um titã de força. Poderíeis libertar-vos de uma vez por todas do horror e da impostura, mas suportais tudo isso porque, inconscientemente, sabeis que sois um rei, sabeis que sois um soberano. Por enquanto, contentai-vos com um sonho.

Os homens pensaram que aí, na cruz de nossa contemplação mística, deveria estar suspenso um asceta consumido, um homem espiritualizado e exausto de tanto sofrimento, deixando transparecer uma luz supraterrestre sobre os traços de seu rosto sofredor. Mas isso seria um erro e gostaríamos de apartar-nos dele. Vossos sofrimentos, vossa dor, talvez indizível, vossa fome espiritual, desenvolvem-se porque não quereis compreender que sois um gigante, um titã de força. Porque não quereis empregar a majestosa força do um, a força da origem.

Já não queremos a clássica glorificação do sofrimento. Nas igrejas ortodoxas cristãs, o sofrimento é apresentado como um valor primordial. No misticismo, o exausto, o ferido até à morte, o que sangra até a morte, o apedrejado, são todos peregrinos do céu. Portanto, preconizamos outros valores. Nós sabemos que cada homem é um convocado, de filiação divina; que o um, o universal, enraíza-se em nós, que o divino esforça-se para chegar até nós, sacrifica-se por nós, para evoluir conosco e através de nós. É por isso que o um é o "Pai" dos números, assim como nos diz a ciência cabalística.

E é a razão pela qual a noção *dois* deve surgir da noção *um*. No dois manifesta-se o um, o universal. No dois é manifestado o germe da forma, com base no que não tem forma. Graças a esse tesouro cabalístico, o gigante desce da cruz do negativo. Ele responde ao chamado da origem. Ele aceita a essência de sua vocação e de sua luta, e talvez logo seja novamente pregado à cruz; mas então será a cruz do sacrifício; ou seja, a cruz da vitória, como a de Cristo. É assim que o gigante entra pela porta do sagrado templo com um grito de guerra: começou o processo de fecundação.

O número *dois* é o símbolo do casamento místico; o casamento do gigante, outrora adormecido, com Cristo, o noivo celeste; as núpcias alquímicas, de onde emanam grandes forças; o princípio latente de Deus, transformado em força, em vitória próxima, mediante a essência da ação.

Sobretudo onde os homens se reúnem para realizar o plano da criação divina pela ação de cabeças, corações e mãos, aí começa o casamento alquímico com o Cristo cósmico. Assim como o "um" é chamado de "o Pai dos números", assim também o valor "dois" é chamado de "a Mãe dos números". O princípio matricial eterno desenvolve-se pela ação em Cristo, para que um dia o filho recém-nascido possa manter-se irradiante diante de nós, no número "cinco".

O número *cinco* é o pentagrama, a estrela de cinco pontas brilhando atrás da Rosa-Cruz, o símbolo da alma humana avançada e desenvolvida. O número cinco é o *pentekostè* que se encontra em chamas sobre a cabeça dos discípulos no dia de Pentecostes. É o símbolo do Espírito Santo, o princípio portador de eternidade que chegou à plena maturidade.

O homem que possui essa qualidade de alma é um homem rico. Ela constitui para ele um talismã protetor e salutar, segundo nos diz o ensinamento dos números. É uma grande força mágica, pois significa a libertação definitiva da cruz. Isso corresponde a colocar o que é material, a realidade, totalmente a serviço do único princípio criador, que frutifica no número maternal, o dois. É a força perfeitamente preparada, que já possui em si mesma a vitória.

Relacionando em seguida esses aspectos cabalísticos à Ordem da Rosa-Cruz, nós nos aproximamos da essência da lei de construção. O chefe da Fraternidade está acompanhado por dois irmãos, enquanto cinco irmãos trabalham com todas as suas forças na grande obra.

Compreendeis agora o que significa essa comunicação. Dos focos de força espiritual situados no mundo é enviada uma corrente de força quíntupla permanente. Essa força é dinamizada, impelida a frutificar, pois antes de ser enviada é fecundada na realidade do número materno dois, ou seja, é mergulhada na síntese-Cristo.

Assim, a humanidade deve subir a escada de Mercúrio entre lágrimas, para desenvolver a estrela de cinco pontas. A massa deve tornar-se consciente de sua origem divina e, abarcando-a com uma visão panorâmica, deve ver sua vocação, seu futuro, seu desenvolvimento, tais como nos são mostrados no protótipo de nosso mais elevado ser, Cristo. Seguindo o caminho de Cristo, cumprindo a exigência do cristianismo gnóstico, o homem construirá, um dia, a nova terra, a nova comunidade de vida, como uma realidade concreta.

Na ótica da *Fama Fraternitatis*, a Ordem da Rosa-Cruz coloca-se diante de nós. Vemos que Cristiano Rosa-Cruz construiu a Escola de Mistérios recusando o mal e opondo-lhe resistência. Aí, na Escola de Mistérios, o homem é consciente de sua vocação divina. Aí é conhecida a lei universal do amor ao próximo; aí o um, o princípio eterno, torna-se positivo em Cristo; aí é festejado o coroamento das núpcias alquímicas.

Os irmãos partem, assim, para países estrangeiros, carregados de uma força ativa, e viajam pelo vasto mundo para resplandecer na ação de amor, na religião do amor: em bondade, verdade e justiça. Eles jamais se cansam, jamais podem ser abatidos, pois, sob um aspecto quíntuplo, novas ondas de energia são atraídas incessantemente, em grande quantidade. Sem parar ressoam os cantos de vitória. Os irmãos franco-maçons juntam suas pedras em um magnífico edifício que se eleva até os céus.

Se a humanidade compreendesse esse trabalho, em vez de ser vista como um gigante adormecido na cruz, como um titã de força negativa, de uma só vez se libertaria da casa da servidão, e em grande número se apressaria rumo à terra prometida, para onde é chamada pelo amor de Deus.

O método de trabalho dos Irmãos da Rosa-Cruz, atualmente secreto, deverá um dia ser o método de trabalho de toda a humanidade. E esse método secreto é a aplicação da lei cósmica de construção. Essa lei exige que tomeis consciência de vossa origem celeste e da finalidade de vossa vocação como espírito humano. É preciso que compreendais bem o que diz a Bíblia: "Sois de linhagem divina". Essa lei exige de vós que já não continueis a sonhar, na certeza de possuir uma centelha divina, mas que acendais essa centelha no protótipo de vosso ser mais elevado, Cristo, o Filho de Deus e o Filho do homem; que sigais Cristo no caminho que ele vos mostrará; que, sobretudo, não caiais em nenhuma especulação cristã.

A lei de construção exige que tomeis o caminho para cumprir vossa tarefa. Descobrireis, então, que sois invencíveis, que combateis auxiliados pela luz diante da qual toda escuridão deve ceder.

A lei cabalística do *um, dois* e *cinco* é a lei da tríplice manifestação de Deus. Assim trabalha o Logos, o macrocosmo, portanto assim também deveis trabalhar como microcosmo.

Cristiano Rosa-Cruz – *de Deus nascemos*;
os dois irmãos que o acompanham – *em Jesus morremos*;
os cinco irmãos que partem – *renascemos pelo Espírito Santo*.

16

Sua vida decorreu em mui louvável conduta e apesar de seu corpo estar livre de todas as doenças e dores, essas almas, contudo, não podiam ultrapassar o limiar preciso da dissolução.

O primeiro dessa Fraternidade a morrer foi I.O., precisamente na Inglaterra, tal qual o Irmão C. há muito lhe profetizara. Ele era muito versado em cabala e extremamente erudito, como o demonstra seu pequeno Livro H. Sua fama era grande na Inglaterra, particularmente por haver curado da lepra um jovem conde de Norfolk.

Fama Fraternitatis R.C.

16

O CONDE DE NORFOLK

A lepra é uma das doenças mais pavorosas que podem afligir o corpo físico do homem. É um mal tão abominável e tão horrível que o simples pensamento sobre uma prova como essa já é o suficiente para encher os homens de angústia. Além disso, através dos séculos, a lepra foi trazida à imaginação da humanidade como o símbolo lúgubre da mais infernal destruição, e o homem sempre esteve em busca de sua cura.

A lepra está entre as doenças mais antigas que se conhece; um privilégio pouco invejável. Sabe-se que esse flagelo da humanidade já reinava no Egito séculos antes do nascimento de Cristo e, na Idade Média, a lepra tornou-se uma doença muito propagada na Europa, assim como a tuberculose foi outrora e como o câncer está se tornando agora.

No século XIII existiam na Europa trinta mil leprosários onde os leprosos eram isolados e tratados como párias, como mortos-vivos. Eles traziam guizos nas mãos, para anunciar sua presença a uma certa distância. Ouvindo esse som, as pessoas fugiam do contágio que se aproximava, pois a menor ferida, o mais leve arranhão, era o suficiente para contrair a doença.

Existem diversas formas de lepra, mas todas consistem em uma degenerescência extremamente lenta, em uma consumpção de diversas partes do corpo acompanhada de dores terríveis. Em seguida, forma-se um abcesso que estoura e se espalha sem parar. A destruição dos tecidos continua; caem os dedos dos pés e das mãos. É assim que o processo prossegue e, após anos de ilimitado sofrimento, os pacientes são finalmente libertados pela morte.

Essa propagação maléfica, essa destruição infernal, é terrível por sua extrema lentidão, pois dizem que entre a infecção e a erupção da doença passam-se dez anos. Compreendeis, portanto, que essa doença, esse flagelo da humanidade, pode facilmente servir de símbolo para todos os outros processos de destruição na vida individual ou social.

Portanto, é evidente que a lepra pode ser empregada como advertência em muitas ocasiões, pois seu papel neste mundo é atacar-vos em vosso desenvolvimento vital, eventualmente errôneo, e fazer-vos refletir sobre o verdadeiro sentido da vida, assim como ele vos é revelado pelo cristianismo. A lepra também é empregada esotericamente a título de advertência. Pensai, por exemplo, na cura do leproso que é relatada no primeiro capítulo do evangelho de Marcos:

"E aproximou-se dele um leproso que, rogando-lhe e pondo-se de joelhos diante dele, dizia-lhe: Se queres, bem podes limpar-me. E Jesus, movido de grande compaixão, estendeu a mão, e tocou-o, e disse-lhe: Quero, sê limpo! E tendo ele dito isso, logo a lepra desapareceu, e ficou limpo. E, com severas advertências, logo o despediu. E disse-lhe: Olha, não digas nada a ninguém; porém vai, mostra-te ao sacerdote, e oferece pela tua purificação o que Moisés determinou, para lhes servir de testemunho. Mas, tendo ele saído, começou a apregoar muitas coisas, e a divulgar o que acontecera; de sorte que Jesus já não podia entrar publicamente na cidade, mas conservava-se fora, em lugares desertos; e de todas as partes iam ter com ele."

Não é possível explicar aqui esotericamente em detalhes essa importante passagem da Bíblia. Pela análise, parecer-vos-á evidente que todo o trabalho de Aquário é esclarecido nessa passagem da Bíblia, e que aí encontra seu fundamento.

O acontecimento desenrola-se em Cafarnaum, ou nos arredores; ou seja, na "cidade das consolações". Se a horrível sociedade leprosa na qual vivemos se identificasse conscientemente com as leis elementares da vida assim como elas tomam forma no cristianismo, a purificação definitiva, a cura, seria absoluta e perfeita. Eis a consolação positiva que o cristianismo nos oferece; graças a seus valores, nós podemos curar rápida e imediatamente essas feridas.

Pelo santo método, a humanidade poderia ser salva rapidamente. As forças demoníacas sabem disso, e é por essa razão que fazem o possível para impedir essa salvação. É por isso que utilizam a caricatura do santo método para crucificar a Cristo a cada dia. Podeis combater o bem com o pretenso bem. Podeis demolir a Cristo com um sermão, principalmente se esse sermão for ortodoxo. Podeis ferir mortalmente o rosacrucianismo com a filosofia rosa-cruz.

O cristianismo, consciente e positivamente aplicado, constitui um perigo mortal para as forças demoníacas, como talvez o saibais, ou pelo menos possais pressentir. É por isso que os verdadeiros franco-maçons, os verdadeiros rosa-cruzes, há muito tempo deixaram de seguir unicamente o método da pregação, mas seguem também o método das obras, da construção, eventualmente em silêncio. Falar muito de uma força enfraquece seu impulso e oferece às forças das trevas a possibilidade de ataque. Eis por que Cristo aconselha àquele que ele curou para não falar sobre isso, mas para agir, para atacar a natureza ilusória das coisas e, consequentemente, cumprir a lei de Moisés. Como esse conselho não foi cumprido, a consequência foi que a luz vitoriosa foi expulsa da cidade, para locais desertos, para lugares secretos.

O cristianismo, ou seja, o cristianismo aplicado com perfeição, é considerado pelo príncipe deste mundo como alta traição, como um crime. Pensai no nacional-socialismo, que no seu tempo elevou oficialmente o paganismo a religião de Estado, declarando igualmente que, em caso de uma vitória mundial do nazismo por meio da guerra e da destruição, o cristianismo deveria ser aniquilado.

Dificilmente se imagina um testemunho mais surpreendente, uma prova mais evidente da verdade do que aquilo que está exposto no evangelho de Marcos. O cristianismo aplicado é capaz de curar a lepra. Vossa salvação e a de vossos semelhantes está mais próxima do que mãos e pés; a luz irradia e brilha sem cessar na escuridão deste mundo. Por enquanto, porém, ela está relegada aos lugares áridos pelas forças unidas do mal. A Rosa-Cruz luta em posição difícil, sob o fardo das insinuações. Ainda não é possível oferecer a taça da consolação a uma humanidade sofredora. Passo a passo, é preciso conquistar nossa posição. Como já dissemos e demonstramos por essa passagem bíblica, a lepra é um símbolo concreto, esotericamente falando.

Voltemos agora à *Fama Fraternitatis*. Ela fala sobre um dos irmãos ativos da Ordem da Rosa-Cruz, que se sacrificou na Inglaterra, onde morreu. Lá, na Inglaterra, falava-se muito sobre ele, e especialmente, assim relata a *Fama*, porque havia curado da lepra um jovem conde de Norfolk.

Já falamos a respeito do devir e do desenvolvimento da Escola de Mistérios da Rosa-Cruz. Aqui, neste capítulo da *Fama*, falamos da construção do ensinamento da sabedoria ocidental na etnia anglo-saxã. É por isso que se fala da Inglaterra, onde um dos Irmãos cumpriu sua tarefa abençoada até o fim, tarefa que culminou na cura do "conde de Norfolk".

Como devemos compreender isso? Em linguagem esotérica, sempre se faz uso de termos de nobreza para apresentar a fina flor de uma nação, a essência espiritual de alguma coisa, o elemento positivo e já desenvolvido de um homem. É por isso que se fala em um conde, um jovem conde, um homem que ainda tem inúmeras possibilidades de desenvolvimento, graças à sua juventude, mas cuja tarefa, cuja vocação, ainda está longe de ser cumprida.

Ele é chamado de "conde de Norfolk". Norfolk sempre foi um berço de desenvolvimento superior. Norfolk é um dos focos de força espiritual da raça anglo-saxã, da mesma forma que acontece em cada etnia. Certamente poderíeis também empregar o conceito "Norfolk" de outra maneira, para dele captar o significado esotérico. Já faz muito tempo que um "norfolk" é uma vestimenta especial, um envoltório. Talvez compreendais agora de que se trata aqui. A raça anglo-saxã envolvia-se com valores espirituais que pertenciam a um ultrapassado orbe da espiral de desenvolvimento. Mas as dificuldades surgem cada vez que nos agarramos a qualquer coisa obsoleta, ultrapassada.

Aqui, referimo-nos a valores que estavam depositados nos antigos mistérios da *Edda*, os mistérios dos antigos druidas, e nos antigos cultos germânicos que deveriam ser necessariamente suplantados pelos mistérios cristãos para que o homem ocidental pudesse cumprir perfeitamente sua tarefa.

Sem dúvida o leitor pode agora entender as intenções, inspiradas pela magia negra, das personalidades que dirigiram o fascismo e queriam restaurar os antigos mistérios da *Edda*, a civilização druídica, e os cultos germânicos, com a finalidade de frear o impulso do cristianismo positivo e vivente. Somos forçados a atestar que o fascismo foi mil vezes mais terrível que a mais horrível lepra: foi o ataque mais pavoroso jamais manifestado no mundo.

Agora podeis compreender e sentir qual é o significado de "a lepra do jovem conde de Norfolk". Com imensa alegria, saudareis o progresso da Escola de Mistérios da Rosa-Cruz e descobrireis a justeza do método seguido por nosso Pai Cristiano Rosa-Cruz: depois da pregação do Evangelho, a cura dos doentes.

Cristiano Rosa-Cruz chegou à Espanha com seus dons. Ninguém o queria. Ele colocou sua sabedoria e suas forças à disposição, mas rejeitaram-no. Então, ele mudou de tática. Como estava provado que não queriam aceitar o Evangelho libertador, ele decidiu curar os doentes, curar o mundo doente. A partir daí, o trabalho foi colocado sob o signo da luta, sob o signo da franco-maçonaria gnóstica, e a Escola de Mistérios foi edificada na Alemanha, o coração da Europa.

Então nos é anunciado um dos mais importantes resultados da obra começada, a cura do conde de Norfolk, que consolidou os novos mistérios na raça anglo-saxã. O que não havia sido bem sucedido na Espanha com a primeira tática teve bons resultados na Inglaterra, por meio da segunda tática. Desde então, desenvolveu-se também na Inglaterra um importante trabalho a serviço da grande Fraternidade da Luz do Ocidente.

Isso nos toca porque temos a certeza de que a *Fama* é mais do que uma descrição histórica velada da gênese da Rosa-Cruz. A força profética da *Fama* é extraordinariamente grande. A Espanha, a Alemanha e a Inglaterra desempenharão um grande papel nos acontecimentos futuros.

Nossa exposição não seria completa se não estivesse ligada à ciência gnóstica. É a ela que agora queremos nos dedicar.

Quanto mais um aluno da Gnosis penetra profundamente a essência das coisas e torna-se capaz de perceber o que se passa por detrás do palco das agitações mundiais, mais clara e positivamente ele é capaz de discernir a luta e os combatentes das diversas forças em jogo. Sabeis que o homem gnóstico escolhe um método acelerado para seu desenvolvimento pessoal; mas é preciso que compreendais que ele também aplica um método acelerado na agitação mundial, no desenvolvimento dos processos de reversão da marcha da humanidade. Esses dois desenvolvimentos, o individual e o coletivo, estão estreitamente ligados um ao outro. Não se pode pensar em um sem pensar no outro, pois um depende do outro.

Muitas pessoas, principalmente as que não compreendem nada da verdadeira franco-maçonaria, ambicionam o desenvolvimento individual acelerado, mas consideram o desenvolvimento coletivo, a renovação da humanidade, como um processo que age bem lentamente e, consequentemente, elas o rejeitam. Elas não querem ou não podem compreender que esses dois desenvolvimentos são inseparáveis. Esse comportamento pode nascer de uma completa falta de amor pelos homens, mas também pode vir de uma concepção mística errônea. Esta concepção faz que vivam como parasitas do espírito de Cristo, que até hoje não deixou de sofrer indizivelmente.

Em seu trabalho, o rosa-cruz objetiva a liberação, o mais rápido possível, do espírito de Cristo, que suporta, tolera, e tudo sofre por nós. Como conhece a natureza dos que lutam e sabe arrancar suas máscaras, o rosa-cruz colabora com tudo e com todos os que, seguindo as linhas de força do cristianismo aplicado, têm como objetivo o processo de desenvolvimento acelerado da renovação humana. Ele influencia esses espíritos e permanece na linha de frente de todo o desenvolvimento mundial, porque ele ama concretamente e se autossacrifica. Ele enfia a faca na chaga porque ama, porque sabe que o processo acelerado trará realmente a libertação do homem e do Senhor de toda a vida.

Existe uma diferença incomensurável entre o místico exotérico, com sua piedade às vezes evidente, e o gnóstico, com sua aparente dureza, que entretanto não é dureza, de modo algum, mas que resulta do fato de ele se manter objetivo e cheio de amor em meio à agitação do mundo, o que é incompreensível para o homem não desperto.

As potestades tenebrosas deste mundo verificam furiosas que os verdadeiros franco-maçons sempre estiveram à frente de todas as grandes transformações mundiais. Isso nos enche de alegria. O mal que prolifera lentamente, a lepra, pode ser aniquilado, pode de repente ter um fim, aparentemente por milagre, mas na realidade por meio do processo acelerado. Então sereis capazes de fazer isso quando, guiados pelo conhecimento superior dos mistérios e pelo amor indizível, um amor tão grande que não podereis esperar nem sequer um segundo para vos colocardes a serviço da libertação, disserdes com o Senhor de toda a vida, com Cristo: "Quero, sê limpo!"

17

Eles haviam decidido que seus sepulcros, tanto quanto possível, deveriam permanecer em segredo, de modo que, presentemente, não sabemos onde muitos deles se encontram. Entretanto, o lugar de cada um foi ocupado por um sucessor apropriado. Queremos confessar publicamente, para a honra de Deus, que apesar de todos os segredos que possamos haver aprendido do Livro M – e embora possamos ter diante dos olhos a imagem do mundo inteiro e da sua contra-parte – não nos são conhecidas, contudo, nossas desditas e a hora de nossa morte, as quais o Deus onipotente, que quer nos ver permanentemente preparados, reservou para si.

Mas trataremos disso mais detalhadamente em nossa Confessio, onde indicamos as trinta e sete causas pelas quais tornamos conhecida a nossa Fraternidade e propomos tão elevados segredos livremente, sem constrangimentos e sem nenhuma recompensa, e prometemos ainda mais ouro que o rei da Espanha poderia trazer das duas Índias. Afinal, a Europa está grávida e dará à luz uma poderosa criança que deve ser ricamente dotada por seus padrinhos.

Depois da morte de O., o Irmão C. não parou de trabalhar: convocou os outros logo que foi possível; e parece provável que somente então seu sepulcro pôde ser feito. Embora nós, seus discípulos, *jamais tivéssemos sabido até então qual foi o momento da morte de nosso bemamado Pai R.C., e não tivéssemos possuído mais nada além dos nomes dos fundadores e de todos os seus sucessores até nossos dias, ainda pudemos nos lembrar de um segredo que, por meio de um misterioso discurso sobre os cento e vinte anos, nos foi revelado e confiado por A., sucessor de D., que, sendo o último do segundo círculo, havia vivido com muitos dentre nós, representantes do terceiro círculo.*

Mas devemos reconhecer que, depois da morte de A. nenhum dentre nós nada mais sabia de R.C. e de seus primeiros confrades, a não ser do que haviam deixado em nossa biblioteca filosófica, onde considerávamos nossos Axiomata como o mais importante, as Rotæ Mundi como o mais artístico e Proteus como o mais útil. Portanto, não sabemos com certeza se os do segundo círculo possuíam a mesma sabedoria que os do primeiro e se a tudo tiveram acesso. No entanto, é preciso lembrar ainda ao benévolo leitor que não somente aquilo que aprendemos sobre o sepulcro do Irmão C., mas também o que demos a conhecer aqui, foi previsto, permitido e ordenado por Deus, a quem obedecemos com tamanha fé que, na medida em que as pessoas vierem a nós com discrição e disposição cristã, não teremos nenhum medo de revelar, publicando-os, nossos nomes de batismo e de família, nossas reuniões e o que ainda poderiam esperar de nós.

Fama Fraternitatis R.C.

17

OS TRÊS DEGRAUS

A *Fama Fraternitatis* fala de três degraus, de três escadas ou ainda de três círculos que podemos reconhecer na Ordem da Rosa-Cruz. Quem observar superficialmente os antigos livros da Ordem será rapidamente induzido a erro se tentar compreender o significado desses três degraus, pois diversos fatores, aparentemente contraditórios, impedirão que veja a essência das coisas e o levarão a ler como num livro fechado.

O aluno, entretanto, sabe muito bem que os antigos livros da Ordem são escritos herméticos que devem ser lidos de um modo especial, cuja linguagem e contexto ele somente compreenderá quando estiver de posse dessa chave hermética. O dado abstrato toma vida diante dele em uma luxuriante visão primaveril e ele descobre uma fonte inesgotável e tão desconcertante de riqueza, tão surpreendente, e percebe perfeitamente a exatidão das palavras de Johann Valentin Andreæ: "Nada será nem poderá ser manifestado além do que está escrito na *Fama Fraternitatis*".

O testamento espiritual da Ordem da Rosa-Cruz é, consequentemente, um presente incomparável que os Irmãos Maiores vos oferecem gratuitamente, um ato efetivo de amor, tão grandioso que mal podeis sustê-lo. Seu conteúdo vos dá tudo de que precisais e tentamos ajudar-vos a ler essa linguagem maravilhosa, a fim de que possais alçar vossa realidade de vida a essa sabedoria.

Assim, impelidos pela aspiração interior de compreender, colocamo-vos diante das três escadas da Rosa-Cruz. Elas se erguem diante de vós até uma altura insondável, e nós queremos subir por elas como em uma exaltação de nossos sentidos.

O primeiro degrau é chamado *Fama* ou Mercúrio; o segundo é chamado *Confessio* ou Júpiter; o terceiro é chamado *Núpcias alquímicas* novamente, Mercúrio.

A primeira escada comporta cinco degraus; a segunda comporta três; a terceira comporta novamente cinco degraus. Às vezes, as escadas são também chamadas de "círculos", sendo que cada um deles é dividido em segmentos.

O primeiro círculo é do mais puro cristal; o segundo círculo brilha como um carbúnculo ou uma turquesa; o terceiro círculo é de água-marinha.

Aqui tendes a chave hermética do que significam as três escadas da *Fama Fraternitatis*. Se esse livro fosse lido apenas por alunos adiantados, poderíamos parar por aqui, pois o Mestre fala por símbolos à consciência imaginativa. Um símbolo é, para o aluno, o que um livro volumoso é para outra pessoa. Entretanto, em uma publicação de caráter geral sempre dirigida a três grupos de homens, o tema a ser tratado tem de ser exposto sempre de três modos se pretendemos certa abrangência e se queremos cumprir a exigência da Fraternidade. Assim, devemos escrever na linguagem dos mistérios, devemos dar uma explicação esotérica e devemos falar na linguagem de Aquário.

Capítulo 17 – Os três degraus

Por que seguimos esse método? É sempre desejável proceder desse modo? Quando se escreve na linguagem dos mistérios são liberadas forças construtivas e fortalecedoras, necessárias ao cumprimento do trabalho.

Na explicação esotérica, essa força é ofertada a todos os alunos que, não importa em que degrau se encontrem, queiram compreender a grande verdade que daí emana e assimilá--la devido a uma necessidade interior.

É na linguagem de Aquário que a luz dos mistérios é transmitida à humanidade que caminha nas trevas. Na linguagem de Aquário, a exigência perfeita, a mais sublime e poderosa, o Cristo das escrituras, faz-se conhecer a cada pessoa de modo que ninguém possa dizer: "Vede, eu não o conheci". Na linguagem de Aquário, Cristo resplandece como a plenitude do amor que quer ofertar o bálsamo do auxílio e da consolação e, assim, ele também é o portador da espada, que luta, por seu poder divino, contra a injustiça e a falsidade.

Aquário é a mão estendida àquele que está perdido, a fim de que o mais vil, o mais degenerado e o mais pisoteado possam se elevar até o sublime.

E assim sucede que a Rosa-Cruz se dirige a um público leitor variado. E então, descobrimos nessa linguagem, falada ou escrita de modo metódico, uma grande diversidade de línguas, como o que ocorreu com os apóstolos no dia de Pentecostes: "Cada um os ouvia falar na sua própria língua". É por isso que nos julgam rigorosos demais, cristãos demasiado ortodoxos, e por isso nos rejeitam. Julgam que somos muito racionais, muito científicos, e se afastam. Tomam--nos por ateus, e fogem de nós. Aos olhos de muitos estamos ébrios como o apóstolo Pedro no dia de Pentecostes. Eis por que o rosa-cruz, tanto nos tempos antigos como nos modernos, é às vezes colocado "entre os malfeitores". Somos perigosamente ébrios a seus olhos. Eis por que tantos tentam fazer perecer este trabalho. Eis por que ele é rodeado de uma onda de calúnias. Eis por que um muro de fúria impotente se ergue: porque trabalhamos conforme o santo método, com essas forças invencíveis que desmascaram o mal e perturbam todos, despertando-os de seu sinistro sono do egoísmo.

Existem, portanto, três degraus, três escadas, três círculos. Tendes de ascender todos eles, penetrá-los todos.

A primeira escada e seu aspecto quíntuplo, nós a chamaremos sabedoria ou humanidade. O que eleva o homem acima de todos os outros reinos naturais da terra? O que o diferencia dos outros seres vivos de nosso mundo? É sua capacidade de pensar, o maior e mais belo tesouro que pode ser dado a todos.

Graças ao pensar, nós nos elevamos acima do animal. Graças ao pensar, tornamo-nos seres racionais, que podem compreender as obras e as maravilhas de Deus. Graças ao pensar, percebemos um pouco do amor inesgotável que se manifesta a nós no Espírito de Cristo. Graças ao pensar, abrimos o *mysterium magnum*, e comprovamos nossas intuições. Graças ao pensar, começa a história da cultura, o homem começa a construir, o homem começa a experimentar. Graças ao pensar, ele toma consciência de sua origem divina, vê as linhas diretrizes que levam à realização e apressa-se para o alto, e coloca o pé no segundo degrau.

É com grande hesitação que o aluno coloca o pé nesse segundo círculo de três aspectos. Trata-se da aplicação de leis conhecidas, do desenvolvimento efetivo de valores latentes conhecidos, a fim de provocar o nascimento do Cristo

Capítulo 17 – Os três degraus

interior. Trata-se de superar os opostos, da vitória do positivo sobre o negativo, da batalha a travar contra a magia negra, em sacrifício completo na senda do serviço, de absoluta autonegação, da construção do corpo-alma, da consolidação da eternidade no tempo.

O homem verdadeiro entrará, pleno de júbilo, nesse segundo círculo, para, dali, ascender ao terceiro degrau. Depois de ter entrado pela porta cristalina da sabedoria, o neófito vê o faiscante carbúnculo e a cintilante turquesa como duas gotas de sangue que simbolizam sua renovação. Ou seja: a exigência de Júpiter, o realismo cristão, o caminho de cruz rumo à colina do Gólgota, onde o sangue do sacrifício corre como resgate por muitos.

E então, encontra-se ali, talhada na rocha da realização, a escada de água-marinha de Jacó, a escada de Mercúrio, o caminho da realização. Assim que o anjo deslocar vossos quadris – os quadris de Sagitário – durante vossa senda do serviço (atentem para isto) subireis pela escada que leva ao céu e ouvireis a voz que soa como o rumorejar de muitas águas: "Bem está, servo bom e fiel, entra no gozo do teu Senhor".

O primeiro degrau, a *Fama*, é o reconhecimento da senda do serviço. O segundo degrau, a *Confessio*, é professar a fé; testemunhar desse saber, desse conhecimento, significa o ato, a realização. Sabeis agora o que o aluno rosa-cruz compreende mediante sua profissão de fé. Ele sofre por isso, ele se sacrifica por isso. Ele não fala, ele atua. O terceiro degrau, as *Núpcias alquímicas*, é a união com a sabedoria soberana, com o bem supremo, com Cristo, a realização.

O primeiro degrau é o reconhecimento da Fraternidade da Rosa-Cruz, os ensinamentos da sabedoria ocidental.

O segundo degrau significa seguir e cumprir as diretrizes, até nos mínimos detalhes.

Quando tiverdes atravessado esse segundo degrau, podereis dizer, como o autor da *Fama*, Johann Valentin Andreæ: "Eu pertenço ao terceiro círculo". Então encontrareis o sepulcro de Cristiano Rosa-Cruz, onde o verdadeiro eu reconstruído está depositado, em resplandecente magnificência, com todos os seus ornamentos, tendo o Livro T encerrado em suas mãos.

Muitos procuraram o sepulcro de Cristiano Rosa-Cruz e obras volumosas discorreram sobre essa construção maravilhosa descrita na *Fama*: o verdadeiro templo rosa-cruz. Alguns pesquisadores nos disseram: "Esse templo fica perto de Berlim". Um amigo alemão nos assegurava, há alguns anos, que ele devia encontrar-se no sul da Alemanha. Não acrediteis em nenhum daqueles que violentam a verdade dessa maneira. O templo da Rosa-Cruz e o sepulcro da ressurreição de Cristiano Rosa-Cruz são onipresentes: eles estão dentro de vós mesmos. A cripta se forma à medida que subis os primeiros degraus; e abrireis o sepulcro quando o trabalho estiver consumado.

Na *Fama*, o primeiro degrau é também chamado de *Axiomata*; o segundo, de *Rotæ Mundi*; e o terceiro, de *Proteus*. Os axiomas são os princípios básicos inegáveis da vida universal, princípios que é preciso conhecer; as *Rotæ Mundi* são as rodas da humanidade, que, em harmonia com os axiomas, deve prosseguir na direção correta; e Proteus, o deus do mar, Netuno, vos conduz da humanidade à supra-humanidade, da supra-humanidade à perfeição divina, segundo a exigência de Cristo: "Sede vós, pois, perfeitos, como é perfeito o vosso Pai que está nos céus".

É a partir desses dados que se edifica a obra da Rosa-Cruz. Desde tempos imemoriais, a humanidade pôs os pés no caminho da gênese humana, adquirindo, assim, o pensar, a faculdade de pensar, como uma baliza, como uma luz na senda da autorrealização.

A luta titânica começa, portanto, no primeiro degrau: é o despertar que leva da imperfeição à perfeição. É desligar-se da complexidade de atos errôneos e ascender à renovação de vida. Quem realizará esse ato heroico e atingirá essa supra-humanidade? Será isso um assunto para sonhos quiméricos, um tema sobre o qual pode-se compor canções cheias de anelo?

Não, a realidade nos faz ver exatamente o contrário. Quando a humanidade saiu das brumas do passado libertando-se da autoridade e rompeu seus laços para seguir a luz de Mercúrio, o braseiro infernal da ligação com o eu tomou o lugar da ligação cósmica, do estado paradisíaco. Assim como a criança escapa ao olhar da mãe e corre rumo ao perigo, o homem-criança também escapou à antiga lei para colocar-se sob a nova lei. Ao chegar a um país desconhecido, os perigos se precipitam sobre ele, perigos representados pelas forças das trevas e pelos falsos profetas e todos os entraves conhecidos pelo homem que busca a libertação.

Como a humanidade pode sair dessa crise? Como ela se desligará de toda essa miséria? Existe somente um caminho: a escalada do segundo degrau! O que quer dizer isso? Compreendei bem: trata-se de autolibertação; trata-se de chegar a vosso destino humano, de chegar à pedra de água-marinha. Fala-se incessantemente de "conversão". Esse conceito, apesar de justo a princípio, foi distorcido e, na prática, tornou-se anticristão. É preciso perder-se a serviço de todos, abandonar o "eu" a serviço da humanidade.

Ora, os homens giram em círculos, com seu eu sobre um altar, e exigem adoração, ajuda, reconforto, consolação celeste, intercessão divina – em resumo, ajuda cosmológica e astrológica para o rei "eu". Os homens que não falam de si mesmos, que não pedem nada para eles, são extremamente raros.

Não preconizamos e não ensinamos o abandono da consciência-eu, como o oriental que, sentado no meio da maior desordem, pode meditar e partir em busca de sonhos no vazio. Vede o que o cristianismo ensina: perder-se a serviço de todos. "Quem perder a sua vida por amor de mim, achá-la-á." Aí está o grande segredo dos mistérios do Ocidente, o grande segredo do cristianismo, o do segundo degrau.

Se desejais um corpo puro, a pureza do comportamento e da alimentação não será suficiente, como tampouco será suficiente a pureza de pensamento. Tudo isso já foi tentado pelas antigas religiões. O cristianismo dá um passo a mais, ensinando-vos que somente podeis ser puros se vosso ambiente for puro, se vosso país for puro, se o mundo for puro. Compreendei bem a ligação do individual com o coletivo, de um homem com todos os homens. Se perderdes isso de vista, todo o progresso e toda a meditação celeste continuarão limitados e não passarão de mistificações criminosas. Sem a renovação mundial, sem a libertação mundial por meio do homem e para o homem, todo e qualquer progresso é impossível.

Essa é a segunda tarefa, o amor desinteressado e renovador do sangue, graças ao qual nós salvamos o mundo e a humanidade, segundo o exemplo de Cristo, que disse: "Sede meus seguidores".

Assim, aproximamo-nos do terceiro degrau, da manifestação, da realização: um novo céu e uma nova terra!

18

Portanto, aí está a verdade e o relato fiel da descoberta do homem de Deus altamente iluminado, Irmão C.R.C. Depois do falecimento pacífico de A. na Gallia Narbonensis, nosso Irmão bem-amado N.N. assumiu o seu lugar. Por ocasião de sua instalação entre nós, como juramento solene de fidelidade e segredo, ele nos relatou confidencialmente que A. lhe havia dado esperanças de que esta Fraternidade logo não seria tão secreta, mas seria para a pátria inteira, a nação alemã, auxiliadora, necessária e digna de louvor – algo de que ele, N.N., em sua posição, não teria a menor razão de se envergonhar. No ano seguinte, quando estava terminando seu discipulado e teve a chance de viajar com um viático considerável, ou uma bolsa da Fortuna, pensou – sendo um arquiteto extremamente bom – em modificar um pouco essa construção e arranjá-la de uma forma mais cômoda.

No decorrer desse trabalho de renovação, ele encontrou a placa comemorativa fundida em latão, que continha os nomes de cada membro da Fraternidade e algumas outras inscrições. Ele quis transferi-la para debaixo de uma abóbada diferente e mais bem adaptada, uma vez que os antigos haviam guardado o segredo do lugar e do momento da morte do Irmão C., assim como do país onde ele poderia estar enterrado; e nem nós tínhamos conhecimento disso.

Nessa placa comemorativa sobressaía um grande prego. Ao ser extraído com grande força, ele trouxe consigo uma parte bastante grande da fina parede, ou revestimento, que recobria a porta secreta, revelando, assim, uma passagem inesperada, a partir da qual pusemos abaixo o resto da alvenaria. Com alegria e impaciência limpamos a porta onde se encontrava escrito em grandes letras, na parte superior: DEPOIS DE CENTO E VINTE ANOS SEREI ABERTA. *Abaixo estava a data.*

Fama Fraternitatis R.C.

18

O PREGO MISTERIOSO

É com muitos detalhes que a *Fama* fala da romanesca descoberta do sepulcro de Cristiano Rosa-Cruz, do que se encontrava nele, assim como de outras particularidades diretamente ligadas a essa descoberta. Mas o assunto é muito extenso para poder ser tratado por inteiro em um só capítulo; é por essa razão que queremos primeiro dirigir vossa atenção para os fatos anteriores a essa descoberta. Eis o que a narração nos relata:

Um dos Irmãos, conhecido sob o nome de Irmão A., herdeiro por vocação, morreu na Gallia Narbonensis. *Antes de sua morte, ele já havia escolhido um sucessor, designado anonimamente como Irmão N.N. Este último prestou juramento de fidelidade e de silêncio, esclarecendo a seus confrades que antes de sua morte o Irmão A. lhe havia dito que a Fraternidade não deveria mais trabalhar em segredo por muito mais tempo, mas que ela passaria a ser um auxílio necessário e glorioso para a pátria alemã.*

O novo irmão terminou seu tempo de aprendizagem e preparou-se, em seguida, para partir em viagem, uma vez que seus meios assim o permitiam. Entretanto, antes de dar sequência a seu projeto, ele decidiu – pois era arquiteto – modificar um pouco as dependências onde ele habitava na casa da Fraternidade.

No decorrer desse trabalho, ele encontrou uma placa comemorativa, fundida em latão, sobre a qual estavam gravados os nomes de todos os irmãos. *Ele quis retirar essa placa da parede onde estava fixada, para transportá-la para outro lugar. Para isso, arrancou o grande prego que a fixava à parede. Seu esforço foi tal, que um pedaço da parede destacou-se com a placa e, para seu grande espanto, surgiu uma porta escondida pela parede. Ele chamou seus irmãos presentes no edifício e, entusiasmados por essa descoberta, demoliram juntos toda a parede, de maneira a desimpedir a porta.* Sobre essa porta, estava inscrito: APÓS CENTO E VINTE ANOS SEREI ABERTA.

Essa história parece ser bem explícita para precisar de qualquer comentário. De fato, quando se faz a restauração de construções antigas, sempre se encontra uma quantidade enorme de objetos de tempos passados. Os museus, repletos de antiguidades, não são a melhor prova disso? Assim como é hoje, também foi no passado, e é bem natural que os irmãos da Rosa-Cruz das gerações recentes fizessem descobertas em antigas habitações, aí encontrando toda espécie de objetos desconhecidos por eles. Mas deixemos agora esses antecedentes sem importância e dirijamo-nos para o assunto de que nos ocupamos e somemos esses detalhes a algumas particularidades históricas que possuímos sobre as atividades da Ordem para continuar com a parte seguinte, que apresenta maior interesse.

Acima de tudo, deveríamos dar uma olhada nos aspectos romanescos desse acontecimento, e poderíamos atrair vossa atenção sobre o prego misterioso, do qual tanto é dito; ou sobre as escavações das antigas criptas; sobre a súbita descoberta da velha placa comemorativa; sobre as

Capítulo 15 – O método de trabalho mágico dos Irmãos da Rosa-Cruz

CAPÍTULO 16 – O CONDE DE NORFOLK

Capítulo 16 – O conde de Norfolk

Capítulo 20 – O altar circular

Toda a bênção e toda a graça radiam de teu ser.
Escreveste com teu dedo os caracteres da natureza,
e ninguém os pode ler
sem ter sido instruído em tua Escola.
É por isso que nós,
que tudo vemos em tuas divinas mãos,
erguemos os olhos a ti,
que te dignas a nos sustentar.
Senhor, nosso Deus, nós não te louvamos,
nós não te honramos, ó Rei da Honra,
pois tudo veio de ti e te pertence,
tudo retorna a ti
e tudo desabrocha por teu amor e tua força.
Nada pode escapar de tuas mãos,
tudo deve servir à tua glória e à tua magnificência.
Só tu és Deus e mais ninguém.
Fazes o que queres com teu braço poderoso.
Ninguém pode escapar a ti.
Ó tu, que és tudo em todos,
tu, esplêndido criador de algo do nada;
vive em mim, para que eu viva em ti. Amém.

21

Dividimos essa cripta em três partes: a cúpula, ou céu, as paredes, ou lados, e o chão, ou pavimento. Sobre o céu, por ora, nada ouvireis de nós – a não ser que era dividido, em seu centro luminoso, por triângulos de acordo com os sete lados. Contudo, o que aí dentro se encontrava, vós, que aguardais a salvação, deveríeis vê-lo de preferência com os próprios olhos, pela graça de Deus. Cada lado estava dividido em dez espaços quadrados, cada um com suas figuras e sentenças, como nós as reproduzimos em nossa obra, de forma condensada, com tanto cuidado e precisão quanto possível.

O chão também estava dividido em triângulos, mas, visto que ali estavam descritos o reino e o poder do regente inferior, tais coisas não podem ser prostituídas ao mundo ímpio e curioso para seu uso profano. Mas, quem está em harmonia com o ensinamento celeste pisa na cabeça da antiga serpente, sem medo e sem dano, ao que nosso século é muito adequado.

Fama Fraternitatis R.C.

21

AS TRÊS PARTES
DO SEPULCRO DE C.R.C.

Assim, seguimos o caminho do aluno em seu esforço para encontrar o acesso ao segredo da cripta e nos reunimos em volta do altar circular para entender o significado das estranhas sentenças que aí estavam inscritas. E a *Fama* vos convida a um exame mais completo, a uma pesquisa mais aprofundada da natureza de vosso eu mais íntimo, para que desveleis o mistério de vossa existência e para que possais seguir o caminho do Pai, conforme vossa vocação, como filhos de Deus!

Dividimos essa cripta em três partes: a cúpula, ou céu, as paredes, ou lados, e o chão, ou pavimento. Sobre o céu, por ora, nada ouvireis de nós – a não ser que era dividido, em seu centro luminoso, por triângulos de acordo com os sete lados. Contudo, o que aí dentro se encontrava, vós que aguardais a salvação deveríeis vê-lo de preferência com os próprios olhos, pela graça de Deus. Cada lado estava dividido em dez espaços quadrados, cada um com suas figuras e sentenças, como nós as reproduzimos em nossa obra, de forma condensada, com tanto cuidado e precisão quanto possível.

O chão também estava dividido em triângulos, mas, visto que ali estavam descritos o reino e o poder do regente inferior, tais coisas não podem ser prostituídas ao mundo ímpio e curioso para seu uso profano. Mas, quem está em harmonia com o ensinamento celeste pisa na cabeça da antiga serpente, sem medo e sem dano, ao que nosso século é muito adequado.

Aí estão os dados da *Fama*, ofertados à vossa reflexão, e nós vos rogamos que examineis conosco essa linguagem aparentemente enigmática.

Colocamo-vos diante da *cúpula ou céu*, macrocosmicamente vista como os domínios superiores, como o tríplice Logos solar: Pai, Filho e Espírito; e, microcosmicamente, como o tríplice ego: o espírito humano, o espírito vital e o espírito divino, em suas relações com o corpo material.

Colocamo-vos diante das *paredes ou lados*, ou seja, diante da estrutura cósmica do plano de desenvolvimento no interior do qual vossa evolução se realiza, e diante da natureza de vossa personalidade considerada em seu aspecto individual: o *modus operandi* de vosso ego na onimanifestação.

Colocamo-vos diante do *chão ou pavimento*, que é a vida positiva em sua limitação material grosseira, como homens e como humanidade.

Concentremo-nos inicialmente na parte superior, e permiti-nos começar perguntando: Que sabeis dos mundos que nos rodeiam? Que sabeis do grande mistério cósmico?

Incontáveis mãos ímpias estenderam-se para esse mistério. Os teólogos falam sobre Deus e sobre Cristo, sobre as forças superiores do céu e do inferno, com sua audácia acadêmica, mas sem o mínimo conhecimento de primeira-mão; os sacerdotes tentam ligar-vos a um mundo sobre o qual nada sabem. Os espíritas e clarividentes aquecem-se no vapor negro e espesso dos apegados à terra, e esses vapores fazem adoecer o corpo e o espírito. Conhecemos também os parapsicólogos, os homens que querem fazer do suprassensível uma ciência acadêmica, com toda a bagagem das cátedras de ensino, dos livre-docentes e das autoridades doutorais; homens que querem perscrutar com o intelecto o plano de Deus, a natureza de Deus. Conhecemos os astrólogos que, por sua ligação com a cultura perso-caldaica em vidas anteriores, consideram tudo sob a forma de aspectos, de planetas e de lunações. Conhecemos ainda os piramidólogos, que tentam explicar a natureza de Deus com base nas pedras, sem a mínima renovação interior. Vemos essas inúmeras pessoas que buscam e buscam e que estendem a mão para agarrar o mistério impenetrável sem conseguir o mínimo resultado.

Entretanto, essas coisas têm de ser reconhecidas! É intenção das coisas que um dia conheçais sua razão oculta. Mas, para isso, existe apenas um caminho: quanto ao que está no centro luminoso *vós que aguardais a salvação deveríeis vê-lo de preferência com os próprios olhos, pela graça de Deus.*

O vazio entre vós e o mistério impenetrável é como um finíssimo véu; a natureza das coisas divinas está mais próxima do que mãos e pés porque ela habita em vós, porque o plano de Deus permanece em vós. Entretanto, nada está mais distante quando já não quereis conformar vossa vida com a exigência do plano divino.

O aspirante à vida superior que compreende um pouco dessa exigência e que a aplica neste mundo como um franco-maçom consciente percebe um aspecto dessa parte superior da abóbada cósmica e da própria câmara sepulcral como um reflexo do macrocosmo. Mundos se abrem diante dele; passo a passo, ele penetra por detrás do véu. Ele toma parte do conhecimento de primeira-mão, da realidade do triângulo luminoso do centro, e exclama: "Nascido de Deus, morto em Jesus, renascido pelo Espírito Santo". Ele sabe que foi introduzido pelo Filho na natureza do Pai, para que o fogo do Espírito o inflame. Ele vê como esse triângulo luminoso, como essa tríplice manifestação divina irradia setuplamente de todos os lados. Ele conhece os sete selos de Deus, as sete forças da realização universal; elas vêm até ele como Gabriel, a força sétupla que está diante de Deus, quando, assim como o sacerdote Zacarias, ele traz ao mundo e à humanidade a oferenda de onde sobe o perfume de suas forças de alma realizadas.

O aluno alcança o conhecimento do milagre de sua própria luz espiritual tríplice, inflamada pela luz de Deus. Aqui, o "Abre-te, Sésamo!" deve ser pronunciado pelo espírito humano que, na câmara do rei, envolve o átomo-semente da faculdade de pensar. Esse espírito humano é a rosa branca, a figura de João, o precursor de Cristo em nós. Quando o espelho do poder de pensar, o átomo-semente, se ilumina lentamente no deserto desta vida graças à ação justa, o espírito humano, no momento psicológico, encontra acesso ao mundo do pensamento abstrato, onde o plano de Deus irradia como um triângulo luminoso que se manifesta setuplamente. Daí resulta uma relação consciente do ego com o mundo do pensamento abstrato; a criança João logo poderá nascer. E "Isabel", ou seja, a certeza em nós de que Deus, o Pai, prestou juramento de que não abandonaria a obra de suas mãos, anuncia em uma idade avançada – pois o combate foi longo e difícil – esse próximo nascimento a "Maria", que simboliza a reviravolta interna, essa verdadeira revolução resultante do toque de Cristo.

Capítulo 21 – As três partes do sepulcro de C.R.C.

Lemos que Maria, ouvindo essas palavras, alegra-se plenamente, e que o pequeno em seu ventre estremece de alegria. É a libertação do espírito vital que está se aproximando, espírito que, nascido do Pai, do espírito divino, atuará como governante da personalidade. Sem dúvida alguma essas coisas são difíceis de entender. É a linguagem da parte superior da abóbada, é a filosofia dos rosa-cruzes. Trata-se da obra de construção de Deus neste mundo. Se quereis colaborar com essa construção, será preciso que vos esforceis para compreender essa palavra de Deus, isto é, a linguagem dessa parte superior do sepulcro.

A tarefa que o espírito humano deve cumprir no grande processo para compreender essa linguagem é essencial para todo e qualquer progresso dentro da Escola de Mistérios da Rosa-Cruz. É por isso que todas as forças das trevas estão sempre fazendo os maiores esforços para isolar, para velar esse centro de nossa inteligência, para encobri-lo e acorrentá-lo à natureza dos desejos inferiores. Assim como na Atlântida as forças das trevas isolaram outrora o corpo material do corpo vital, atualmente elas tentam isolar toda a personalidade, e com ela a ligação da faculdade intelectual, do ego, do espírito tríplice.

A tática desse ataque é simples e ele poderia facilmente ser repelido se existisse um conhecimento suficiente dessas coisas; mas cuidai para não assimilar esse conhecimento por meio da compreensão intelectual, que sempre estamos tentando satisfazer. O conhecimento aqui mencionado é adquirido pela percepção espiritual, resultado de um crescimento espiritual na vida real. É a esse conhecimento que nos referimos; é por isso que a Bíblia clama: "O meu povo se perde por falta de conhecimento". No entanto, o aluno que, seguindo a senda do

Senhor, sabe ligar o espírito humano ao mundo do pensamento abstrato alcança o saber universal absoluto, um saber perto do qual o poder intelectual não passa de uma caricatura.

Essa fonte de saber, à qual aludimos, permite-vos compreender o que se entende por "parede" ou lados da abóbada sepulcral.

Um explorador exotérico dessa linguagem da *Fama* disse: "Se as medidas indicadas – cinco pés de largura e oito de altura – devem ser consideradas como exatas para cada uma dessas paredes, então é impossível que elas possam ser divididas, cada uma, em dez quadrados. Aqui estamos diante de um dilema: ou esses dados são inexatos, ou a divisão dessa superfície superior em dez quadrados é descrita com uma intenção especial".

Essa intenção certamente existe. Quando o aluno consegue entrar conscientemente no mundo do pensamento abstrato, ele descobre que não se trata somente de um plano de Deus, mas também de uma força de Deus. No aspirante que atinge esse ponto de desenvolvimento manifesta-se um influxo de forças cósmicas que penetram até as fibras mais tênues de sua personalidade, preenchendo-a inteiramente com uma nova vida, uma eternidade no tempo.

Essas forças são diferentes umas das outras em seu aspecto; elas podem ser utilizadas de muitas maneiras; diversas imagens podem ser tiradas daí, e por meio delas, diversos aforismos podem ser expressos; imagens e aforismos que estão fielmente transcritos nas publicações da Ordem.

Ora, a luz sétupla do triângulo na abóbada irradia ao longo das sete paredes e manifesta-se em sete vezes dez quadrados. De início, por essa designação cabalística e filosófica, explica-se a noção de totalidade; é um influxo ininterrupto de forças cósmicas, graças a uma eliminação de obstáculos. Essas forças são designadas cabalisticamente pelo número dez, em alusão ao influxo de energia de Vulcano, que emana da base mágica da pirâmide, o quadrado. Essa concepção é puramente evangélica. Acreditamos ter sido Rudolf Steiner quem chamou a atenção de seus alunos para o fato de que, quando se fala em "décima hora" no evangelho de João, é sempre com relação a um influxo de forças cósmicas. Quando Cristo encontra seus primeiros discípulos, é dito: "E era a décima hora".

Encontramos igualmente nos evangelhos os sete vezes dez quadrados, as setenta forças, sob a forma da missão dos setenta discípulos que devem passar por sua prova. Essa elevação, esse aperfeiçoamento da personalidade, resulta do milagre realizado pelo aluno; os setenta quadrados, os setenta discípulos, as setenta forças o impulsionam-no até a terceira parte do sepulcro, a fim de que ele edifique sua própria construção com a ajuda dessas imagens e dessas máximas, guiado pelo triângulo luminoso de irradiação sétupla.

O chão também estava dividido em triângulos, mas, visto que ali estavam descritos o reino e o poder do regente inferior, tais coisas não podem ser prostituídas ao mundo ímpio e curioso para seu uso profano.

Estais finalmente colocados na base da vida dialética, com os pés solidamente fincados neste lugar de morte e de destruição. A luz do triângulo reflete-se neste mundo: "Assim como é em cima, assim é embaixo". Com o auxílio dessa luz, estareis aptos a transformar "o que é embaixo" em "o que é em cima".

O iniciado executa esse trabalho com a ajuda das setenta grandes forças que adquiriu e segundo um sistema de trabalho inteiramente em conformidade com a estrutura do mundo, ou seja: a base sobre a qual ele deve erigir sua construção está completamente submetida ao poder dos regentes inferiores, das forças do abismo, dos valores negativos que por sua natureza se opõem a toda evolução. E é sobre a base dessa estrutura que vossa construção deve ser erigida.

Esse santo método é inatacável, de grande dinamismo e triunfa com certeza absoluta sobre todo e qualquer obstáculo. Mas aplicá-lo é uma tarefa árdua: exige cabeças, corações e mãos. É a luta com o fogo da bondade, da verdade e da justiça, das sete chamas do triângulo.

Com o auxílio dessa visão, colocamo-vos diante da grande obra, diante do trabalho do amor. Oramos para que também possais, um dia, entrar no sepulcro de Cristiano Rosa-Cruz e contemplar as três partes irradiantes.

Mais próxima do que mãos e pés está a força que se dirige a vós, com o auxílio da qual podereis pisar sem temor nem medo a cabeça da antiga serpente. Assim podereis juntar-vos aos coros dos vulcanianos da peça de teatro *Perseu*: "*Gloria, Gloria in excelsis Deo*. Nele reside a harmonia de milhões de coisas".

22

Cada um dos lados tinha uma porta que dava para um cofre onde se encontravam diversos objetos, principal-mente todos os nossos livros, os quais, aliás, já possuíamos, assim como o Vocabularium de Teofrasto Paracelso de Hohenheim e outros escritos que damos a conhecer sem dissimulação todos os dias. Também descobrimos aí seu Itinerarium e sua Vitam, de onde tiramos o essencial daquilo que estamos relatando.

Em outro armário havia espelhos com diversas virtudes, e em outro lugar, sinetas, lamparinas acesas e também algumas canções artísticas maravilhosas, tudo disposto de tal modo que, muitos séculos mais tarde, caso toda a Ordem ou Fraternidade perecesse, tudo poderia ser reconstituído a partir unicamente dessa cripta.

Fama Fraternitatis R.C.

22

O VOCABULÁRIO, O ITINERÁRIO
E A VIDA DE PARACELSO

Sabeis que a cortina do templo de Jerusalém se rasgou quando Cristo fez seu sacrifício, no lugar do crânio, para o mundo e para a humanidade. Esperamos que conheçais o profundo significado desse acontecimento. A situação exclusiva do sacerdócio levítico foi reduzida a nada no momento em que, graças ao sacrifício de sangue de Cristo, seu ser ligou-se ao de todos nós. Por isso as palavras "Nele vivemos, movemo-nos e temos nosso ser", pronunciadas mais tarde por Paulo, adquiriram todo o seu poder. O sumo sacerdote já não será o único a poder penetrar por detrás do véu que leva ao Santo dos Santos, mas pelo ato de Cristo, o Santo dos Santos está aberto a cada homem que queira entrar no templo da realização. Já não haverá um grupo sacerdotal especialmente eleito como um vínculo entre o invisível e o visível, como um fator unificador entre Deus e o homem; mas, a partir desse momento, a iniciação, a libertação e a filiação divina tornaram-se possíveis para cada entidade humana que aceita submergir em Cristo. Por essa manifestação de Deus, o sacerdócio do Antigo Testamento foi definitivamente destronado, e a nós foram dadas a elevada condição real e sua virtude: o sacerdócio individual.

Então, um raio rasga o véu em dois e nos encontramos no deserto da existência dialética, e escutamos a voz de Cristo: "Sem mim nada podeis". Essa é a linguagem do cristianismo. O homem que não conheceu Cristo, que não compreende o cristianismo, busca um ídolo. Sempre escolheis esse ídolo conforme vossas inclinações; seja a igreja, vosso partido, um clube de bridge, vosso esporte, vosso filho, vossa sociedade rosa-cruz ou qualquer outra coisa. E vosso ídolo vos faz mentir, enganai a vós mesmos e aos outros. Brincais de ser homens, mas sois animais.

Com o passar dos anos, muitas pessoas nos reprovaram dizendo que nos afastamos do caminho rosa-cruz, que nosso gnosticismo era pura invencionice de nossa parte, e que havia pontos importantes que entravam em conflito com o que era ensinado em outros lugares. De fato, muitas pessoas já falaram e escreveram sobre a Rosa-Cruz, mas seria melhor que tivessem se calado. Do mesmo modo, muitos falam sobre o cristianismo, mas dele fazem uma caricatura que desonra o divino.

Se quereis aproximar-vos da *Fama Fraternitatis*, tendes o direito de ouvir a verdade. É por isso que sempre sentimos essa vocação como uma chicotada, e nunca deixamos de vos dizer que a filosofia rosa-cruz nunca foi e nunca quis ser outra coisa a não ser o cristianismo da realidade, nada mais que "um grão semeado no coração de Jesus Cristo".

A tarefa, a maneira de trabalhar, o objetivo da Escola de Mistérios, passaram a ser totalmente diferentes desde o tempo de João Batista. A Escola de Mistérios da Rosa-Cruz não deseja desempenhar o papel de intermediária entre vós e o mistério divino; ela já não poderia. Tudo o que podemos dizer a esse respeito não passa de bobagens desprovidas das

Capítulo 22 – O vocabulário, o itinerário e a vida de Paracelso

mais elementares noções de cristianismo. Encontrando a prova de que não queremos nada além de vos transmitir a intenção original e a clareza divina da sabedoria primordial da Rosa-Cruz, neste trecho da *Fama*:

[...] *tudo disposto de tal modo que, muitos séculos mais tarde, caso toda a Ordem ou Fraternidade perecesse, tudo poderia ser reconstituído a partir unicamente dessa cripta.*

Se, por qualquer circunstância que seja, toda a sabedoria esotérica viesse a extinguir-se, ela poderia renascer do nosso próprio ser. A Rosa-Cruz não deseja senão ajudar-vos, com infinito amor, a aprender a ver-vos e conhecer-vos como filhos de Deus.

A sabedoria divina expressa-se na criação. Muito já foi falado sobre a sabedoria divina para toda a humanidade, mas ninguém jamais entendeu isso a não ser a partir do momento em que Cristo começou a irradiar em vossa vida e vivenciastes suas palavras: "Amarás o Senhor teu Deus de todo o teu coração (amor), e de toda a tua alma (ação), e de todo o teu entendimento (supremo conhecimento)". "Deus nunca foi visto por alguém; o Filho unigênito, que está no seio do Pai, esse o fez conhecer." No Filho, podeis vivenciar o Pai.

Mesmo estudando toda a literatura, antes que venha a regeneração jamais poderemos contemplar nem compreender a sabedoria da Rosa e da Cruz como síntese de Cristo. Do que precede, vemos que toda a sabedoria está perdida para vós e que não vos resta nem um rastro sequer da Fraternidade da Luz; e, no entanto, essa sabedoria está sepultada no imo de vosso ser. É esse o tesouro que a *Fama* quer vos mostrar. Ela não pode explicá-lo para vós; ela quer mostrá-lo para vós para que, compreendendo vossa maravilhosa riqueza, coloqueis as mãos no arado, comeceis a trabalhar, aceiteis tomar as armas para conquistar o "reino que está em vós". É esse tesouro escondido em vós que vamos descrever, conforme as indicações da *Fama*.

Se pudésseis, conforme descrito na *Fama*, chegar a tal ponto de conseguir que o triângulo iluminado em vosso ser – ou seja, a "consciência do Pai" em vós – começasse a manifestar-se no alto do sepulcro – o ponto mais alto do mistério de vosso mais profundo ser – como bondade, verdade e justiça, experimentaríeis uma maravilhosa iluminação. As luzes do triângulo manifestar-se-iam setuplamente; veríeis vosso ser irradiar como um candelabro de sete braços no santuário de Deus. A luz divina em vós espalhar-se-ia pelas sete paredes do sepulcro e vossa natureza sétupla abrir-se-ia como um livro. Descobriríeis que cada um de vossos sete veículos possui uma chave que vos permitirá penetrar cada um de seus mistérios:

Cada um dos lados tinha uma porta que dava para um cofre onde se encontravam diversos objetos, principal-mente todos os nossos livros, os quais, aliás, já possuíamos, assim como o Vocabularium de Teofrasto Paracelso de Hohenheim e outros escritos que damos a conhecer sem dissimulação todos os dias. Também descobrimos aí seu Itinerarium e sua Vitam, de onde tiramos o essencial daquilo que estamos relatando.

Quando estudamos a maravilhosa constituição do homem à luz da filosofia esotérica, observamos que possuímos um tesouro de conhecimentos sobre esse assunto. Com o passar das eras, inúmeros mistérios foram revelados, e muitos são os que se lembram da emoção que os comoveu quando obtiveram pela primeira vez o conhecimento dessas pérolas de sabedoria. O aluno recebeu uma compreensão muito valiosa sobre sua constituição sétupla, e quanto mais se aprofunda nisso, mais estará em condição de intensificar a luz de seu triângulo e enviá-la para baixo, ao longo das sete paredes, e mais poderá perceber o poderoso mistério de Deus depositado em sua criação e em sua criatura. De fato, ele possui inúmeras revelações espirituais, nas quais lhe é permitido ler, e ele as descobre também nos outros, como uma posse positiva.

No entanto, apesar de rejubilar-se sinceramente com isso, falta-lhe a posse de algo essencial, o mais importante, ou seja, *o Vocabulário, o Itinerário e a Vida* de Teofrasto Paracelso de Hohenheim. Aí está o maior tesouro que os irmãos da Rosa-Cruz descobriram no sepulcro de C.R.C. Com ânimo puro, diariamente eles tomam conhecimento desse tesouro, do qual são extraídos todos os comunicados do verdadeiro Irmão R.C.

Sem dúvida alguma, já descobristes o que contém esse vocabulário, esse guia e essa vida, pois definitivamente é muito simples. A chave dessa sabedoria está oculta no nome simbólico *Teofrasto Paracelso de Hohenheim*. O vocabulário nós o recebemos de *Teofrasto*, que quer dizer: o intérprete de Deus. O Itinerário ou guia nós recebemos de *Paracelso*, que quer dizer: o sublime. E a verdadeira vida nos é descrita por *de Hohenheim*, o homem que habita uma morada elevada, o Castelo *Mont Salvat*.

Quando viveis "a vida" de acordo com a exigência fixada pela vontade de Deus; quando seguis o caminho daquele que vos diz: "Sede meus seguidores", um novo ser cresce em vós: Teofrasto Paracelso de Hohenheim, o intérprete de Deus, que vive segundo a "vontade de Deus" e que chega a Hohenheim, a cidade no alto da montanha, depois de consumada a peregrinação.

Não podeis comprar esse vocabulário nem descobri-lo nas velhas bibliotecas. Não podeis comprar esse itinerário com vossos olhos materiais. Não podeis alcançar esse lugar sublime no Mont Salvat por nenhum meio de transporte moderno. Experimentais essa tríplice manifestação de Deus como a verdadeira linguagem dos sete lados do sepulcro: o plano de Deus oculto em vós: Teofrasto; Paracelso: a viagem começada – submergido em Cristo; a regeneração pelo fogo sagrado sobre a montanha Hohenheim.

Vede, todo o secretismo desaparece para os pesquisadores de livros misteriosos. O próprio Deus penetra no ser do peregrino fatigado para conduzi-lo à luz do sol eterno. Na escuridão desta terra, um pouco dessa luz é irradiada pelos iniciados modernos; é a luz do sacerdócio por eles adquirido, é Teofrasto Paracelso de Hohenheim. Esse homem, que um dia poderá se exprimir através de vosso próprio ser, não é um intermediário; nem um sacerdote que conduz o leigo ao céu conforme a antiga lei. É o portador de luz no deserto deste mundo, que dá testemunho da luz de Deus. É assim que o milagre se desenrola diante de nós:

Em outro armário havia espelhos com diversas virtudes, e em outro lugar, sinetas, lamparinas acesas e também algumas canções artísticas maravilhosas, tudo disposto de tal modo que, muitos séculos mais tarde, caso toda a Ordem ou Fraternidade perecesse, tudo poderia ser reconstituído a partir unicamente dessa cripta.

As portas desaparecem em suas paredes e vemos os espelhos polidos das virtudes; em outros lugares, ouvimos os sinos de prata da beleza da alma em nobres tons. Vemos as lâmpadas acesas da *Virgo Lucifera*, que margeiam a senda da realização, e lemos os maravilhosos versos artísticos, versos que nos explicam os valores eternos.

Eis que se erguem as sete portas do mistério divino microcósmico, como um candelabro sétuplo no templo de Deus. Pela primeira porta somos religados à realidade da matéria grosseira, ao lugar onde nossa construção deve ser estabelecida. Pela segunda porta compreendemos bem o quanto esse trabalho é essencial para o caminho da espiritualização e como se manifesta o fruto nascente. Pela terceira porta, vemos as abundantes fontes de forças cósmicas. Pela quarta porta, o caminho nos conduz à vida de Paracelso, à grandiosa e profunda experiência de vida. Depois, na quinta porta, o vocabulário, a razão superior, vem-nos iluminar. Pela sexta porta, o itinerário, tornamo-nos profetas na casa de Deus. E pela sétima porta, a própria vida é alcançada: "Ó Santo Espírito, desce sobre nós!"

E quando essa grande viagem termina e o *consummatum est* é pronunciado, o véu se rasga em dois com um clamor de trovão, e no sepulcro de C.R.C. brilha o templo de Deus; e a arca de sua eterna aliança com seus filhos torna-se visível como um livro aberto: *Teofrasto Paracelso de Hohenheim*.

23

Ainda não havíamos visto os despojos de nosso pai tão atencioso e tão prudente, de modo que movemos de lado o altar e, sob uma espessa folha de latão, surgiu diante de nós um belo e glorioso corpo, intacto e sem nenhum sinal de decomposição, tal como o vemos reproduzido aqui fielmente, com todos os seus ornamentos e atributos.

Na mão segurava um pequeno livro de pergaminho, escrito em letras de ouro e denominado T, que é, depois da Bíblia, nosso mais precioso tesouro e que não deve ser exposto levianamente à crítica do mundo.

Fama Fraternitatis R.C.

23

O Livro T

Na vida, nos mundos materiais e imateriais, existem coisas e valores que não podem nem devem ser expostos à crítica de homens imperfeitos. Existem formas de crítica que são mais perigosas do que um veneno mortal, e mais esmagadoras do que uma pedra de moinho. Como a delicada flor de primavera que nos oferece sua beleza em um puro e jubiloso impulso de manifestação e frequentemente passa a ser vítima das caprichosas mudanças de temperatura dos primeiros meses primaveris, assim a crítica pode reduzir a nada os hinos de verdade pelas dissonâncias agudas que rasgam as vibrações da alma, tornando mais lento o desenvolvimento da consciência-alma que está para nascer.

Os construtores do mundo, com seus aprendizes e seus companheiros, os trabalhadores na forja deste mundo, todos esses guardiães das frágeis chamas da luz da sabedoria novamente manifestada, sabem como a crítica sufocante pode destruir a vida que está nascendo e como pode paralisar o desenvolvimento da energia. A marcha do pioneiro também é uma marcha heroica, e sua luta é uma luta heroica. Mal começou um trabalho a serviço do reino da luz e ele já é assaltado pelos lobos da crítica. A crítica dos ignorantes, a dos invejosos, a dos irados e a dos vaidosos; eles chegam todos, em diversos grupos, para sufocar a nova manifestação.

Em seu próprio círculo, os antigos trabalhadores conhecem a luta contra os fazedores de *lapis spitalanficus* – como os chama o autor das *Núpcias alquímicas* – essas pessoas que se infiltram na Escola Espiritual, impulsionadas por todo tipo de intenções, exceto pelo único necessário: a busca da luz e o impulso interior de, com essa luz, libertar das trevas a humanidade. Quando Cristo, o Deus na carne, começa seu trabalho, a voz da "fina flor da sociedade" ressoa e diz com um encolher de ombros e um sorriso de desdém: "Pode vir alguma coisa boa de Nazaré?"

Por isso, se assimilardes alguma coisa dessa luta heroica e de seus perigos, compreendereis que a manifestação da luz neste mundo não pode ser derramada sob um impulso de amor negativo, de modo que os mentirosos se sintam à vontade, mas que é preciso enxergar aí um plano estratégico da Fraternidade da Luz; devemos falar aqui de uma estratégia que se expressa pelas conhecidas palavras: "Os moinhos de Deus moem devagar, porém finamente – Deus não abandona a obra de suas mãos".

Na verdade, deveis compreender que a humanidade foi cercada pelos hierofantes de Cristo e que, de acordo com as leis cósmicas, essas forças serão colocadas em ação até a vitória. Quando a verdade se manifesta à humanidade, ela o faz de maneira especial. Ela não se espalha inteiramente, apesar de ser onipresente; ela apenas ilumina uma parte do caminho para a massa, embora ele possa ser conhecido por inteiro. A respeito disso, diz a Bíblia: "Nele vivemos, movemo-nos e temos o nosso ser".

Sabeis algo sobre isso? Vedes algo desse Cristo e de sua força? Compreendeis que estais nele?

Não sabereis nada, não vereis nada, enquanto não vos

elevardes para essa verdade, enquanto não a penetrardes e não começardes a vivenciá-la, pelo menos parcialmente. O que tiverdes vivenciado será para vós uma realidade, mas o resto continuará oculto, e ainda tereis de guardar certa distância. Se recebêsseis algo sem estardes enobrecidos para tanto, seríeis danificados, seríeis queimados. É por essa razão que se diz, quando insistis em fazer perguntas: "Compreendereis isso mais tarde".

Entretanto, os homens não estão todos no mesmo ponto de desenvolvimento espiritual. Um utilizou melhor que o outro as oportunidades do passado e assim, mais adiantado, está apto a experimentar esse "compreender" antes desse outro que o segue. Existe, portanto, uma sabedoria que é compreendida por alguns. Existe, portanto, uma luz que é vista por alguns. Existe, portanto, uma vida que é conhecida por alguns.

Aqueles que ainda estão de fora veem essa maravilhosa progressão na vida desses poucos, uma vida que não pode ser experimentada por eles. Aqueles que estão de fora veem uma ação na vida de alguns, ação que não pode ser imitada por eles. Isso faz muitos deles ficarem furiosos, torna-os venenosos e, por suas críticas e outros métodos de luta, eles passam ao ataque. É então que deve ser demonstrado se o pioneiro é forte o bastante, se ele não é um pretensioso, um fanfarrão, se ele pode resistir à prova de força e manter-se forte na tempestade de violência que se desencadeia sobre ele.

Uma parte da verdade universal foi revelada à humanidade, e essa verdade é violentada. As forças demoníacas apossaram-se dela, colocaram-na diante de sua carruagem, vestida de bobo da corte, para camuflar sua carga infernal. Assim cativa, a verdade não pode se manifestar plenamente e se torna um meio de amordaçar a massa pelo poder da estupidez. No entanto, essa estratégia, esse sacrifício da verdade que vai até o ponto de deixar-se aprisionar pela besta demoníaca, conduz à vitória, pois a própria verdade nada pode fazer a não ser falar e ser a verdade, e assim triunfar.

Portanto, anunciamos uma "boa nova, que um dia será motivo de grande alegria para todos os povos". Todos os que cumprem a verdade já manifestada, tal como ela brilha na palavra de Deus; todos os que deixam falar através de si o Evangelho da bondade, verdade e justiça, não apenas com os lábios, mas com a cabeça, o coração e as mãos, como golpes de martelo na forja deste mundo, esses serão conduzidos a uma nova manifestação. "Vede, anunciamos uma boa nova, que um dia será motivo de grande alegria para todos os povos, pois hoje nasceu o Salvador, Cristo, o Senhor. E o envolveram em faixas e o puseram em uma manjedoura, na gruta do nascimento, para que este Deus-de-Deus nos conduza das profundezas da terra até o cimo do Monte Salvat".

Esse Cristo manifesta-se a nós sob inúmeras formas de indizível magnificência. Segundo uma de suas manifestações, ele se apresenta neste mundo como um herói combativo com suas chamejantes palavras de Perseu: "Sereis demolidos por mim"; segundo outra manifestação, ele é, para o aluno, a tenra criança envolvida em faixas, deitada na manjedoura, protegida contra os odiosos ataques da crítica pelos braços de uma mãe cheia de ternura. O aluno que realmente quer ser um pastor para o pobre rebanho abatido e oprimido junta as mãos em adoração e ouve o canto dos anjos: "Glória a Deus nas alturas, paz na terra aos homens boa vontade".

Compreendeis que isso é algo completamente diferente das tagarelices a respeito do solstício de inverno e que, assim,

Capítulo 23 – O Livro T

podeis celebrar diariamente vossa festa de Natal com aquele que é a vida e a alma de tudo? Compreendeis que agora já lestes um pouco do Livro T, do Livro *Theos*, do livro de Deus que é, depois da Bíblia, depois da verdade manifestada, nosso mais precioso tesouro? Compreendeis que essa posse tão individual, essa unidade, não pode ser exposta à crítica do mundo?

Na mão segurava um pequeno livro de pergaminho, escrito em letras de ouro e denominado T, que é, depois da Bíblia, nosso mais precioso tesouro e que não deve ser exposto levianamente à crítica do mundo.

Quem é o homem que tem na mão esse pergaminho? É o protótipo simbólico da mais elevada realização humana, aquele que, no sepulcro do nadir da vida, consegue consumar a obra.

Existe uma morte que não envolve nenhum horror; existe uma morte que resplandece como uma maravilhosa claridade; existe uma morte que provoca uma explosão de júbilo; existe uma morte cheia da majestade da ressurreição. Essa morte, que é a própria vitória, podeis celebrá-la se conseguirdes retirar a pesada placa de latão, obtida por uma síntese de Vênus e Júpiter. Não compreendais isso de um modo esotérico-científico, pois já sabeis o bastante a respeito de Vênus e Júpiter. Vedes essas duas claras luzes do sistema solar, radiantes e esplêndidas no céu noturno estrelado, e pensais em vossos problemas astrológicos. Mas o que vos escapa é que deveis vivenciar essas duas forças em vosso próprio ser.

Essas duas forças, que juntas formam a pesada placa de latão, são as que simbolizam vosso sangue e o dominam. Vosso sangue é vossa vida; vosso sangue é vossa paixão natural; vosso sangue é vossa autoafirmação; vosso sangue é a rubra ilusão. Vosso sangue é a base de vossa existência, a sede de vossa alma. É todo o vosso ser na manifestação no nadir, vossa consciência individual. É preciso que retireis do lugar essa pesada placa da autoafirmação; é preciso que ouseis sacrificar essa "preciosa seiva", gota a gota, pelo mundo e pela humanidade. Tudo o que possuís, deveis querer ofertar. Aquele que não quer morrer essa morte diária "que não quiser perder sua vida por amor de mim, não pode ser meu discípulo", diz Cristo.

Para poder retirar essa pesada placa, é preciso primeiro removerdes o altar circular, isto é, executar seu mandato, assimilar sua sabedoria. Uma das máximas do altar era: *Jesu mihi omnia*, assim como já dissemos. É preciso estarmos prontos para seguir o Cristo divino, que se manifestou como Jesus, no caminho que ele quer nos indicar. *Jesu mihi omnia!*

Qual é o caminho? O caminho da cruz! A oferenda diária na luta da bondade, da verdade e da justiça. Esse caminho vos conduz à verdadeira placa de latão; rastejais de joelhos na lama de vossa existência; escalais a colina do Gólgota em vossa caminhada até a cruz. As batidas de martelo ressoam e acompanham, como um canto sinistro, o sacrifício do sangue. O sangue do coração goteja, sem parar, na árida colina.

E, ó Deus, a placa cede! A morte transforma-se em um canto de alegria estática e radiante. A luz da ressurreição brilha como um sol, e *surgiu diante de nós um belo e glorioso corpo, intacto e sem nenhum sinal de decomposição, tal como o vemos reproduzido aqui fielmente, com todos os seus ornamentos e atributos.*

Inflamado pelo Espírito de Deus, tendo morrido em Cristo, eis diante de vós o verdadeiro ser superior, imagem de sua imagem, o Livro T na mão direita, renascido pelo

Espírito Santo. Uma semente, como um tesouro áureo, semeada no coração de Jesus.

Assim, explicamos a mais profunda experiência dos irmãos rosa-cruzes. Colocamo-vos diante dos fatos da salvação que estão escritos em letras de ouro no Livro T, o Livro *Theos,* o microcosmo novamente vivificado. Ouvimos os alegres sons dos cânticos dos anjos e os coros dramáticos da colina do Gólgota; e mesclamos esses cantos aos coros majestosos da aurora da ressurreição: "O Senhor, em verdade, ressuscitou!"

No entanto, não alcançastes esse ponto. Num arrebatamento dos sentidos, nós vos mostramos o futuro, mas o sepulcro de C.R.C. ainda está hermeticamente fechado para vós. E sobre suas portas está gravado: *Depois de 120 anos serei aberta.*

O que significa isso? Significa que, antes de poder entrar, tendes de celebrar o Pentecostes, istoé, a festa de Júpiter, tendes de fazer brilhar neste mundo o fogo criador em ação concreta de bondade, de verdade e de justiça. Eis por que ouvimos aqui o clamor de Salutaris, no drama *Perseu,* que clama à humanidade com voz tonitruante: "Sereis demolidos por mim!"

24

Um grão semeado no coração de Jesus, Cristiano Rosa-Cruz era oriundo de nobre e ilustre família alemã. Homem de seu século, ornamento luminoso para o futuro, dotado de imaginação sutilíssima, trabalhador vigoroso, fora admitido nos mistérios e arcanos celestes e humanos por revelação divina. Seu tesouro, mais que real ou imperial, coligido por ele em suas viagens pela Arábia e pela África, e para o qual seu século ainda não estava maduro, guardou-o para que a posteridade o desenterrasse, fazendo herdeiros de sua arte e de seu nome seus amigos mais íntimos e leais. Ele construiu um pequeno mundo que correspondia ao grande em todos os movimentos. Finalmente, após haver feito esse compêndio dos acontecimentos passados, presentes e futuros, entregou – com mais de cem anos e em meio a abraços e últimos ósculos dos irmãos – sua alma iluminada a Deus, seu Criador, e isso não por causa de doenças, as quais jamais conheceu no corpo nem permitia que infectassem outros, ou compelido por alguém, porém por haver sido chamado pelo Espírito de Deus. Pai diletíssimo, irmão suavíssimo, preceptor fidelíssimo, amigo integérrimo, foi ocultado aqui por 120 anos.
    Imediatamente abaixo haviam assinado:
Pai A. Irmão R.C., cabeça da Fraternidade por eleição;
Pai G.V.M.P.G.;

Pai R.C. o mais jovem, herdeiro do Espírito Santo;
Pai F.B.M.P.A., pintor e arquiteto;
Pai G.G.M.P.I., cabalista.

Do segundo círculo
Pai P.A., sucessor do Irmão I.O., matemático;
Irmão A., sucessor do Irmão P.D.;
Irmão R., sucessor do Pai C.R.C., triunfante em Cristo.

No final, estava escrito:
Ex Deo nascimur,
in Jesu morimur,
per Spiritum Sanctum reviviscimus.

Fama Fraternitatis R.C.

24

O ELOGIO DO LIVRO T

O templo do átrio da Rosacruz Áurea atual abriga entre suas paredes uma comunidade heterogênea. Se pudéssemos classificar o público interessado conforme seu credo, suas convicções, seu modo de pensar e sua orientação política, descobriríamos uma diversidade incrível; ficaríamos muito surpresos diante de mentalidades tão divergentes aqui reunidas para formar um círculo. Se já vos indagastes se uma influência especial e particular emanaria da Rosa-Cruz ou agiria sobre o grande público, ou se a Rosa-Cruz poderia levar as pessoas a desligarem-se mais ou menos de alguns de seus hábitos materiais e intelectuais comuns, aqui encontrareis uma resposta.

O átrio da Rosa-Cruz é um círculo de uma composição tão diversificada que não se encontra nada semelhante em nenhum grupo, Igreja, ou comunidade. Do ponto de vista religioso, intelectual, social ou político, quase todos os grupos e subgrupos que conhecemos na vida moderna estão aqui representados. E, com um pouco de reflexão, descobriremos que não se trata absolutamente de um encontro fortuito de circunstâncias particulares, mas de uma influência perfeitamente consciente chamada intencionalmente à vida. A magia da Rosa-Cruz penetrou em todas as subdivisões da vida social para aí executar sua obra reformadora e, sem o saber, estareis muitas vezes em contato com esse trabalho em vossa vida, cooperareis com ele e até mesmo vos servireis dessa magia.

Aqui, todas as coisas colaboram para um bom fim. Não penseis em uma organização ilegal, perigosa, porque nenhum movimento trabalha tão abertamente quanto a Rosacruz Áurea; e, quando os irmãos rosa-cruzes se encontram e se reconhecem, eles também ficam sempre surpresos com a simplicidade e inteligência da magia ocidental.

Assim, dirigimo-nos a homens de natureza e necessidades espirituais muito diferentes, mas que, apesar de tudo, formam um círculo com a ajuda do qual realizamos um grande trabalho, um trabalho de desenvolvimento de forças que vos conduzem ou para vossa queda, ou para vossa ressurreição. E nós nos rejubilamos muito por serdes sempre e sempre tocados pela magia da Rosa-Cruz.

Não penseis que somente afirmamos isso como propaganda de algo misterioso. Somos inimigos de todo tipo de segredos, uma vez que temos só uma coisa para anunciar: Jesus Cristo, em seu aspecto verdadeiro.

Nós vos conhecemos, nós vos conhecemos todos! Amigos, interessados e inimigos, nós vos conhecemos! Nós vos conhecemos, irmãos e irmãs protestantes, atormentados pela teologia exotérica como por um alimento indigesto; amigos protestantes, mortos espiritualmente nos caminhos batidos de vossas igrejas. Nós conhecemos os amigos católicos que, libertos das ilusões do incenso e do exibicionismo dos rituais e das vestes sacerdotais, começam a reconhecer a verdadeira natureza de sua Igreja-mãe "fora da qual não há salvação". Nós vos conhecemos todos, todos vós que, já desligados de vossas igrejas, sentis a solidão e a insatisfação

Capítulo 24 – O elogio do Livro T

corroendo a porta de vossa alma. Nós conhecemos todos vós que quereis professar e vivenciar Jesus Cristo e vossa busca por um grupo no qual possais expressar vosso amor por ele. Nós vos conhecemos, humanitaristas de todas as orientações que, com vossa pureza, vosso amor ao próximo e vossa natureza disposta ao sacrifício, ainda assim vos sentis como se cambaleásseis pelo mundo, sem apoio e sem positividade.

Nós vos conhecemos todos, todos vós que sois nossos inimigos. Os teólogos, que leem estas linhas com antipatia no coração porque, consternados, percebem uma teologia leiga desenvolvida pela Rosacruz Áurea, um conhecimento de Deus, uma Gnosis à qual eles jamais poderão ser promovidos com louvor, porque é um conhecimento e uma força que existem para todos. Nós vos conhecemos, vós que sois ortodoxos e que achais que ainda estais ligados a vossas igrejas, vós que perscrutais nossas palavras para ver se elas estão bem de acordo com vossos conceitos.

Assim, nessa diversidade de nuanças e de qualidades, estais ligados a nós, e devemos chamar-vos de amigos. Nós vos envolvemos com a magia da Rosa-Cruz e vos trazemos nossa mensagem, cumprindo nossa tarefa para convosco. Nós vos trazemos um Cristo que não conheceis, e que, de qualquer forma, não quereis. Nós vos trazemos esse santo de Deus que está aprisionado pelos poderes deste mundo, que está diante da justiça terrestre, essa justiça que se sintoniza plenamente com a mentalidade da horda sanguinária; e gritais com essa horda: "Que seu sangue caia sobre nós e nossos filhos". Essa é a magia da Rosa-Cruz que vos faz pronunciar, clamar ou sussurrar este mantra: "O seu sangue caia sobre nós e sobre nossos filhos".

285

Milhões de nossos semelhantes percorrem seus caminhos na ignorância. Eles caíram tão baixo que nossa cultura sem rumo é aceita por eles como algo normal. Eles não conhecem a Cristo em seu verdadeiro aspecto, eles não o conhecem tal como ele submerge no ser do homem-Jesus. Seu ser e seu ensinamento foram levados até eles de forma falsificada; os grupos que se intitulam "sua Igreja" o traíram. É por isso que no templo da Rosa-Cruz aporta uma multidão imensa, vinda de todos os lugares e de todas as esferas de vida, para ser colocada diante da enorme exigência de Cristo e de sua realidade.

Só podeis reagir de duas maneiras: ou aceitando-o segundo sua exigência e sua realidade, com todas as consequências ou gritando: "Crucificai-o!" E, quando tentais permanecer neutros diante dessa escolha, sois arrastados no turbilhão dos acontecimentos, para uma queda ou uma ressurreição.

"O seu sangue caia sobre nós e sobre nossos filhos." E agora o que importa é ligar-vos conscientemente a essa certeza. O esoterismo nos explica claramente quando e de que maneira o espírito de Cristo uniu-se a nós. O sangue de Cristo vibra na inteira, totalmente ignorante e nauseantemente covarde humanidade, não importando se ela reage com uma blasfêmia ou com uma grata aceitação.

O sangue de Cristo vos traz uma vivência dinâmica da realidade, a realidade de que existe uma só maneira de salvar o mundo e a humanidade, ou seja, o caminho da purificação do sangue e da renovação do sangue em Cristo, ou dito de modo gnóstico-científico: por meio das núpcias alquímicas de C.R.C., por meio da alquimia dos rosa-cruzes, do triângulo de fogo, da força sétupla que está no centro luminoso

Então isso significa que o rosacrucianismo consiste inteiramente no cristianismo conscientemente aplicado? Sim! Então todo o rosacrucianismo só quer saber de Jesus Cristo e sua crucificação? Sim! Então, o movimento rosa-cruz se considera uma espécie de corpo eclesiástico evoluído, liberto de certas máculas? Não, mil vezes não! A filosofia rosa-cruz explica insistentemente que viver o Cristo, ou seja, professar o Cristo, em toda a extensão da exigência divina, só é possível quando se possui a Gnosis da manifestação humana, quando se compreende o plano divino para o mundo e para a humanidade.

Na linguagem evangélica, esse conhecimento está ligado ao homem-Pedro, conhecedor do plano. E é por isso que Cristo diz a respeito dele: "Sobre esta pedra edificarei a minha igreja". É sobre essa dispensação de Deus que o homem sacerdotal e real realizará, um dia, as grandes obras de Deus. Esse conhecimento do plano não é, de maneira alguma, um objetivo final, mas um meio de poder executar o mandamento de Deus: "Sede vós, pois, perfeitos, como é perfeito o vosso Pai que está nos céus" e "Sede meus imitadores".

Nada podemos fazer se tantas pretensas filosofias rosa-cruzes vazias de força são propagadas neste mundo. Quando retornamos à fonte dos mistérios rosa-cruzes, ao testamento espiritual da Fraternidade da Rosa-Cruz, descobrimos a verdade. E, graças a Deus, esse testamento chegou até nós em forma velada, velada com grande sabedoria, para impedir que forças demoníacas falsifiquem essa linguagem, ou que ela perca sua força pela prática dos teólogos.

Agora nós vos colocamos diante da fórmula que finaliza o Livro T: *De Deus nascemos, em Jesus morremos e pelo Espírito*

Santo renascemos. E no inicio desse elogio: *Um grão semeado no coração de Jesus, Cristiano Rosa-Cruz.*

Esse início explica tudo. Quando o aluno rosa-cruz mergulha no plano divino e nele é erigido um pouco desse saber inabalável, tal como uma rocha, como uma pedra – não por compreensão intelectual, um conhecimento certificado por um diploma ou pelo resultado de um exame, mas por um saber interior, um saber universal em seu sangue, e por seu sangue – então ele sabe que nascemos de Deus. Dele, por ele e para ele são todas as coisas. Aqui, não se trata somente do testemunho nascido de uma devoção refinada "Deus é grande", mas é esse onipotente inefável, que se manifesta ao aluno na glória majestosa, na sabedoria sublime, na mescla de cores de seu plano de criação. Isso é experimentar impessoalmente o amor divino pela alma, pelo coração e pela razão.

Quando o aluno rosa-cruz pronuncia o mantra "De Deus nascemos", ele sabe que o plano de Deus, do qual lhe é permitido compreender algo, dá-lhe uma missão; que ele deve testemunhar desse plano; que esse plano deve crescer nele e chegar à maturidade. E, por isso, ele sabe que deve seguir Jesus, em quem o Cristo se manifestou.

Por isso, ele sabe que deve aniquilar-se em Jesus, morrer em Jesus, e segui-lo, a ele que, vindo em forma humana, foi obediente até a morte, sim – até a morte na cruz: "Para que, em nome de Jesus Cristo, se dobre todo o joelho dos que estão nos céus e na terra, e debaixo da terra, e toda a língua confesse: Cristo Jesus é o Senhor, para a glória de Deus-Pai".

Assim, o aluno identifica-se com seu caminho da cruz através da noite dos tempos, para fortalecer a luz de Deus, porque ele sabe que, somente dessa maneira e por essa oferenda, a regeneração, o renascimento pelo Espírito

Santo pode, enfim, manifestar-se na vida do homem e na comunidade.

Portanto, o homem é uma semente, o princípio de uma vida maravilhosa, sem começo nem fim. Nós pressentimos as forças que estão ocultas nessa semente. Nós pressentimos seu divino criador, sua vocação e sua divindade. Uma vez desenvolvida, essa semente será capaz, um dia, de alimentar os que têm fome. Assim, semeamos esse grão no sangue do coração de Jesus Cristo, e o grande milagre da manifestação tem início.

Por seu caminho da cruz a serviço da bondade, da verdade e da justiça, Cristiano Rosa-Cruz, o seguidor de Cristo, desenvolve seus poderes dinâmicos, simbolizados pelas rosas. Nascido de nobre e ilustre linhagem divina, Cristiano Rosa-Cruz, por seus indefectíveis trabalhos e revelação divina, tem acesso ao tesouro que ultrapassa a riqueza de reis e imperadores, reunido no decorrer de suas viagens através da vida real, e transmitido a nós, seus herdeiros. Com a idade de mais de 100 anos, ele consumou seu sacrifício. Chamado pelo espírito de Deus, ele permaneceu oculto nesse lugar durante 120 anos e espargiu seu sangue da alma para todos.

A filosofia rosa-cruz é uma semente plantada no coração de Jesus, uma força de alma nascida do plano de Deus, morta em Cristo-Jesus, transformada em uma força dinâmica, uma herança para todos nós, na regeneração do Espírito Santo. Que esse sangue caia sobre todos nós e nossos filhos!

25

Àquela época, o Pai O. e o Pai D. já haviam falecido. Onde pode estar o sepulcro deles? Para nós não há dúvida de que nosso irmão decano foi sepultado de modo bem especial ou talvez também ocultado. Esperamos igualmente que nosso exemplo incite outras pessoas a investigarem com mais zelo sobre os nomes deles, os quais por isso revelamos, e a procurar seus túmulos. Afinal, a maior parte deles ainda é conhecida pelas pessoas muito idosas, e são famosos pela sua medicina. Assim, nossa Gaza poderá, sem dúvida, ser aumentada, ou ao menos ser mais bem iluminada.

Fama Fraternitatis R.C.

25

O MISTÉRIO DE GAZA

Há uma antiga e profunda lenda, a de Sansão, no Livro dos Juízes do Antigo Testamento. Se a lerdes à luz do conhecimento esotérico, a história da humanidade abrir-se-á diante de vós com todas as suas tensões, seus matizes, com todas as suas tragédias. Queremos ligar vossa alma a essa história, para banhar-vos mais uma vez nas belezas da *Fama Fraternitatis*.

Trata-se, portanto, de Sansão, que era um nazareno, ou seja, um eleito, um homem que estava acima da massa; o homem cuja força maravilhosa estava escondida nos sete cachos de seus cabelos que representavam a força sétupla do Espírito Santo, a força criadora perfeita, a força da epigênese, que o envolvia como um manto. Esse homem segue rumo à cidade de Gaza, a cidade dos filisteus.

A cidade de Gaza, vós a conheceis muito bem. É onde tendes vossa morada, o mundo no qual existis, mergulhados na escuridão. É a cidade das forças ocultas, a cidade na qual se erguerá, um dia, uma poderosa fortaleza, quando tiverdes descoberto as forças que aí se encontram escondidas, as quais deveis empregar da maneira correta.

Sim, os segredos de Gaza são grandes e muito profundos e extremamente difíceis de desvelar. Encontrareis muitos obstáculos se, como eleitos e como verdadeiros juízes, como Sansão, fordes a Gaza para julgar os filisteus. Assim como ele, vós vos aniquilareis, enquanto celebrais vossa ressurreição nesse aniquilamento, pelos mistérios de Gaza. Gaza é uma cidade no país dos filisteus. Conheceis esse país, vós o conheceis muito bem. É o país das trevas espessas, o país da submissão à vida inferior, o país da vida monstruosa. As forças demoníacas apoderaram-se de Gaza, a fim de que seus mistérios não possam ser desvendados, a não ser por heroicos esforços, por um nazareno, por um homem pleno da graça de Deus.

E eis que, na plenitude da força de Cristo, paramentado com seu manto de cabelos dourados, Sansão surge em Gaza. Ele, temido pelos filisteus como se fosse uma víbora; ele, que com seu ser onipotente soltou sua fúria contra eles e os enfrenta em seu território. Prestai atenção ao que se segue, e esperamos que, lendo, possais compreendê-lo muito bem. O que existe de mais belo, de mais puro, de mais profundamente secreto, é aprisionado logo de início pelas hordas demoníacas e odiosamente maltratado.

É na cidade de Gaza, na cidade repleta de mistérios divinos, onde nasceram e estão conservados os mais magníficos bens espirituais, que reinam os filisteus dentro de suas fortalezas. O nazareno de Deus parte rumo a Gaza; e eis que ele é inflamado por um grande amor pelos filisteus, por todos esses homens de olhos ardentes de paixão que, cheios de ódio, procuram matá-lo.

"Sansão partiu rumo a Gaza, viu uma mulher e entrou em sua casa." Não deveis absolutamente ver nesta história um perverso romance de amor. Esse forte de Deus busca o princípio portador de eternidade na humanidade infante caída na corrupção; ele se aproxima dos homens para purificá-los pelo amor de Cristo. Ele não quer falar do alto, como um enviado divino, açoitando-os com sua força. Ele se liga a eles como um dos seus.

Mas, enquanto Sansão assim espalha seu amor, os guardiães se postam na porta da cidade para matá-lo. Entretanto, com suas forças, ele derruba as portas da cidade e sai, livre. Sua declaração de amor ainda foi vã.

Com grande inteligência, ele arrisca uma segunda tentativa. "E depois disto, aconteceu que se afeiçoou a uma mulher do vale de Soreque, cujo nome era Dalila." O nome "Dalila" significa: fraco, delicado. Novamente, em uma tentativa heroica, Sansão busca aqui os aspectos mais marcantes e mais sensíveis do que está ligado à terra e, no vale de Soreque, com todo o seu amor e toda a sua inteligência, ele se esforça para cumprir sua vocação nos braços tentaculares de Dalila.

A natureza receptiva e tenra dessa jovem era como um pântano negro; o hálito da morte encheu seu peito e a traição irradiou do espelho turvo de seu pensamento. Os príncipes dos filisteus vieram até ela e lhe disseram: "Persuade-o e vê em que consiste a sua grande força, e com que poderíamos assenhorear-nos dele e amarrá-lo, para assim o afligirmos; e te daremos, cada um, mil e cem moedas de prata".

E Dalila procura onde está a força de Sansão, para entregá-lo. Por três vezes ela tenta entregá-lo, e por três vezes Sansão bebe da amarga taça da traição.

Mas seu amor é mais forte que sua aversão. Não podendo ganhar de modo algum seu amor puro, ele se decide pelo autossacrifício. Mais uma vez, não vejais aqui um banal romance histórico, não vejais aqui o homem que se prostitui com o que é indigno. Vede mais o sacrifício do santo de Deus, no amor de Jesus Cristo.

Então, Sansão lhe abriu todo o seu coração e lhe disse: "Nunca subiu navalha à minha cabeça... se viesse a ser rapado, ir-se-ia de mim a minha força, e me enfraqueceria e seria como qualquer outro homem. Vendo, pois, Dalila que já lhe descobrira todo o seu coração... Então, ela o fez dormir sobre os seus joelhos, e chamou a um homem, e rapou-lhe os sete cachos do cabelo de sua cabeça; e começou a afligi-lo, e retirou-se dele a sua força."

Assim, o santo de Deus, o eleito do Altíssimo sacrifica toda a sua força criadora, toda sua santa força espiritual para o mundo e a humanidade. Ele se despoja de tudo o que é indigno, para que seu sacrifício de amor possa, um dia, revelar os mistérios de Gaza.

A história, porém, não termina aí. É aí que ela realmente começa a ter toda a sua importância: "Então, os filisteus pegaram nele, e lhe arrancaram os olhos, e fizeram-no descer a Gaza, e amarraram-no com duas cadeias de latão, e andava ele moendo no cárcere".

O riso sarcástico ressoa e o dinheiro, a prata, tine no seio de Dalila, a fraca. O homem carregado de força divina está mutilado; seu claro olhar de vitória lhe foi retirado; e, ligado ao cobre da Vênus das paixões inferiores, ele é impelido ao trabalho monótono na prisão deste mundo, em Gaza, no meio do grande mistério. Bondade, verdade e justiça estão acorrentadas nos redemoinhos infernais da horda demoníaca.

Mas, mal os cabelos de sua cabeça haviam sido cortados e começaram a crescer exatamente como eram antes. E Sansão planeja ainda outro sacrifício, o sacrifício mais supremo que um homem pode realizar. Ele não consumará mais um sacrifício de amor que faça apelo ao amor mútuo; ele já não espalhará seu amor sobre a perversa manifestação de Dalila: ele agora resplandecerá pelo ato de amor que sabe demolir o que é ímpio:

"Alegrando-se-lhes o coração, disseram os filisteus: 'Mandai vir Sansão, para que nos divirta'. Mandaram, pois, vir do cárcere Sansão, que os divertia. Logo o colocaram entre as colunas do templo de Gaza. E Sansão disse ao jovem que lhe segurava a mão: 'Guia-me para que apalpe as colunas em que se sustém a casa, para que me encoste a elas'. Ora, a casa estava cheia de homens e de mulheres; e também ali estavam todos os chefes dos filisteus. No telhado, havia cerca de três mil pessoas, entre homens e mulheres, que olhavam, enquanto Sansão os divertia.

Então Sansão clamou ao Senhor, e disse: 'Senhor Jeová, peço-te que te lembres de mim e dá-me força só esta vez, só esta vez, ó Deus'. E Sansão agarrou as duas colunas centrais, sobre as quais repousava o edifício; uma com a mão direita, outra com a mão esquerda. E disse: 'Morra eu com os filisteus!' E inclinou-se com força, e a casa caiu sobre os príncipes e sobre todo o povo que nela havia; e foram mais os mortos que matou na sua morte do que os que matara na sua vida."

Possa Deus fazer-vos compreender essa história. É o santo de Deus, o homem possuído por Deus que, em um último ato de amor, derrama o sangue de sua alma por todos; o homem que penetra no templo da magia demoníaca de Gaza, que sabe agarrar as duas colunas do meio, uma com a mão direita cheia de dinâmica firmeza, e a outra com a mão esquerda, cheia de amor sublime e radiante; o homem que se inclina com toda a sua força, tal qual um gigante divino, pelo mundo e pela humanidade.

O resultado desse sacrifício ultrapassa tudo o que ele havia feito antes; o edifício da falsidade desmorona sobre os príncipes das trevas sufocantes e sobre seus lacaios. E, quando as nuvens de poeira se dissipam e os gritos de morte dos pregadores da mentira se calam, então, do túmulo da expiação eleva-se o mistério de Gaza, a panaceia para os construtores enfermos e abatidos deste mundo: Jesus Cristo, o Senhor de nossa vida, sem o qual nada podemos.

Desse modo, nós vos reintroduzimos na esfera da *Fama Fraternitatis*, o chamado da Fraternidade da Luz. Quando o elogio do Livro T ressoou e a magia do *Ex Deo nascimur, in Jesu morimur, per Spiritum Sanctum reviviscimus* realizou sua obra, a *Fama* prossegue:

Àquela época, o Pai O. e o Pai D. já haviam falecido. Onde pode estar o sepulcro deles? Para nós não há dúvida de que nosso irmão decano foi sepultado de modo bem especial ou talvez também ocultado. Esperamos igualmente que nosso exemplo incite outras pessoas a investigarem com mais zelo sobre os nomes deles, os quais por isso revelamos, e a procurar seus túmulos. Afinal, a maior parte deles ainda é conhecida pelas pessoas muito idosas, e são famosos pela sua medicina. Assim, nossa Gaza poderá, sem dúvida, ser aumentada, ou ao menos ser mais bem iluminada.

Queremos que compreendais essa linguagem. Elevai-vos ao esoterismo da lenda de Sansão e vede! Vede os representantes da humanidade trabalhando abertamente ou às ocultas como gênios reformadores do mundo ou como simples operários dinâmicos na vinha. Vede como todos eles amaram a humanidade. Vede como todos eles se consumiram para vos trazer seus dons de amor. Vede como eles se entregaram totalmente e, com um esforço supremo, encontraram Dalila no vale de Soreque. Vede como eles foram derrubados e pisoteados, aprisionados e mutilados. Vede como, por fim, eles agarraram as colunas deste templo de falsidade, uma com a mão direita e a outra com a mão esquerda, e como este edifício da horda demoníaca desabou com uma violência ensurdecedora. Vede como eles deram todo o sangue de suas almas para o mundo e para a humanidade, por vós e por nós.

Pedimo-vos que busqueis seus túmulos, a essência de seu sacrifício, e que daí desenterreis o testamento espiritual que eles deixaram. Sabe-se qual é a profissão deles: juízes da humanidade. Sabe-se qual é sua aparência: é a da alma esclarecida, que ama em ação e em verdade. Sua glória está estabelecida. Ela brilha como seu protótipo nos antigos anais da Bíblia.

Pedimo-vos que investigueis esses sacrifícios, que abrais esses túmulos de ouro, para que o mistério de Gaza seja conhecido e se eleve como um feixe de luz neste mundo tenebroso: a panaceia para o imenso sofrimento da humanidade, o "abre-te, Sésamo" de tudo o que foi, é e será. Eis o mistério de Gaza: Cristo-Jesus nascido entre nós, inflamando seus filhos a ações de bondade, verdade e justiça.

E Sansão disse: "Morra eu com os filisteus!" e inclinou-se com força. E Deus disse: "E nos últimos dias acontecerá que do meu Espírito derramarei sobre toda a carne". Acontecerá que os obreiros da Rosa-Cruz moderna partirão para a casa deste mundo para buscar, repletos de amor, aqueles que estão ligados à terra. Eles procurarão ajudá-los, ligarão suas vidas novamente a tudo o que tende ao pecado e à indignidade somente para elevá-los, assim como Cristo seguiu entre as mulheres de má fama e entre os pecadores. Eles serão aprisionados e perseguidos, surrados e menosprezados. Entretanto, persistirão em seu sacrifício. Eles procurarão o lado mais delicado e receptivo da natureza humana, para orientá-la para o bem; mas serão atacados e seus olhos serão obscurecidos, e entre risos de zombaria e de ódio, serão atados à pedra de moinho.

No entanto, um dia, quando for chegada a hora, o sacrifício supremo será celebrado, para que o mistério de Gaza seja proclamado. Sacrificando-se, eles dirão: "Que nossa alma morra com os filisteus"; e seus dedos tateantes buscarão as colunas do templo da casa deste mundo: e eles se inclinarão com grande força. É desse modo que nossa Gaza, nosso tesouro, será aumentada.

26

Quanto ao minutus mundus, nós o encontramos guardado em outro pequeno altar, certamente mais belo que qualquer ser racional possa imaginar: nós não o reproduziremos enquanto não se houver respondido sinceramente à nossa leal Fama.

Então, recolocamos no lugar as placas, e, recolocado sobre elas o altar, fechamos a porta e apusemos nela todos os nossos selos. Depois disso, conforme as indicações e ordens de nossas Rotæ, divulgamos diversos livretos, entre os quais o M. sup. composto pelo bem amado M.P., que para isso deixara de lado certas obrigações domésticas. Finalmente, de acordo com nosso hábito, novamente nos separamos, deixando os herdeiros naturais de posse de nossos tesouros. Agora esperamos a resposta, a sentença ou o julgamento que receberemos sobre isso dos eruditos e dos ignorantes.

Fama Fraternitatis R.C.

26

MINUTUS MUNDUS

Na primeira Epístola aos Coríntios, Paulo fala de um grande mistério que um dia será pressentido, conhecido e vivido pela humanidade, um mistério que um dia realizará o que foi dito: "A morte foi tragada pela vitória", e, em um brado de alegria, fará a humanidade exclamar: "Onde está, ó morte, o teu aguilhão? Onde está, ó inferno, tua vitória?"

Esse mistério diz respeito a uma transformação que se imporá ao homem, uma força que se desenvolverá dentro dele.

Esse mistério se realizará "em um instante, ao soar da última trombeta, os mortos ressuscitarão incorruptíveis e nós, nós seremos transformados". Nessa tão falada virada dos tempos, "o corruptível se revestirá da incorruptibilidade e o mortal, da imortalidade".

É possível que conheçais essas palavras da Epístola aos Coríntios, que muitas vezes elas tenham ocupado vossos pensamentos e vossas conversações; e talvez tenhais balançado a cabeça diante de coisas incompreensíveis que fazem parte dessa Epístola, sobretudo se vos aproximastes dessas palavras sem conhecimento esotérico. De fato, o iniciado Paulo fala sobre um mistério, mas não o revela. E ele o faz propositalmente, pois essas coisas não podem ser conhecidas por meio de uma explicação racional, por uma compreensão intelectual. Elas somente podem ser vividas; não há outro caminho.

Acreditais que possuís a sabedoria; mas vossa posse ainda é muito pequena. Tendo apenas algumas diretrizes, deveis aprender o restante por experiência. É impossível dar-vos uma sabedoria perfeita, simplesmente dizendo: "Lede isto, estudai, e então começai a agir". Não podeis compreender a sabedoria universal a menos que estejais interiormente enobrecidos para tanto; o restante manifesta-se a vós sob um espesso véu. Se quiserdes compreender essa sabedoria sem o enobrecimento interior, chegareis ao disparate ou à rejeição.

O mistério de Paulo é chamado, na filosofia rosa-cruz e na *Fama Fraternitatis*, de *minutus mundus*. A esse respeito, diz a *Fama*:

Quanto ao minutus mundus, nós o encontramos guardado em outro pequeno altar, certamente mais belo que um ser racional possa imaginar: nós não o reproduziremos enquanto não se houver respondido sinceramente à nossa leal Fama.

Sabeis que a nobreza interior é o resultado de uma vida verdadeiramente consagrada a serviço de Cristo; e sem ele, nada podemos. Ao mesmo tempo, é preciso saber o que entendemos por "vida verdadeira". A vida verdadeira tem de estar fundamentada sobre nosso tríplice princípio: bondade, verdade e justiça, aplicado até às mínimas fibras de vossa existência. Viver verdadeiramente é querer ser impessoal, não querer se impor e conhecer a autonegação.

A autoafirmação, por exemplo, provoca o grande pecado da inveja. Um homem invejoso é um homem que se vê contrariado em sua autoafirmação. Alguém o precede no caminho da glória e da honra. Alguém está tomando o lugar que ele tanto desejou. E assim como uma raposa que prega a Paixão, vindes com palavras piedosas, com frases rebuscadas, com os olhos brilhantes de emoção e até, se isto der certo, com algumas lágrimas, para cometer vossos atentados, para vos impor.

Não podeis servir a Cristo e ao mesmo tempo vos autoafirmar. Essa autoafirmação vos torna agressivos e dissimulados, fazendo nascer a impudência neste mundo. As primeiras palavras de um homem invejoso são: "Não pensem que sou invejoso!" No mesmo instante, o aluno põe-se em guarda, pois, a partir desse momento, a obra a que ele quer servir impessoalmente encontra-se em perigo. As armadilhas da raposa logo se tornarão evidentes.

Ainda que conhecêsseis de cor o que vos é revelado da filosofia rosa-cruz, ainda que tivésseis um conhecimento enciclopédico da Bíblia e fôsseis promovidos com louvor em alguma ciência qualquer, isso não teria o mínimo significado se não quisésseis anular vossa autoafirmação. É por essa razão que, no átrio da Escola de Mistérios da Rosacruz Áurea, no Lectorium Rosicrucianum, é feito todo o possível para expulsar vossa autoafirmação. Se, honestamente, quiserdes refletir, descobrireis que quase tudo em vós é autoafirmação. É por autoafirmação que arrumais ou pintais os cabelos, que vos maquiais, que utilizais expressões faciais, que comprais e endireitais vossas gravatas e cuidais de vossas roupas. Entretanto, aqueles que vos conhecem veem através de vós.

Outros fazem exatamente o contrário. Eles se mostram tão mal arrumados e tão repulsivos quanto possível. Por autoafirmação! "Vocês estão vendo como sou independente?" Essas pessoas fugiram para a oposição, oposição às pessoas "de bem", que fazem a mesma coisa, porém de outra maneira. Mas o método das pessoas "de bem" custa caro, e a maioria não pode segui-lo. Se não se pode chamar a atenção dos outros por estar bem arrumado, então chama-se a atenção de outra maneira.

Depois de dar uma olhada rápida na vida neste mundo – vida cuja falsidade salta aos olhos dos seres mais avançados, compreendereis que a nobreza interior é difícil de ser conquistada. Compreendereis que uma porção de coisas deve acontecer em vossa vida antes de estardes prontos para abandonar a vossa autoafirmação; que é preciso patinhar em um oceano de misérias antes de poder compreender algo do mistério pauliniano.

A verdadeira vida é a condição de todo desenvolvimento. O *minutus mundus* é um mistério de uma beleza inimaginável; mas essa beleza não pode ser ofertada a vós antes que tenhamos recebido vossa resposta a nossa *Fama*, ao chamado da Fraternidade da Luz, para alcançar a verdadeira vida.

Todo o vosso conhecimento, todo o vosso fervor, toda a vossa arte nada significam se não sabeis abandonar vosso eu. A autopresunção exsuda das fisionomias e, com esse comportamento, os homens se envolvem mutuamente com mentiras e traições. Eles caem na teia da aranha. Tudo é pose, falsidade, vida de aparências. Tudo é angústia, luta e método vampiresco. Daí as palavras: "Vai, vende tudo o que tens e segue-me" e "Qualquer de vós que não renuncia a tudo quanto tem não pode ser meu discípulo".

Capítulo 26 – Minutus mundus

É sobre essa base de vida estabelecida por Cristo que se abre diante de vós a nova vida, e que realizais um avanço de força em força, até que a morte seja tragada pela vitória. O mistério do iniciado Paulo e o *minutus mundus* referem-se à nova vida que nascerá de vós e por vós.

Estudemos isso mais detalhadamente, com base nesses dois aspectos provenientes da Epístola aos Coríntios e da *Fama Fraternitatis*.

Oculto no homem, existe um complexo de forças secretas que trazem consigo a possibilidade de uma criação perfeita. Esse conjunto de forças maravilhosas, assim como suas propriedades, em relação ao homem em manifestação, foi denominado *minutus mundus*, ou pequeno mundo, o microcosmo. Quando, por meio de uma vida verdadeira, o homem desenvolve essas propriedades, essas forças, o resultado é uma grande transformação em seus veículos. A isso denominamos, em nossa filosofia, iluminação ou espiritualização. Sábios como Einstein abordam esses conceitos de forma diferente, demonstrando cientificamente as grandes transformações no macrocosmo, o grande mundo.

Compreendeis que uma transformação no pequeno mundo, no *minutus mundus*, deve seguir paralelamente a uma transformação no grande mundo. Quando esses dois processos convergentes chegarem a certo ponto de desenvolvimento, então, em um piscar de olhos, no momento psicológico, no soar da última trombeta, os mortos ressuscitarão incorruptíveis e nós seremos transformados.

Se pertenceis àqueles que experimentaram em sua própria carne os danos da exegese ortodoxa não podereis reprimir um arrepio ao ouvir falar em trombetas. A poesia bíblica das trombetas de muitos de nossos irmãos e irmãs ortodoxos é terrivelmente triste. Para eles, as trombetas e as palmas são atributos celestes, ofertados a cada um dos que tiveram o privilégio de entrar no céu. Eles teriam de soprar eternamente suas trombetas e agitar incessantemente suas palmas, sempre clamando "paz, paz!" e "aleluia!" Isso é mais do que muitos de nós podem suportar.

Sim, é assim que os assuntos espirituais são ridicularizados. Durante nossa juventude, muitas vezes torturamos nosso espírito pensando na felicidade que poderia haver nesse som de trombetas e no quanto aquele que está sentado no trono é capaz de suportar. Essa monotonia e essa cacofonia celestes são o resultado e as odiosas consequências de querermos tomar o mistério de Deus com mãos ímpias.

Quando, depois de um processo de mútua harmonia, os desenvolvimentos do macrocosmo e do microcosmo alcançam certo ponto crucial, a vibração de nosso campo de desenvolvimento emite no espaço um som completamente diferente. Imaginai que tocais em uma tecla de um órgão com um objeto pesado e que lentamente, bem lentamente, acionais o fole. Em determinado momento, quando a pressão do ar permitir, o som da tecla pressionada se tornará audível e aumentará até o fortíssimo. No princípio quase imperceptível, o som penetrará finalmente vossa consciência e tocará vosso ser.

Ora, essa é a natureza dos toques das trombetas celestes. Quando, com seu poder regenerador, as forças do bem se reúnem, elas produzem um som no espaço, a saber, uma vibração espiritualizadora e revolucionária. Ela é quase imperceptível no início, não sendo ouvida por aqueles que seguem curvados sob o peso da matéria, mas que, pela liberação

Capítulo 26 – Minutus mundus

repetida e intensificada de forças sempre renovadas, um dia perceberão os sons da última trombeta. O resultado será uma regeneração dos diversos domínios da matéria e do espírito; os limites entre a terceira e a quarta dimensões deixarão de existir – entre o aquém e o além – pois a morte, o tridimensional, será totalmente tragada pela percepção das forças da quarta dimensão, forças desenvolvidas em Cristo. E a palma da verdadeira paz que ultrapassa toda a compreensão será assim ofertada a todos os que forem dignos dela.

Compreendei que essa supressão de limites entre a terceira e a quarta dimensões transformará totalmente a vida. Já não conheceremos a morte como a temos de suportar atualmente. A matéria já não será a base da consciência, mas, por influência dos éteres puros, será transmutada em uma substância etérica mais sutil. E, no momento em que as coisas se realizarem – Paulo diz que será em um piscar de olhos, em um instante – aqueles que se encontram no reino dos mortos poderão livremente entrar em contato com os que vivenciam uma encarnação nas antigas condições materiais. Portanto, é um estágio de transição.

Para os que vivem na vida tridimensional, os mortos serão despertados incorruptíveis pela modificação da vibração que se imporá a eles. O corruptível, o tridimensional, deve se revestir do incorruptível, o quadrimensional, como consequência do último toque de trombeta, isto é, a elevação da vibração perceptível de nosso campo de desenvolvimento provocada por aqueles que conhecem a verdadeira vida.

Mas compreendereis também que essas coisas atraem um julgamento, pois esse novo estado será ao mesmo tempo catastrófico. Só poderão adaptar-se a ele aqueles que possuírem qualidades de alma e nobreza suficiente, isto é, que tiverem desenvolvido suficientemente a veste imortal da alma. O mundo fenomênico se apresentará em uma claridade luminosa, como um fogo, como a aurora boreal da vibração de Cristo que, durante a noite, alarma alguns, enquanto outros sentem esse sinal do vindouro toque de trombeta com jubilosa aspiração.

A filosofia da Rosa-Cruz, da Escola de Mistérios da Rosacruz Áurea, coloca-se diante de vós para convidar-vos a colaborar conscientemente com esse processo. Ela quer transmitir-vos os segredos do *minutus mundus*, desde que tenhais dado vossa resposta ao chamado da Fraternidade, por meio de uma vida verdadeira, pela ação de bondade, de verdade e de justiça. Esses segredos foram preservados para vós e é por isso que a *Fama* diz:

Então, recolocamos no lugar as placas, e, sobre elas, o altar, fechamos a porta e apusemos nela todos os nossos selos. [...] Agora esperamos a resposta, a sentença ou o julgamento que receberemos sobre isso dos eruditos e dos ignorantes.

Pode acontecer que, por meio de uma vida verdadeira, o último toque de trombeta soe para o aluno no campo celeste de seu *minutus mundus*. Na mesma hora ele é alçado a uma nova possibilidade de vida. Em princípio, ele venceu a morte, apesar de sua imortalidade de fato ter de esperar que processos objetivos naturais do grande mundo estejam suficientemente adiantados para que igualmente, de modo geral, o toque de trombeta se levante como uma tempestade.

O aluno construiu uma ponte áurea sobre as coisas ainda não consumadas; ele se reúne a todos os que lhe são aparentados segundo a alma. Em todas as esferas, ele se reúne à legião dos que trabalham no poderoso processo alquímico da regeneração em Jesus Cristo, nosso Senhor. É aí, nos vastos espaços do invisível, que eles compõem o credo magistral: "Morte, onde está teu aguilhão? Inferno, onde está tua vitória?"

27

Embora saibamos perfeitamente que ainda está longe o tempo em que, segundo nosso desejo e expectativa, deva se produzir uma reforma geral do divino e do humano em toda a sua extensão, não é nada excepcional que o sol, antes de se erguer, projete no céu uma luz clara ou difusa na qual alguns, que se apresentarão, virão se juntar para ampliar nossa Fraternidade em número e reputação. E, graças à regra filosófica desejada e ditada pelo Irmão C., darão um feliz início e se beneficiarão conosco, em humildade e amor, de nosso tesouro – que já não poderá escapar – e suavizarão a dor deste mundo e já não vaguearão como cegos entre as maravilhas de Deus.

Fama Fraternitatis R.C.

27

A REFORMA GERAL

A Escola da Rosa-Cruz colocou-se a serviço de uma construção divina que é chamada na *Fama* de "a reforma geral". Essa reforma, ou para ser mais explícito, essa revolução de Aquário, será de importância capital. Ela não dirá respeito somente às coisas e às situações divinas ou celestes, indissoluvelmente ligadas a ela. A reforma de Aquário é um impulso cósmico, um acontecimento universal que engloba todos os domínios da matéria e do Espírito. Ela está relacionada com uma manifestação de forças que se elevam bem acima dos instintos primitivos da massa. É preciso que penseis bem nisso antes de julgar o trabalho aquariano da Rosacruz Áurea atual.

A reforma de Aquário é um impulso divino que leva a novas relações entre todas as dimensões do macrocosmo, e segundo as leis naturais, o *microcosmo*, o pequeno mundo que aqui designa a comunidade humana, também deve adaptar-se. Achamos que é nosso dever prevenir-vos sobre essa transformação, fazer-vos desistir de vos ater a valores e a situações que são diametralmente opostos a essa intervenção cósmica.

Essa advertência é dirigida à humanidade com grande força, com uma santa paixão, e até hoje ela é compreendida apenas por alguns e rejeitada com violência e ódio pela grande maioria. Não estamos especulando sobre nenhum tipo de revolução humana, pois não queremos desviar-nos um só passo da senda que leva às coisas do Pai. Falamos abertamente sobre a verdade, sem visar as consequências, pois nossa advertência diz respeito à humanidade inteira, da extrema esquerda à extrema direita.

De fato, sabemos que *ainda está longe o tempo em que, segundo nosso desejo e expectativa, deva se produzir uma reforma geral do divino e do humano em toda sua extensão.* Uma reforma que não é anunciada por nenhuma organização internacional, mas que é exigida e impulsionada por Jesus Cristo. Agora, depois de nossa advertência, que era necessária do ponto de vista gnóstico, esperamos a resposta e o julgamento dos eruditos e dos ignorantes, assim como diz a *Fama*.

Invariavelmente, no decorrer de toda a história mundial, o efêmero, o mortal, tem expulsado a verdadeira vida e pregado na cruz os portadores da bondade, da verdade e da justiça. Ao longo das eras, tentaram utilizar os portadores de luz para ações pérfidas. Pretenderam, por exemplo, fazê-los servir às tendências nacionalistas: "Senhor, restaurarás tu neste tempo o reino a Israel?" Mas o Senhor buscou um reino que não é deste mundo. Então: "Seja crucificado!" Assim as coisas acontecem: a mensagem de Aquário é vilipendiada.

Por que as forças que querem servir a Cristo seguem sempre esse caminho? Porque esse é o caminho da vitória, o caminho do sacrifício: "A pedra rejeitada pelos construtores tornou-se a pedra angular", sobre a qual toda a falsidade se despedaçará. Agora já não vos advertimos, porque, graças ao trabalho dos pioneiros, seu ser está ligado ao vosso ser. Pelo salto para baixo, a senda para o alto foi aberta. Pelo sangue vertido no Gólgota, pelo último suspiro exalado em

Capítulo 27 – A reforma geral

sacrifício pela humanidade, eleva-se da terra sombria um raio de luz: a escada que leva ao templo branco.

"Mas ai", dizem os aflitos, "esse sacrifício é bem bonito, essa marcha heroica denota coragem e força, mas de que adianta os puros e alvos degraus de mármore do templo branco descerem até a morte? Ninguém sobe! Para que serve esse sacrifício?" A epopeia de Jesus Cristo e de seus servidores é um arrebatamento dos sentidos, um sonho vago. Vede, o contorno da imagem se dissolve e nós despertamos com um grito. Nós ouvimos os gritos de morte e os discursos fanfarrões dos ditadores. Meu Deus, que delírio!

"Tende coragem mesmo na dor, mesmo que sangre o coração." Sabemos que depois da passagem dos tempos virá uma reforma geral, tanto das coisas divinas quanto das coisas humanas, inteiramente em harmonia com nossa aspiração e nossa expectativa. Tendes também um pouco desse conhecimento, desse saber libertador e irresistível da reforma de Aquário? *Nós* sabemos! Por que *vós* não sabeis nada desses clarões divinos? Porque medis a matéria com vosso egocentrismo e sois muito covardes para erguer a cabeça, essa cabeça curvada que só vê os escuros torrões de terra.

Se quisésseis elevar-vos e livrar-vos um pouco da poeira, descobriríeis algo maravilhoso. Porque a *Fama* está correta quando diz que, antes de nascer, o sol gera no céu o lusco--fusco da manhã.

Essa luz já apareceu! Aurora, a deusa do alvorecer. Aurora, a luz matinal. Aurora, a promessa da luz nascente.

Conheceis essa Aurora como experiência mágica? Os lábios dessa deusa já tocaram vossa fronte com um beijo sagrado? Ela já veio a vosso encontro na câmara do rei? Talvez já tenhais cantado em coro o cântico de Hiawatha a essa deusa, um canto que vibra como o Cântico dos Cânticos: "Como és formosa, amada minha!"

Vede, as pálidas brumas se abrem e se colorem tornando-se a maravilhosa veste do alvorecer. Conheceis esse êxtase, quando, pela primeira vez, a luz de uma nova aurora vos toca e vibra em vosso ser em indizível emoção? Então, como Hiawatha, estendeis a mão a essa deusa, essa mensageira de Hélios, o deus-sol, e balbuciais: "Ó Deus emanado de Deus, de quem, por quem e em quem são todas as coisas, louvamos e glorificamos teu nome!"

Conheceis essa experiência, quando a aurora do pensamento abstrato vem iluminar vossas trevas? Então sabeis que as trevas têm de desaparecer. Então sabeis que o vento se levanta, às vezes como o leve toque de uma árvore, ou de uma folha. É o beijo de Aurora, a deusa do alvorecer, a mensageira de Hélios, o deus-sol.

Sabemos que haverá uma reforma geral das coisas divinas e humanas, e sabemos que antes do nascer desse sol aparecerá Aurora, a deusa do alvorecer.

E Aurora já apareceu! Podeis vê-la; basta que desejeis erguer a cabeça. Sentis as trevas estremecerem ao ver sua bela figura. Experimentais a última garra da horda demoníaca em fuga, que quer vos arrastar para uma profundeza insondável. Experimentais o terror daqueles que odeiam a luz.

Esse é o grande drama de nosso tempo. Quem pode resistir à luz? Quem pode impedir o sol de nascer? Vede, a deusa do alvorecer aí está; vede sua veste de luz. Não é um absurdo supor ser possível recusar esse alvorecer? Quanto mais acumulais nuvens nesse horizonte libertador da humanidade, mais profunda e flamejante será a aurora, mais intensa será a luz que ilumina as trevas. É essa luz que se religa e se integra a todos os que, na terra, no preguiçoso curso dos tempos, fizeram o sacrifício do nascimento da luz derramando seu sangue-alma sobre os lugares mais tenebrosos. As trevas estão ligadas a vós. Apoderando-vos delas, vós as acorrentais, pelo sacrifício da alma, à luz que se aproxima como um julgamento de Deus; pois lá onde surge a luz, as trevas desaparecem.

Colocamo-vos diante desse alvorecer que anuncia a chegada da luz. Agora, somente podereis fazer duas coisas: ou odiar essa deusa, ou amá-la. Ser indiferente, ignorar ou andar com a cabeça baixa vos impulsionará, sem dúvida, para o lado das trevas. Se amais Aurora, o vitorioso alvorecer da luz de Cristo, nós vos chamamos para uma ação que vai exigir toda a vossa energia, toda a vossa inteligência e todo o vosso sacrifício, pois, impulsionados pelo beijo de Aurora, conforme as palavras da *Fama*:

[...] *alguns, que se apresentarão, virão se juntar para ampliar nossa Fraternidade em número e reputação. E, graças à regra filosófica desejada e ditada pelo Irmão C., darão um feliz início e se beneficiarão conosco, em humildade e amor, de nosso tesouro – que já não poderá escapar – e suavizarão a dor deste mundo e já não vaguearão como cegos entre as maravilhas de Deus.*

Consideramos de grande importância e um grande privilégio divino poder ligar-vos a essa Fraternidade, poder dar-vos a oportunidade de subir os degraus do templo branco, e também poder oferecer-vos algumas "regras filosóficas", uma parte dos tesouros do neognosticismo, uma parte desses tesouros que nada têm a ver com uma sabedoria transmitida, mas que cintilam como diamantes, resplandecendo com uma beleza cada vez mais intensa.

Não penseis que esses valores vos sejam ofertados com grande estardalhaço e muita pompa e em fórmulas matemáticas. A característica desse trabalho é: simplicidade e modéstia. O autêntico aluno rosa-cruz é reconhecido por isso. Ele segue seu caminho com simplicidade e modéstia. Ele não quer impor-se. Com imenso amor, ele oferece seus tesouros, que lhe foram revelados pelo beijo de Aurora, e busca caminhos muito simples para oferecer esses dons a quem os queira.

É assim que construímos o grupo de pioneiros, que acordou "pela manhã, quando começava a clarear". Muitos veem, então, afastarem-se deles as dificuldades que antes os mergulhavam em uma angústia mortal. Há muitos entre nós que são maravilhosamente iluminados. Também há muitos que, antes mortalmente atormentados por seus complexos, renascidos em Cristo, erguem a cabeça com o alegre sorriso que pressagia a vitória.

Sim, entre nós, muitos tornaram-se novos homens e já não seguem seu caminho cegamente. Eles compreenderam a linguagem de Aurora, a linguagem que, como um rumor da brisa da manhã entre as árvores e os arbustos, murmura: "Acorda, vê, a tua salvação vem!" Existem muitos entre nós que caminham como se estivessem embriagados de êxtase no conhecimento das maravilhosas obras de Deus e sondam o plano divino para o mundo e para a humanidade.

Desse modo, apresentamo-vos o grupo de pioneiros da Aurora, e perguntamo-vos: "Quereis ir conosco ao encontro da luz que se eleva? Quereis preparar conosco sua chegada e sua vitória? Quereis, conosco, despertar todos os que desejam erguer a cabeça para entrar na alegria do conhecimento?"

Grande alegria preenche nosso ser: a alegria de saber que haverá uma reforma geral, tanto das coisas divinas como das coisas humanas, em total correspondência com nossa mais santa aspiração e com o que Jesus Cristo, nosso Senhor, nos transmitiu. Sentimos o beijo ardente de Aurora sobre nossas frontes; ele nos foi dado na câmara do rei, no dia do Pentecostes interior; e nós balbuciamos: "Como és formosa, amada minha!"

Ó Deus emanado de Deus, de quem, por quem e em quem são todas as coisas, louvamos e glorificamos teu nome.

28

Mas, para que todo cristão saiba que somos pessoas de fé e confiáveis, professamos o conhecimento de Jesus Cristo, tal como ele é divulgado em termos claros e evidentes nestes últimos tempos, principalmente na Alemanha, e como ainda é hoje – à exceção de todos os fanáticos, hereges e falsos profetas – recebido, conquistado e propagado por determinados países.

Fama Fraternitatis R.C.

28

A RELIGIÃO DOS ROSA-CRUZES

No primeiro capítulo da Primeira Epístola aos Coríntios, lemos:
"Rogo-vos, porém, irmãos, pelo nome de nosso Senhor Jesus Cristo, que digais todos uma mesma coisa e que não haja entre vós dissensões; antes, sejais unidos, em um mesmo sentido e em um mesmo parecer [...] Está Cristo dividido?[...] Porque Cristo enviou-me não para batizar, mas para evangelizar; não em sabedoria de palavras, para que a cruz de Cristo se não faça vã. Porque a palavra da cruz é loucura para os que perecem; mas para nós, que somos salvos, é o poder de Deus. [...] aprouve a Deus salvar os crentes pela loucura da pregação. Porque os judeus pedem sinal, e os gregos buscam sabedoria; mas nós pregamos a Cristo crucificado".

Neste testamento da Fraternidade da Rosa-Cruz, que é a *Fama Fraternitatis*, nossa atenção foi atraída para Aurora, a deusa luminosa do alvorecer da nova manifestação espiritual, para que cada um contemple a mensageira de Hélios, o deus solar, e se aproxime do templo branco para aí receber os ricos tesouros da Fraternidade. Eis o que lemos:

Mas, para que todo cristão saiba que somos pessoas de fé e confiáveis, professamos o conhecimento de Jesus Cristo, tal como ele é divulgado em termos claros e evidentes nestes últimos tempos, principalmente na Alemanha, e como ainda é hoje – à exceção de todos os fanáticos, hereges e falsos profetas – recebido, conquistado e propagado por determinados países.

Quando escutais esse testemunho tão resumidamente formulado, sois inclinados a tomá-lo unicamente como uma informação e a continuar a sondar as mágicas profundezas dos ensinamentos dos antigos rosa-cruzes, pois, certamente, já conheceis o cristianismo! Se perguntássemos a noventa por cento de nossa população mundial de raça branca: "Conheceis o cristianismo?", a resposta seria: "Como podeis perguntar semelhante coisa? Não tendes algo mais novo a dizer? Nenhuma outra coisa?" Milhões de pessoas que se encontram nas diversas igrejas desconfiariam bastante da nossa pergunta: "Ridículo! Nós não conhecemos o cristianismo? Que insolência!"

E os teólogos, que se dizem doutores na revelação da salvação cristã, olhar-nos-iam assustados e diriam: "Irmãos, vindes certamente de um país pagão e bem distante, pois todos os homens que estão aqui, que moram aqui, devem agradecer-nos por seus conhecimentos cristãos". E imaginai também se perguntássemos a nossos leitores: conheceis o cristianismo? Não para obter dados estatísticos, mas para colocar em nossa indagação toda a sua força dinâmica estimulante. Supomos que todos responderiam: "Sim, nós o conhecemos".

Ora, nós temos a impertinência de afirmar que não sabeis nada a respeito do cristianismo, nada a respeito de sua manifestação admirável e de suas fulgurantes claridades. Afirmamos que não fazeis mais do que glosar o cristianismo e que a essência dessa manifestação de sabedoria pertence aos mistérios mais ocultos de vosso ser.

Muitas pessoas se sentirão chocadas. Não existem tantas que se acreditam imunizadas contra toda mácula estranha, estando bem recobertas de um verniz cristão? Para dizer a verdade, o verniz é bem espesso, mas recobre muita falsidade. Esse verniz exterior é a cal sobre os sepulcros; ora, trata-se do estado interior de vossa alma! O cristianismo é uma cultura interior, uma reforma interior, uma revolução interior, a posse de uma luz interior. Por isso precisais retirar vosso verniz, vosso unguento, e aproximar-vos do que é santo pelo não-saber, pelo não possuir, assim como em *As núpcias alquímicas*, tendo chegado ao templo da realização, Cristiano Rosa-Cruz confessa finalmente: "A soma de todo o saber é que nada sabemos".

Se podeis colocar-vos nesse estado espiritual, apesar das distâncias, vossos seres se ligarão a uma comunidade espiritual. Então, todo o saber hipotético e a cultura do eu cairão por terra. Assim, existe a possibilidade de perceberdes o doce murmúrio de Aurora, a deusa do alvorecer. Ela vos promete o tesouro dourado da luz que a segue. Uma luz que não é ofertada, mas que deve ser conquistada. Uma luz que só pode descer nos corações preparados dos homens que se tornaram inteiramente vazios no não saber e no não possuir, que jogaram fora todo o seu lastro.

Esse estado de espírito não vos arranca nenhum grito de alegria, mas sim o sentimento cruel de ter sido abandonado por Deus. É um estado de angústia. Conheceis a magia da angústia?

Nós a conhecemos e rogamos a Deus para que também possais conhecê-la. É o estado que tentamos descrever-vos, o estado do não saber e do não possuir.

Seria o turbilhão da angústia das ilusões perdidas e dos ideais despedaçados? Seria a angústia das aflições e das tensões do futuro? Não! Essa magia da angústia é o medo, a angústia torturante do homem-Jesus que, na solidão do Jardim de Getsêmani, encontra seus discípulos dormindo como animais cansados. É o estado da alma-vivente que, em sua Patmos de solidão e, na mais profunda aflição, com um suspiro que rasga os céus, invoca seu Deus, o Espírito que ela espera. É o fogo da regeneração, é o vale das sombras da morte onde tendes de submergir inteiramente sós enquanto vossos melhores amigos estão perto de vós e adormecidos; onde vossas palavras são rasgadas como trapos, onde o abandono de Deus toma conta de vós e onde o céu é de cobre. Essa magia do medo, que tereis de conhecer um dia, é a loucura da cruz.

Quando tiverdes experimentado essa loucura, quando vos tiverdes arrastado por esse jardim, absolutamente conscientes, depois de uma decisão amadurecida, só então podereis falar de cristianismo, só então compreendereis alguma coisa do cristianismo dos rosa-cruzes.

Enquanto não fordes tomados por essa loucura, vosso cristianismo não passará de um jogo, de um refinamento humanitarista, de um paganismo cristão. E agora, não podeis deixar passar as palavras da *Fama*:

[...] *para que todo cristão saiba que somos pessoas de fé e confiáveis, professamos o conhecimento de Jesus Cristo, tal como ele é divulgado em termos claros e evidentes nestes últimos tempos.*

Capítulo 28 – A religião dos rosa-cruzes

No templo da Luz existe, quanto a isso, uma unanimidade de testemunho nascida da magia da angústia e depois alçada à loucura da cruz. Aí existe uma perfeita unidade de espírito e de opinião. Aí Cristo não está dividido. Os valores cristãos não podem desenvolver-se aqui e ali como unidades independentes; o ensinamento da sabedoria ocidental extrai sua força de sua coesão, de sua concentração de sentidos e de opiniões, de sua inabalável dinâmica, de sua força demolidora.

Quando essa magnífica unidade fundamentada na bondade, na verdade e na justiça e alçada à loucura da cruz conscientemente desejada não está presente, a falta de unidade da multidão tocada pelo cristianismo é desenvolvida, e os homens se perdem na "pluralidade de ideias", como é dito em um ritual dos rosa-cruzes. Então, a verdade se esfacela e são reconhecidos apenas fragmentos que aparecem, aqui e ali, preservados por mãos humanas. Não penseis que apreciamos os fragmentos desse cálice do Graal estilhaçado: nós queremos confessar Jesus Cristo em sua perfeição.

E é por essa razão que, em nome de Jesus Cristo, nosso Senhor, nós vos rogamos que sejais unânimes em vosso testemunho, para que não exista nenhuma divisão entre nós; ao contrário, formai um todo solidamente unido por um só espírito e uma só opinião. O cristianismo não pode ser fragmentado. Cristo não nos enviou para atingir um objetivo particular em um ou outro ensaio humanístico, para prover de algumas comodidades o inferno em que vivemos. Cristo nos enviou para anunciar o Evangelho. Não com grandiloquência, mas como um testemunho, para que a cruz de Cristo não seja obstada, nem sua força roubada.

Essa cruz é a integridade do verdadeiro sacrifício, a autorrendição e a autonegação absolutas, o não saber e o não querer. Para os que seguem seu caminho sem compreender, essa palavra é pura loucura, completamente irresponsável do ponto de vista econômico. Em resumo: fanática demais, pouco flexível. Mas, para aqueles que sabem, essa palavra é uma força, um mantra.

Examinemos o sentido científico e esotérico do que acabamos de expor, pois a compreensão comum da opinião pública considera nossa pregação como loucura: "Aprouve a Deus salvar os crentes pela loucura da pregação".

Há pessoas que pedem sinais, provas, o conhecimento de primeira mão, antes de tratar de sua regeneração individual. Há pessoas que, impulsionadas pelo medo da existência, pedem sinais numa experiência espiritista. Há os que buscam sabedoria, ciência, explicações ocultas e científicas, não místicas, mas bem intelectuais. Outros dizem: "Eu sigo o caminho da razão; esta é minha linha; mais tarde talvez escolha a linha do coração".

"Mas nós pregamos a Cristo crucificado", diz Paulo com grande ênfase. E nós, dizem os irmãos rosa-cruzes,

[...] *professamos o conhecimento de Jesus Cristo, tal como ele é divulgado em termos claros e evidentes nestes últimos tempos, principalmente na Alemanha, e como ainda é hoje – à exceção de todos os fanáticos, hereges e falsos profetas – recebido, conquistado e propagado por determinados países.*

E, portanto, também nós pregamos um Cristo crucificado por meio da angústia do Getsêmani e do: "Deus meu, Deus meu, por que me desamparaste?"

Qual é o significado mágico dessas palavras? Qual é o grande significado gnóstico-científico desse comportamento de vida cuja tônica não muda? Que lugar ocupa em tudo isso a Escola de Mistérios da Rosa-Cruz, com seus sublimes ensinamentos mágicos e seu esforço dinâmico?

Esse significado gnóstico-científico somente pode ser compreendido por aqueles que conhecem a magia da angústia, ou que já a conheceram, ou que um dia vão querer conhecê-la. Esses sabem que, se buscamos toda a nossa força em uma pregação vivente, ou seja, no resplendor real e efetivo de um Cristo crucificado em nós, demoliremos e destruiremos o mundo tridimensional segundo sua natureza inferior e, assim, provocaremos a regeneração e a espiritualização do mundo material, grosseiro.

Esse é o grupo de pioneiros que, segundo as palavras de Paulo, pratica essa santa magia. Ele irradia uma luz nesta noite sombria. E, aqui e ali, fragmentos dessa luz são interceptados, e os homens brincam com eles; brincam de ir à igreja ou à universidade. Os salmos ressoam pelo ar e as orações são enviadas ao alto.

Mas, quando brincam com fragmentos, com fachos de luz, então surgem a desunião, a inverdade, a falta de coragem e de determinação. E o rebanho é dispersado, impelido pelos inescrupulosos, cuja divindade é o ouro terrestre, e pelas forças tenebrosas que temem a cruz da vitória como temeriam uma pestilência.

Pelos salmos e pela música gregoriana, pelas preces e por sermões lacrimejantes, ressoam, todavia – e mais do que nunca – ano após ano, os gritos dos agonizantes e dos feridos, torturados pelas bombas das hordas tenebrosas. Tudo isso é o resultado da desunião, que se transforma em bestialidade. Tudo isso provocado, entretanto, sobretudo pelo estremecimento diante da loucura da cruz e pelo ódio contra ela. Quando a luz brilha nas trevas, a falsidade e a mística fragmentária caem em meio à confusão. Elas tropeçam na verdade e se suicidam. Assim, a falsidade aniquila a si mesma pela inflexibilidade do aço, pela perseverança dinâmica da luz da cruz.

Vede, em nome da Escola de Mistérios da Rosa-Cruz, nós vos anunciamos Jesus Cristo, Jesus Cristo crucificado. Por esse santo de Deus sereis demolidos para conhecer, um dia, a angústia do abandono de Deus, porque, em um amor radiante, quereis salvar a humanidade que está, neste exato momento, em vias de cometer suicídio.

29

Também nos beneficiamos de dois sacramentos, tais como eles foram instituídos, com todas as fórmulas e cerimônias, pela Primeira Igreja Reformada.

Fama Fraternitatis R.C.

29

Os dois sacramentos
dos rosa-cruzes

Na *Fama*, fala-se que os irmãos rosa-cruzes se beneficiam de dois sacramentos, tal como foram instituídos pela Primeira Igreja Reformada. Quando examinamos de que sacramentos se trata aqui, descobrimos que são o do batismo e o da Santa Ceia, sacramentos tidos em alta estima pela Escola de Mistérios do Ocidente. Vejamos agora que valores gnóstico--científicos, que forças e que magia estão na base desses dois sacramentos, pois também aqui compreenderemos, certamente, que a ciência gnóstica vê mais longe, além das interpretações teológicas, que levaram a Igreja a uma aplicação incompreensível e sem força.

Quando nos indagamos o que são os sacramentos, a resposta deve ser a seguinte: um sacramento é um instrumento de graça, um meio pelo qual uma força santa é introduzida em nosso ser. No Catecismo de Heidelberg é dito: "Os sacramentos são símbolos e selos sagrados e visíveis, estabelecidos por Deus para que sua utilização nos permita melhor compreender a promessa do evangelho e selá-la em nós". Em outras palavras, trata-se de um método graças ao qual certa força é comunicada ao homem, criando nele consequências duradouras.

Para o aluno da Escola Espiritual, essas coisas não parecem nada estranhas, pois ele sabe, por seus estudos, que o ensinamento dos mantras, o ensinamento das fórmulas de força, repousa sobre a mesma base. No entanto, jamais deveis cair no erro de pensar que um mantra, simples ou complexo, possa ter o mesmo valor que um sacramento. O simples fato de estes dois sacramentos – o batismo e a santa ceia – terem sido instituídos por Cristo é a melhor prova disso.

Na realidade, o ensinamento dos mantras está totalmente entrelaçado com nossa vida cotidiana. Certos sons, certas palavras nos tocam e produzem resultados quando chegam até nós em circunstâncias especiais. É sobre essa base que repousa o ensinamento dos mantras e, quando descobrimos a chave vibratória e a polaridade de um ser humano, é possível edificar ao redor dele todo um sistema de mantras. A magia sempre fez uso disso.

O aluno tem de compreender que existem duas correntes cósmicas: uma que leva para baixo – a corrente involutiva, o batismo – e a outra que leva para o alto – a corrente evolutiva, a santa ceia. Consequentemente, o batismo é o sacramento, a dispensação da graça, a magia involutiva; a santa ceia é o sacramento, o caminho da graça, a magia que nos eleva, depois que o processo de involução chegou ao seu final.

É por isso que o batismo das crianças – desde que seja administrado com a plena colaboração dos dois pais – torna-se muito compreensível, muito lógico e muito necessário. Quando a dupla unidade cósmica homem-mulher gera uma criança, quando o ato de amor tomou forma, os pais sabem que seu filho, de início completamente inconsciente da vida real, um dia irromperá através dela, e terá de aceitar sua tarefa e realizar seu trabalho.

Os pais que compreendem o sentido da vida e entendem o sentido da missão humana, que é edificar um novo mundo em bondade, verdade e justiça graças à força de cabeças, corações e mãos, podem, pela força mantrâmica do batismo, ligar seu filho com a essência descendente de Cristo, para que seu filho, selado por essa força, cumpra sua tarefa, como um herói.

É preciso que descubrais como, nos círculos eclesiásticos, menospreza-se totalmente o significado do batismo, e como, nos círculos ortodoxos, faz-se um mau uso desse santo sacramento. De fato, quando a criança é batizada, o coração primitivo dos pais e o do sacerdote se acalmam e, pelo milagre sacramental, os pais supõem que seu filho esteja em segurança. Infelizmente, a criança está em uma situação bem mais precária do que antes, pois uma profunda discordância, um desdobramento marcante de sua personalidade o impulsiona para o caos das imperfeições. Por quê? Bem, pela magia do batismo, a criança é tomada pela corrente involutiva de Cristo, com a intenção, como ensina o Catecismo de Heidelberg, de fazê-la compreender a promessa e a exigência do evangelho e de selá-las nela. O batismo, portanto, liga a criança a um mandato evangélico. Geralmente, porém, educamos nossos filhos para terem um comportamento diametralmente oposto ao evangelho.

É por isso, também, que as coisas se transformam em seus contrários: a magia do batismo, que deveria ser uma fonte de força permanente pela ação verdadeira de cabeças, corações e mãos, torna-se, assim, um grande poder destruidor. A corrente descendente provoca, desse modo, um curto-circuito; o fogo explode de todos os lados apesar dos salmos e do ressoar dos cânticos, provocado justamente por eles e pelo mau uso do sacramento. Eis o lento suicídio da Igreja.

Além disso, é bom observar que o sacramento do batismo é administrado com água. A água tem uma grande força de cristalização; da mesma maneira que os continentes arianos se ergueram das águas, a simbólica água viva de Cristo tem uma influência cristalizante. É preciso que o homem construa, com essa água viva, um mundo de verdade, uma ordem no caos, uma cidade de portas de cristal. A realidade, a ordem natural atualmente fragmentada, deve ser restabelecida pela força de Cristo, segundo o sentido da corrente involutiva descendente. Se o homem recusa esse mandato, um processo de cristalização totalmente diferente se instala, o da petrificação de todos os valores culturais: a degeneração da arte, da ciência e da religião.

Referimo-nos às sábias palavras do iniciado Paulo, quando diz: "Mas não é primeiro o espiritual, e sim o natural". Primeiro vem o natural, o restabelecimento da realidade – atualmente fragmentada no homem e na sociedade, por meio da força de Cristo, por meio da magia do batismo – pela essência da vida divina que desce na corrupção; e em seguida vem o espiritual, o devir do Cristo-em-vós, pela magia da santa ceia, graças à qual obtendes a participação em sua vida e em seu sangue, e sois admitidos na corrente evolutiva das forças cósmicas que, pela transmutação, espiritualizam toda a criação.

Imaginai o homem que, tomado do verdadeiro batismo, se põe a trabalhar na força de Cristo, com o empenho de toda a sua vida; verdadeiro construtor do mundo, franco-maçom que penosamente acrescenta pedra sobre pedra no muro da nova cidadela da verdade. Graças à magia do batismo, ele transforma o caos em razão divina, e logo que uma de suas obras é realizada, ele pode espiritualizá-la lentamente, graças à magia da santa ceia. Podereis então compreender facilmente o que deve acontecer quando alguém se liga indignamente à magia da santa ceia. O caos da petrificação, o resultado do falso batismo é atravessado pela magia da santa ceia, que deve espiritualizar valores não existentes.

Segundo a visão gnóstica, aqui encontramos a causa de todos os males cancerosos, que atacam tão frequentemente os órgãos sexuais, porque o homem emprega sua força criadora de maneira errônea. O vinho da santa ceia, como aspecto do sangue, representa a espiritualização, a purificação do sangue e sua transmutação em sangue da alma, ou éteres ígneos da alma, enquanto o pão, o aspecto corporal de Cristo, simboliza a transmutação e a espiritualização da estrutura atômica da personalidade. Portanto, é cientificamente certo que toda pessoa que, de um modo indigno, come desse corpo e bebe desse sangue ou, em outras palavras, que evoca a magia desse sacramento sem ser digno, provoca, consciente ou inconscientemente, uma fermentação, um envenenamento do sangue, assim como uma enfermidade do metabolismo. É essa a razão pela qual Paulo, falando sobre esses perigos, adverte os coríntios "que não se reúnam para um julgamento".

Ora, a Escola de Mistérios do Ocidente, a Fraternidade da Rosa-Cruz, faz uso desses dois sacramentos, assim como diz a *Fama Fraternitatis*; no entanto, é necessário que compreendais bem o sentido dessa comunicação. Toda magia aplicada pela Fraternidade da Luz está ligada a esses dois sacramentos. Existe uma magia que se ocupa de impulsionar o mundo e o homem rumo à ação, e existe uma magia que se ocupa de impulsionar o mundo e o homem para recolher os frutos dessa ação pela obra da espiritualização.

A magia negra é a imagem deformada dessa ordem de coisas. As forças das trevas adaptam o primeiro sacramento de modo negativo para cristalizar a humanidade e, assim, consolidar seu reinado; elas também praticam sua magia da santa ceia, a fim de prolongar seu campo de ação nos domínios invisíveis, precipitando as causas degenerativas da morte, após uma espiritualização negativa. Portanto, não se trata absolutamente de um tipo de ministério sacerdotal, muito embora, por certas razões, grupos de alunos da rosa-cruz se reúnam, aqui e ali, para a realização de alguns rituais sacramentais. Segundo as instituições de nosso Senhor Jesus Cristo, cada homem deve ser seu próprio sacerdote, e a dupla unidade cósmica homem-mulher deve aqui também aceitar a responsabilidade de sua própria ligação.

O batismo da Rosa-Cruz é um batismo impessoal para que, inflamados pelo espírito de Deus, vos rendais a Cristo. A santa ceia da Rosa-Cruz é um ministério impessoal, um apelo à transmutação pela ligação alquímica com o Senhor de toda vida, a fim de que o renascimento pelo Espírito Santo possa ser celebrado com base no aniquilamento em Cristo.

Em primeiro lugar, todo impulso sacramental verdadeiro deve lançar-vos na realidade do inferno terrestre, a fim de aí instalar a ação ardente em bondade, verdade e justiça, para que um dia a passiflora do amor verdadeiro, exumada da noite, floresça em um mundo novo e feliz. Por essa razão a água viva de Cristo cai gota a gota no mundo da morte, para que vós vos batizeis e construais a porta cristalina; por essa razão existe o sangue e a carne daquele que está mais próximo do que mãos e pés, a fim de que, saciando-vos, ultrapasseis a porta cristalina que leva à libertação. Somente então se elevará o cântico dos iniciados:

Eis a porta do Senhor,
que será atravessada pelo povo liberto.

30

Em matéria de política, reconhecemos o império romano – e a Quarta Monarquia como nosso mestre e mestre dos cristãos.

Fama Fraternitatis R.C

30

O TESTEMUNHO POLÍTICO
DOS ROSA-CRUZES

Na *Fama*, lemos também sobre o testemunho político dos rosa-cruzes, testemunho do qual nenhum aluno sincero da Rosa-Cruz jamais se afastou. Queira Deus que seja sempre assim no futuro. Não é sem razão que tiramos nossa orientação política das narrativas da *Fama*, seguindo o exemplo da Ordem, pois nesta época saturada de violência, é bom determinarmos nosso ponto de vista e darmos nosso testemunho. Nós o fazemos com muita satisfação, porque em diversos meios nos quais a atividade rosa-cruz suscitou alguma inquietude muitas ideias errôneas são expressas quanto a esse testemunho. Lemos na *Fama*:

Em matéria de política reconhecemos o império romano – e a Quarta Monarquia como nosso mestre e mestre dos cristãos.

Tendes aqui o testemunho político da Rosa-Cruz, a orientação política da Escola de Mistérios do Ocidente. A brevidade desse parágrafo político dos rosa-cruzes deve certamente vos agradar, e sem dúvida vos fará supor que por trás desse enigmático preâmbulo esconde-se um sentido profundo. Pressentimos aqui uma fórmula cujo esclarecimento poderia ser importante. Neste capítulo iremos nos ocupar dessa fórmula.

Em matéria de política, reconhecemos o império romano – e a Quarta Monarquia como nosso mestre e mestre dos cristãos.

Para sentir um solo bem firme sob nossos pés, coloquemos lado a lado com essa frase as palavras bem conhecidas de Jesus Cristo: "Dai, pois, a César o que é de César, e a Deus o que é de Deus".

Em alguns círculos, considera-se que essas palavras de Cristo são um meio prático de fugir a uma tentativa de envolvê-lo com as complicações políticas de seu tempo. Entretanto, nós vos dizemos que não se trata absolutamente de uma fuga, mas de uma referência direta ao único comportamento político que pode ser seguido por um cristão.

"Dai a César o que é de César." O aluno do esoterismo reconhece aqui um estado de fato que se formou naturalmente e se manifesta de maneira lógica em relação a um nível de desenvolvimento espiritual e material atingido por um povo ou por uma etnia. Ignorar esse estado, não aceitá-lo como tal, em sua utilidade e em sua necessidade, seria uma falta de compreensão esotérica e científica. De fato, como alunos da Rosa-Cruz, sabeis, graças a pesquisas esotéricas, que uma lógica pode ser observada no desenrolar das coisas, e que cada povo preparou, em um passado longínquo, as causas de sua decadência ou de sua prosperidade atuais. O caminho de dor do indivíduo ou da coletividade tem um antecedente com base no qual o aparecimento da enfermidade pode ser explicado.

Quando estais enfermos, podeis detestar ou maldizer vossa enfermidade; isso não impede que ela continue presente e que sejais obrigados a levá-la em conta. Nesse sentido, o aluno deve aceitar, não com fatalismo, mas como Jó, com o bem, os tormentos, e que esses tormentos são cientificamente corretos. "Dai a César o que é de César!"

Se reconhecemos a realidade das coisas e se aceitamos seu curso de crescimento segundo as leis naturais, então nos integramos às suas leis inequívocas. A Bíblia, por exemplo, apresenta a santidade do casamento como uma exigência cósmica e, não obstante, estabelece as leis do divórcio pela boca de Moisés no Velho Testamento e pela boca de Paulo no Novo Testamento. Assim, nenhum ser humano terá descanso e catástrofe após catástrofe golpeará o mundo e a humanidade enquanto o estado desenvolvido segundo as leis naturais não se harmonizar com a exigência divina por meio de mãos, cabeças e corações humanos.

É por isso que na declaração política de Jesus Cristo o "dai a César o que é de César" é contrabalançado pelas palavras flamejantes "e a Deus o que é de Deus". Nada de dividir vossa atenção entre "um pouco disto, um pouco daquilo", pois não se pode servir a dois senhores – a Deus e a Mâmon –, nem viver seis dias conforme vossos instintos naturais e no domingo ir à missa ou à procissão. Nenhuma brincadeira de esconde-esconde entre as exigências divinas e vossas cobiças, porém um verdadeiro atravessar, um verdadeiro romper a realidade factual pela espada do Espírito. É um ataque da exigência divina contra a caricatura da sociedade humana; uma denúncia clara e aberta de tudo o que é mau, falso e incorretamente desenvolvido; uma declaração aberta de bondade, verdade e justiça, no sentido do plano divino para o mundo e para a humanidade, plano explicado pelo Filho, por Cristo.

É assim que se desenvolve o conflito entre a nossa ordem natural e a ordem espiritual de Jesus Cristo, a fim de que, graças a esse jogo e contra-jogo de forças, a nova vida possa surgir no tempo. É por isso que inquietude, profundo desgosto e grande medo reinam entre os homens. A horda salta nos carrosséis com seus sinos tilintantes, as danceterias enchem-se de pares que pulam, e os balanços sobem com suas cargas até o céu para em seguida mergulhar na matéria. As orgias sexuais rugem como a besta do abismo do plexo sacro. A humanidade geme como um animal ferido e, devido ao impulso da centelha divina em seu interior, tenta disfarçar sua profunda dor. Ela esconde sua dor atrás da máscara das falsas alegrias e reprime a dolorosa realidade das coisas com uma brutalidade ilimitada. "Máscaras nos sorriem", assim diz alguém, e máscaras cantam hinos nacionalistas, e também aqui, consciente ou inconscientemente, vão a pique. A espada de Jesus Cristo está cravada no corpo das nações, corpo esse inflamado pela injustiça e sacudido pela febre, apesar da pretensa prosperidade na qual se aniquila uma grande parte da humanidade.

O Logos não vos deixa tranquilos nem por um segundo. Vossos nervos são atacados, o câncer se aproxima sorrateiramente e a nostalgia aperta-vos a garganta com sua garra estranguladora. Sim, muita gente ainda se compraz em se saciar das panelas de carne das coisas inferiores, voltando para nós suas máscaras careteiras, marcadas por um grande sorriso, até o momento em que este se transforma em um grito pungente.

Conheceis as dores desta terra sob todas as suas horríveis formas? Conheceis o inexprimível sofrimento dos espíritos ligados à terra, que exalam suas dores em um grito que rasga os céus e, com raiva impotente, atacam tudo o que está a seu alcance? Se conheceis um pouco desse incomensurável sofrimento, se percebeis um pouco desse estado real das coisas, então podeis compreender o toque de trombeta do despertar: "Dai a Deus o que é de Deus!" Então, o testemunho político dos rosa-cruzes aparecerá diante de vós com toda a sua clareza:

Em matéria de política reconhecemos o império romano – e a Quarta Monarquia como nosso mestre e mestre dos cristãos.

Esse testemunho é tirado das palavras de Cristo: "Dai a César o que é de César, e a Deus o que é de Deus". Os rosa-cruzes admitem aqui que o mundo é quase inteiramente possuído pela ordem cultural de Roma, que aumentou através dos séculos; uma ordem cultural que embora atacada pela Reforma – com a qual os rosa-cruzes colaboraram, de início – ainda hoje é extremamente poderosa. Esse império romano, essa hierarquia romana que até mesmo nos países mais puritanos faz sentir seu poder triunfante através de várias expressões culturais, e que desenvolveu uma civilização que se afasta do caminho que a humanidade deve percorrer, segundo o mandamento cósmico, ou se encontra parcialmente em oposição a ele, é agora contrabalançado pelos rosa-cruzes pela Quarta Monarquia, ou o Quarto Reino.

O que é a Quarta Monarquia? É a designação cabalística do reino de Jesus Cristo. A Quarta Monarquia é o símbolo da realização e da manifestação da luz que, segundo o prólogo do Evangelho de João, brilha no mundo, mesmo que as trevas não possam reconhecer sua presença. A Quarta Monarquia significa a completa separação entre a natureza da luz e a das trevas. Ela é simbolizada na magia por um imperador que segura na mão esquerda um globo terrestre encimado por uma cruz, na mão direita um tridente como cetro, e que tem os símbolos do Sol e da Lua em seu peito.

Compreendereis esse simbolismo: é o segundo aspecto do Logos, o espírito de Cristo, que – graças à força de formação, à força do Espírito Santo, representado pelo tridente netuniano da total manifestação espiritual neste mundo – vai governar como rei. E vós, estudantes de astrologia, sabeis que a força quádrupla, o quadrado, representa a pressão da matéria e o dualismo de nossa ordem natural. A Quarta Monarquia de Jesus Cristo é a espada que inicia a luta com o mundo e a humanidade. Então, segundo a exigência da ordem cósmica – e prestai atenção a isto – não falamos de nosso querido Senhor, tão doce e gentil, pois estaríamos mergulhados em um arrebatamento místico e frouxo, mas, sim, da força de Cristo que vem atacar-vos dia e noite e, como uma espada, despedaça vossa hipocrisia e, enfim, como uma força quádrupla, cria em vós tensões das quais não podeis livrar-vos, a não ser de duas maneiras: pela queda ou pela regeneração.

Essa é a nossa política, nosso testemunho político. Reconhecendo a realidade, nós a atacamos com o mandato evangélico e medimos cada fenômeno pela santa lei de Jesus Cristo:

Em matéria de política reconhecemos o império romano – e a Quarta Monarquia como nosso mestre e mestre dos cristãos.

Com toda a força que existe em nós, dizemos que há um só caminho, um só método para impulsionar vossa realidade para uma espiral superior: é a Quarta Monarquia, o homem-deus que diz: "Não vim trazer a paz, mas a espada".

Oferecemos estas palavras a todos os que, desejando salvar a humanidade, seguem uma senda experimental fundamentada no humanitarismo ou em tendências revolucionárias. Existe apenas uma solução: a Quarta Monarquia! É com ela que os rosa-cruzes trespassam o mundo e a humanidade para que um dia as rosas da bondade, da verdade e da justiça se elevem, pela ação verdadeira de cabeças, corações e mãos – inflamados pelo fogo de Pentecostes, o criador das formas. Ou como diz Salutáris na obra *Perseu*: "O mundo navega em um oceano de sangue, que continuará fluindo até que o último homem compreenda o crime de suas mãos".

Nenhuma paz será trazida pelos matemáticos da política se eles não forem impulsionados pelo poderoso alento da trindade divina:

A bondade do Pai,
a obediência do Filho, pleno de amor,
e a acolhida da pureza do Espírito Santo,
pela Quarta Monarquia.

31

Apesar de sabermos perfeitamente quais são as mudanças que estão sendo preparadas, desejamos, de todo o coração, comunicá-las aos que são instruídos por Deus, e nenhum homem poderá apossar-se, sem a vontade de Deus, de nosso manuscrito, que temos em mãos, nem entregá-lo aos indignos. Entretanto, prestaremos auxílio secreto à boa causa, conforme Deus o permita ou proíba. Afinal, nosso Deus não é cego como a Fortuna dos pagãos, mas é o ornamento da Igreja e a honra do Templo.

Fama Fraternitatis R.C.

31

O AUXÍLIO SECRETO DOS ROSA-CRUZES

No testemunho político dos rosa-cruzes, dissemos que neste mundo invariavelmente reconhecemos a situação atual, tal como ela foi formada, segundo as leis da natureza. Apesar de esta situação continuar sendo diametralmente oposta à vontade de Deus e de sua lei, o rosa-cruz a aceita porque a vê como o resultado natural do povo de onde ele veio e do país onde ele habita. Com coragem, o rosa-cruz aceita os resultados dos pecados coletivos que se expressam em sua nação, adaptando-se totalmente às leis de seu país e testemunhando um respeito adequado pelo governo, sem, no entanto, cair em adoração exagerada pelo "espírito de raça". O aluno rosa-cruz não é um revolucionário, no sentido social, político ou científico do termo.

Entretanto, não penseis que, quando reconhecemos o estado natural, nos apegamos aos hábitos e à negatividade; e que, mergulhando na vida de nossa nação, sofrendo com ela suas dores, seus pecados, suas limitações, deixamos de fazer qualquer esforço e deixamos de agir para mudar a ordem natural à qual todos nós pertencemos.

Dissemos que reconhecemos *a Quarta Monarquia como nosso mestre e mestre dos cristãos*. Já dissemos que essa designação cabalística reporta-se à natureza de Cristo e que, como uma espada, traspassamos a ordem natural das coisas com a ordem espiritual de Jesus Cristo. Isso, não por palavras, mas por atos; pois toda a magia rosa-cruz, a magia do Ocidente, tem por finalidade realizar a ordem espiritual de Jesus Cristo. Com essa magia atacamos o estado de fato, de baixo até em cima, de alto a baixo. Essa grandiosa obra pode ser realizada em completa harmonia com as leis nacionais em vigor e a serem criadas. Esse trabalho é tão radical, tão direto, tão dinâmico, tão irresistível e capaz de envolver o mundo inteiro em um amor tão demolidor que, vós, se soubésseis algo dele, como buscadores sérios da bondade, da verdade e da justiça, já não vos deixaríeis levar por ambições políticas ou por outras ambições sociais que ainda pudésseis ter.

Existe um auxílio secreto que a Rosa-Cruz dá a tudo o que é proveitoso para a realização do grande objetivo; um auxílio que é dado a todos os que podem ser considerados verdadeiros obreiros na vinha. Nossa intenção, neste capítulo, é de esclarecer-vos quanto a esse auxílio secreto.

Como alunos da Rosa-Cruz, sabeis que as exigências de Cristo só podem ser aplicadas quando um número suficiente de homens está pronto para realizá-las em si mesmos e as transmutam com a alma, com o coração e com a razão. Quando houver um número suficiente de homens desapegados e prontos a sondar as relações do macrocosmo com o microcosmo, o plano divino para o mundo e para a humanidade, e também prontos para penetrar na essência do ensinamento universal que abarca eternidades, então neles se desenvolverá uma nova força, capaz de realizar uma nova criação, por seu poder único, radiante e demolidor. Essa força é denominada, nos antigos anais rosa-cruzes, de "o auxílio secreto".

Capítulo 31 – O auxílio secreto dos Rosa-Cruzes

De hora em hora, de segundo em segundo, existe uma força divina que deseja descer em nós, que deseja morar entre nós, tendo como objetivo sintonizar a terra e seus habitantes com a harmonia das esferas, de elevá-los e impulsioná-los a cumprir seu destino de filhos do Pai. Entretanto, sem vós, essa força divina nada pode fazer para atingir esse objetivo. Ela deve se manifestar através de vós e despertar-vos para uma colaboração consciente para o devir universal. É por isso que é dito: "A criação de Deus está oculta no homem. Somos partes de sua criação, engrenagens da grande realização universal. Consequentemente, seu devir, o coroamento da criação, depende da colaboração consciente, do devotamento consciente de cabeças, corações e mãos humanos".

O ser divino, capaz de nos aniquilar a todos em uma fração de segundo e de nos apagar da manifestação das coisas, nos eleva, em um amor insondável, e isso desde o princípio, até nos tornarmos colaboradores na execução de seu plano. Um colaborador somente tem valor real e edifica uma obra justa quando, em livre amor, começa a construir com base em uma compreensão inteligente do plano.

É por isso que, desde a aurora dos tempos, Deus tenta encontrar acesso em vós para sua vontade e sua sabedoria, e isso como consequência de vossa resolução livre e pessoal.

Segundo a Bíblia, o Pai manifestou um amor tão grande por nós "que enviou seu Filho, para que todo aquele que nele crê não pereça, mas tenha a vida eterna". Ora, o que há de melhor, mais santo e mais grandioso que Deus possa vos ofertar vem até vós por Cristo, para vos despertar para vossa vocação real: "Trabalhai por vossa salvação, em temor e tremor".

É preciso que compreendais essa tarefa em um sentido limitado e também em um sentido mais amplo, universal.

Todos nós precisamos uns dos outros, pois a hierarquia da onda de vida humana é um só corpo. "Sem mim, nada podeis", diz Cristo, como um dos nossos; e, em um sentido figurado, nós vos dizemos, e vós a nós: "Sem mim, nada podeis fazer". Se, como parte consciente desse grande corpo, vos recusardes a aceitar vossa vocação real, então Cristo deverá desaparecer temporariamente de nosso meio, pois, devido a vossa recusa, ele não poderá manifestar nenhuma força aqui, assim como diz a Bíblia.

Suponhamos que um homem que segue o caminho da iniciação na Escola de Mistérios do Ocidente ligue-se consciente e inteligentemente à força divina já mencionada, força que somente pode manifestar-se no foco divino localizado no homem, e, por meio dele, inflamar o mundo e a humanidade. A força divina, que apresenta três aspectos, penetra no homem como uma espada chamejante, da cabeça ao plexo sacro, através do canal do fogo serpentino, a coluna vertebral.

Nesse homem desperta imediatamente um órgão de percepção interna, representado simbolicamente em *As núpcias alquímicas* pela virgem que toca Cristiano Rosa-Cruz nas costas quando ele é tomado pela tempestade do Espírito. Graças a esse órgão de percepção interna, o aluno enxerga o objetivo pelo qual a força divina se comunicou a ele. Como a João em Patmos, é mostrado ao aluno o que deve acontecer em breve, e de que maneira ele pode cooperar com o coroamento da vocação real da humanidade, trabalho pelo qual Cristo sofre até hoje dores indizíveis.

Portanto, não se trata absolutamente de ser tomado por profunda comoção mística cujo objetivo ainda está obscuro, mas sim de um reencontro com Ele, na casa sobre a montanha, de onde o aluno avista a seus pés um vasto panorama, e de onde ele examina, com visão clara, o que deve acontecer em seguida. Quando, desse modo, como um raio, o tríplice fogo divino toca o plexo sacro, emana dessa fonte a reação humana, como uma resposta ao chamado do Pai, e o aluno diz, como outrora diziam os profetas: "Fala, Senhor, pois teu servo te escuta".

Então, a água viva, o fogo do Espírito Santo, se eleva, emanando do aluno que está neste mundo, para dar a tríplice resposta. O timo sangra como um ferimento aberto, de onde flui a síntese da alma em vossos corações. Da alta torre da câmara do rei dispara o fogo saturnino da justiça fustigante, como a luz celestial nas trevas deste mundo; e, produzido pela laringe espiritualizada, o som mágico é manifestado, e o *fiat* criador é emitido como um toque de trombeta.

Essa força tríplice inflamada pela tríplice luz divina é o auxílio secreto que os rosa-cruzes concedem a todos os que são dignos dele. É com esse auxílio secreto que os rosa-cruzes continuam sua luta em meio à agitação dos povos, hora após hora, segundo após segundo. Com essa força eles atacam tudo o que não está de acordo com a exigência das coisas. É assim que a *Fama Fraternitatis* diz: [...] *apesar de sabermos perfeitamente quais são as mudanças que estão sendo preparadas.* Então, repetimos estas palavras: Nós sabemos quais as mudanças que advirão; e, de acordo com nossa vocação, aspiramos de todo coração a comunicá-las aos que são instruídos por Deus, para que possamos colaborar o mais conscientemente possível com a realização do que deve acontecer em breve.

A linguagem que falamos é somente para os que compreendem a força de seu ser e que são enobrecidos para isso; ninguém pode fazer dela uma posse comum; nenhum indigno é capaz de roubá-la de nós. Com isso, referimo-nos às forças das trevas que, não obstante seguirem um processo similar, são inflamadas pelo plexo solar e não têm o órgão de visão interior do aluno que foi despertado em Deus. Bem que elas gostariam de possuir essa visão sublime para poder realizar seus pérfidos desígnios.

Desse modo, com a força secreta dos rosa-cruzes, que não pode ser transferida a terceiros e que também não pode ser roubada, os Filhos da Luz influenciarão todos os trabalhos positivos deste mundo, demolindo o que é ímpio e impulsionando o indigno à regeneração – não em um processo humano revolucionário tridimensional, mas conforme os impulsos divinos o permitam ou impeçam, impulsos divinos que incessantemente iluminam o aluno em seu caminho rumo ao Espírito, pois

[...] *nosso Deus não é cego como a Fortuna dos pagãos, mas é o ornamento da Igreja e a honra do Templo.*

A Fortuna pagã é o elemento especulativo por meio do qual o homem ligado a sua paixão natural se arrisca de muito bom grado. A Fortuna é a deusa cega, em pé sobre um globo, e que tem em seus braços a cornucópia da abundância da terra-mãe, para quem os cobiçosos estendem suas mãos ávidas, sem levar em conta o interesse dos outros.

Nosso Deus, porém, "que pensou o céu, e ele se fez", *é o ornamento da Igreja e a honra do Templo*. Ele é o princípio diretor central da comunidade dos santos e o princípio regenerador do templo interior da personalidade devotada a Deus. Essa força das forças, esse Deus de Deus, esse Criador onipotente que tanto amou o mundo e a humanidade, que nos en-

Capítulo 31 – O auxílio secreto dos rosa-cruzes

viou seu Filho unigênito para que pudéssemos entrar na glória eterna e imperecível, supra-humana, não tem nenhum interesse em nos guiar como cegos no caminho da realização automática negativa, porém nos inflama como portadores de archotes conscientes de sua sabedoria, de sua vontade e de sua atividade; para oferecer seu amor, transformado em uma força de vida em seus filhos, a todos os que são instruídos por Deus, a todos os que anelam pelo Espírito.

O que era desde o princípio,
o que ouvimos,
o que vimos com os nossos olhos,
o que contemplamos
e as nossas mãos tocaram,
a respeito do verbo da vida,
pois a vida foi manifestada,
e nós a temos visto,
e dela testificamos,
e vos anunciamos a vida eterna,
que estava com o Pai,
e a nós foi manifestada.
O que vimos e ouvimos,
isso vos anunciamos,
para que vós também tenhais comunhão conosco.
Ora, a nossa comunhão é com o Pai
e com seu Filho, Jesus Cristo,
em comunhão com o fogo do Espírito Santo.

32

Nossa filosofia não é nada nova, mas sim semelhante àquela que foi recebida por Adão depois de sua queda, e que Moisés e Salomão colocaram em prática. Assim, ela não tem necessidade de colocar muitas coisas em dúvida, nem de refutar ideias diferentes. Mas, como a verdade sempre é simples, concisa e semelhante a si mesma – e, principalmente, está em harmonia com JESU EX OMNI PARTE (Jesus em sua manifestação plena) e com todos os seus membros, assim como ele é a imagem de seu Pai e ela é sua contraparte – é errado afirmar: Isto é verdadeiro para a Filosofia, todavia é falso para a Teologia. Afinal, o que foi admitido como justo por Platão, Aristóteles, Pitágoras e outros, e aquilo que Enoque, Abraão, Moisés e Salomão demonstraram – principalmente o que está de acordo com a Bíblia, esse grande livro maravilhoso – converge e se torna uma esfera ou globo onde todas as partes estão a igual distância do centro, como isto será tratado mais ampla e profundamente em nossas dissertações cristãs.

Fama Fraternitatis R.C.

32

JESU EX OMNI PARTE

Quando um aluno da Rosa-Cruz, depois de laborioso esforço, penetra um pouco a essência da filosofia rosa-cruz, ele toma profunda consciência das palavras do Eclesiastes. Essas palavras, aparentemente quase sempre fatalistas e pessimistas, proclamam: "O que foi, isso é o que há de ser; e o que se fez, isso se tornará a fazer; de modo que nada novo há debaixo do sol. Há alguma coisa de que se possa dizer: Vê, isto é novo? Já foi nos séculos passados, que foram antes de nós". Quando o Eclesiastes leva seus ouvintes invisíveis através da cinzenta realidade, ele revela que existe uma só realidade, um só começo, um só fim, que é o Logos, Deus; e que tudo isso não para de girar em espirais em torno desta única exigência: a gênese do divino no céu e na terra.

Quando o aluno da Escola de Mistérios do Ocidente começa a investigar a magia da luz, ele descobre que *a verdade é sempre simples, concisa e semelhante a si mesma*, que ela abraça a ilusão do tempo pela eternidade, com seus braços plenos de amor. Do mesmo modo, quando a Rosa-Cruz se apresenta a vós, fazendo ressoar sua voz, soar suas trombetas, lançando um amplo e claro apelo a fim de vos despertar para a luz e de vos tirar da vida dilacerante, ela não o faz por meio de um chamado para algo novo, dizendo "Vede isto, vinde, é novo!", embora se trate do fato prodigioso de religar-vos com a verdade que abarca a eternidade, a verdade testemunhada pelos pioneiros desde a fundação do mundo e pela qual eles derramaram seu sangue, a verdade sobre a qual os profetas falaram e que todas as religiões, cada uma segundo sua vocação, cantaram. Trata-se da única exigência, da exigência divina que sempre continuou inflexível: a realização do plano divino por meio de cabeças, corações e mãos humanos.

Essa exigência divina nos cerca como um muro, e uma aflição imensa encontra-se diante desse muro, uma aflição causada pela ignorância e pela negação. Esse muro da vontade, da sabedoria e da atividade divinas tornou-se um muro de lamentações, o muro das lamentações de Jerusalém, diante do qual os cantores judeus exprimem sua ardente aspiração por meio de salmodias ritmadas, a fim de enternecer a Deus e revogar sua exigência.

Compreendeis que o sábio Pregador não ataca a verdade universal, porém a vós? Ele não diz "Cessai de buscar e tatear", mas fulmina vosso entretenimento com coisas e sistemas pretensamente novos que vos envolvem por um momento, pois precisais preencher vosso tempo, não é mesmo? Atacando vossa obra fragmentária, ele atesta que não há senão um modo de vos desligar desta tristeza, desta incomensurável dor, deste indizível sofrimento divino e humano, a saber: viver e realizar a verdade universal que se libera dos véus do passado e se perde nos longínquos horizontes do futuro.

Tudo aqui embaixo é agitação e conduz a grande cansaço; e à vossa volta erguem-se os muros da exigência divina. E agora que a humanidade já passou por milhares de experiências, agora que o sangue de tantas pessoas é derramado, e ainda será, a Rosa-Cruz vem até vós e vos diz: "Nossa filosofia não é uma nova invenção, nascida da cabeça deste ou daquele sapateiro filósofo". Quando falamos de "nossa" filosofia, não insistimos na palavra "nossa", pois nada é dado por nós. Nela não há nada que possais considerar posse pessoal, como se se tratasse de vossos móveis e de vossos míseros tostões.

Diante de vós é colocado um ensinamento, um sistema de evolução do divino em conexão com os ensinamentos que Adão recebeu depois de sua queda.

Provavelmente isso não vos diz nada, pois Adão não passa de um nome para vós; ou então vós o vedes como os antigos pintores o imaginaram. Em Londres, vimos uma pintura de Adão representada como um homem primitivo, um bronco peludo que faria até mesmo King-Kong fugir. E Eva era terrível, sem comentários. Aparentemente o pintor os havia visto em seu estado humano-divino, pois os dois ainda estavam nus.

O autor da *Fama Fraternitatis* certamente não estava olhando essa pintura quando falou sobre os ensinamentos que Adão recebeu depois da queda. De acordo com o significado bíblico, ele vê Adão como o símbolo da humanidade que está ligada à exigência divina pelo amor inexprimível do segundo aspecto do Logos, pelo amor de Cristo, mediador e instrutor eterno. A humanidade está ligada a essa exigência para preenchê-la, penetrá-la, aprofundá-la por intermédio de sua razão sempre buscadora, para enfim realizá-la pela força do Espírito Santo. Portanto, não precisais buscar os ensinamentos de Adão em nenhuma livraria, pois vós mesmos sois Adão; esses ensinamentos estão em vós e ao vosso redor. E podereis aplicá-los como Moisés e Salomão o fizeram; Moisés, a força da realização; Salomão, o sábio, o contemplador refinado das coisas desconhecidas.

Essa sabedoria, não humana, mas divina, não pode ser colocada em dúvida nem combatida. Bem que tentamos fazer isso, pois ela se opõe ao instinto natural, à autoconservação. Essa sabedoria é como uma espada pela qual somos traspassados. E então, nos revoltamos.

Quando a Rosa-Cruz se coloca diante do homem com essa exigência divina, ele oferece mil objeções; a exigência não é suficientemente intelectual, ou então não é misticamente libertadora, ou então é radical demais; não damos atenção suficiente à convicção pessoal, atacamos "as casas de oração", e assim as pessoas começam a defender-se. Primeiro, educadamente, depois até grosseiramente. Mas a sabedoria universal, que a Rosa-Cruz deve transmitir em virtude de sua vocação, não pode ser mudada conforme o gosto de cada um. É o próprio homem que deve ser transformado conforme a exigência dessa sabedoria.

Então, ele se torna brutal e procura matar o salvador de nossas almas e, se precisar, até vendê-lo por trinta moedas de prata. Mas a sabedoria não pode ser aniquilada. Após cada assalto, ela brilha mais bela, como uma visão de sonho irreal. Não se pode exterminar a Rosa-Cruz.

Essa verdade, sempre semelhante a si mesma, está em perfeita concordância com *Jesu ex omni parte*. Gostaríamos de traduzir essas palavras, ou melhor, de transcrevê-las como "Jesus Cristo conforme sua manifestação perfeita". A filosofia rosa-cruz está absolutamente de acordo com essa afirmação. E, como esse Deus na carne é a imagem fiel de seu Pai, será impossível dizer: "Isto é verdadeiro segundo a Filosofia, segundo a Ciência, mas é falso segundo a Religião e a Teologia". Não vejais este termo "Teologia" no sentido que lhe é dado hoje, mas sim como o verdadeiro conhecimento de Deus, a explicação de Deus que está harmoniosamente ligada à verdadeira ciência.

Mas como pode ser comprovado esse ensinamento da *Fama*? Como podemos refletir sobre ele, examiná-lo, compreendê-lo? No contexto do aprisionamento tridimensional, como podemos aceitar como já demonstrada a unidade da religião e da ciência, a estreita ligação desses dois pilares de toda evolução humana? Existe tal possibilidade? Sim, ela existe! Pois o que foi admitido como justo por filósofos realmente esclarecidos, como Platão, Aristóteles, Pitágoras e outros, e ressaltado por mestres da história da religião da humanidade como Enoque, Abraão, Moisés e Salomão, tudo converge para o livro maravilhoso: a Bíblia.

A Bíblia foi-nos dada pelos Senhores do Destino, que não podem enganar-se. Tudo o que é necessário para nosso desenvolvimento espiritual nós podemos encontrar na Bíblia. E, nesse livro maravilhoso, encontramos a unidade da religião e da ciência. De acordo com isso, a Rosa-Cruz esforça-se para nos fazer compreender esse livro conforme sua verdadeira natureza; para libertá-lo de toda desfiguração e disparate exotérico, e oferecê-lo às almas buscadoras.

Tudo converge e se torna uma esfera ou globo onde todas as partes estão a igual distância do centro.

Em *As núpcias alquímicas de Christian Rosenkreuz*, os candidatos, cavaleiros do Tosão de Ouro, todos providos de um poder interior chamado de "o pajem", são enviados para realizar uma livre pesquisa no castelo da iniciação. No decorrer de sua viagem de pesquisa, Cristiano Rosa-Cruz chega a uma imensa esfera. Para seu profundo espanto, ele descobre que estão indicadas nessa esfera áurea todas as moradas dos Cavaleiros do Tosão de Ouro e de que modo se pode abri-la e chegar até seu centro.

Cristiano Rosa-Cruz penetra até o coração dessa esfera e se vê como dentro de um sublime planetário. Ele vê os corpos celestes girando através do espaço; ele descobre a grandiosa concepção do plano de Deus. Em um arrebatamento dos sentidos, ele vê a unidade do Universo, todas as coisas sobre as quais nós e tantos outros já falamos e sobre as quais ainda falaremos *em nossas dissertações cristãs*, no passado, no presente e no futuro; todas as coisas que um dia vós mesmos lereis no grande livro da vida formam uma esfera, uma forma universal.

Nós vos convidamos a seguir conosco os passos de Cristiano Rosa-Cruz e a penetrar no coração dessa esfera. Nós aí vemos a luz que aquece e purifica o mundo, *Jesu ex omni parte*, Jesus Cristo, o Senhor de toda a vida. E nós, em nossos locais de trabalho neste mundo, como verdadeiros franco-maçons que constroem uma verdadeira cidadela na qual a verdade poderá habitar entre nós, sabemos, nós e todos os nossos irmãos e irmãs da onda de vida humana, que estamos equidistantes desse ponto luminoso, radiante e cheio de amor, que nos dispensa um saber universal e uma mensagem cheia de graça, mensagem que toma forma no Evangelho. Enquanto nos aquecemos nesse áureo coração solar do Pai, vemos as estrelas seguindo seu curso e os planetas realizando suas órbitas através da substância original. O Universo inteiro anuncia a obra de suas mãos.

Capítulo 32 – Jesu ex omni parte

Claro, nossa filosofia não é nenhuma nova invenção. Ela é a voz de Deus, que nos impulsiona a seguir o caminho que ele quer nos mostrar. Não fiquemos, pois, diante do muro das lamentações, esse muro construído por nós mesmos, lamentando-nos de nossos sofrimentos e de nossos desejos. Vamos trabalhar, na certeza sagrada de que, onde quer que estejamos, estamos todos equidistantes do divino centro radiante – e pouco importa em que estado estejamos.

Tende coragem mesmo na dor,
mesmo que sangre o coração.
Cristo os véus nebulosos rasgou,
libertação surge em seu grande amor.

33

Todavia, a fabricação ímpia e maldita do ouro, particularmente em nossa época, desenvolveu-se tanto que incita muitos bajuladores extraviados, dignos do patíbulo, a cometer grandes vilanias e a abusar da curiosidade e da credulidade de muitos, a ponto de muitas vezes pessoas modestas pensarem que a transmutação dos metais poderia ser o ápice e o fastígio da Filosofia e fazerem tudo com esta finalidade: Deus, ele mesmo, deveria ser suficientemente bom para lhes permitir fabricar grandes quantidades de ouro e de pepitas de ouro. Além disso, elas esperam convencer disso o Deus onisciente, que vê nos corações, por meio de preces levianas e de rostos constritos e amargos.

Portanto, testemunhamos oficialmente aqui que isso não é correto sendo que a produção de ouro para os verdadeiros filósofos é algo insignificante e de pouca importância. Em comparação com isso, eles possuem milhares de coisas mais importantes. E nós dizemos com nosso amado Pai C.R.C.: Phui! Aurum nisi quantum aurum! (Puh! Ouro – nada mais do que ouro!). Com efeito, aquele para quem a natureza inteira se revela não se regozija por poder fazer ouro ou, como Cristo diz, que os demônios lhe obedeçam, porém por ver o céu aberto e os anjos de Deus subir e descer e seu nome escrito no Livro da Vida.

Fama Fraternitatis R.C.

33

A FABRICAÇÃO DE OURO AO LONGO DOS SÉCULOS

No decorrer de seus estudos sobre a filosofia ocidental, os alunos da Rosa-Cruz provavelmente tenham tomado conhecimento de publicações sobre a antiga alquimia dos rosa-cruzes, sobre a tão misteriosa obra dos esoteristas da Idade Média: a fabricação do ouro a partir dos metais vis. Sem dúvida, conheceis as gravuras encontradas em livros antigos, nas quais homens austeros, cheios de dignidade, cobertos por grossas roupas de lã debruçam-se sobre seus alambiques e retortas, enquanto estranhos vapores tentam escapar pelas bocas escancaradas das chaminés. Segundo as lendas, os alquimistas deviam exercer sua profissão de preferência à noite, enquanto os homens dormiam: o perigo de ser descoberto era menor. É claro que os laboratórios dos alquimistas da Idade Média atraíram a atenção de milhares de pessoas, e uma multidão incalculável dedicou-se a investigar seus livros para aí descobrir seus métodos.

Conforme a sugestão da *Fama Fraternitatis*, vamos agora dirigir vossa atenção para a fabricação do ouro, essa arte mágica tão avidamente cobiçada. Esperamos e rogamos que nos seja concedido encontrar o método de explorar o caminho que conduz a riquezas incomensuráveis. Para começar, permiti dizer-vos o seguinte: os antigos alquimistas não se escondiam à noite por detrás de portas chaveadas e trancadas com barras de ferro, mas trabalhavam e sofriam por vós; queriam vos enriquecer, a ponto de o mundo já não poder conter vossos tesouros.

Existem três tipos de fabricação de ouro: a fabricação do ouro da consciência do eu, a fabricação do ouro da consciência da alma e a fabricação do ouro da consciência do Espírito. O ouro do eu caracteriza-se pela radiação vermelha da força dos desejos, o ouro da alma é visto como a força da misericórdia e o ouro do Espírito aparece no brilho ofuscante de uma nova criação.

Quem não conhece a rubra chama dos desejos? Quem não está quase a toda hora nesse fogo devorador? Quem não conhece o imenso sofrimento dos desejos? Sois arrastados por um desejo tão vasto quanto o mundo. Vossos olhos perscrutam o horizonte, e medis a distância entre o atual e o que pode ser atingido. Vossos músculos tensionam-se, e o nervosismo vos faz tremer com o frio deste mundo. Desejais o calor, e não há calor. Desejais o amor, e não há amor. Desejais a paz, enfim a paz, e, ó Deus!, não há paz.

Vemos vossos pensamentos assustados protestarem, pois há homens que acreditam ter encontrado seu mundo encantado ao lado de uma pessoa amada, ou talvez ao lado de uma posse material que eles roem como um cão rói um osso. Encontrastes vosso sossego, e uma paz tranquila desceu sobre vossa agitação. Vossos olhares mergulham na pessoa que amais, ou saboreais, com um sorriso largo, vossa parte no que chamais os bens desta terra.

Sois, porém, como uma criança grande. Logo que as chamas rubras sobem cada vez mais alto e que as hierarquias de Marte vos tocam mais violentamente que nunca, sois expulsos do mundo que acreditastes ser encantado. A própria vida vos toma de assalto. Aqueles com quem vossa felicidade estava associada morrem, deslizando por detrás dos véus do além. Não com a bela harmonia das estrelas, no giro da roda do tempo, mas arrancados de vós com um grito mortal. Uma dor surda persiste em vosso coração e um novo desejo, um desejo de reunião, vos agarra com grande força. Vossos filhos frustram vosso desejo de verdadeira felicidade. Eles destroem vossas ilusões. A esperança frustrada oprime vosso coração. Como uma tempestade, esse desejo se inflama, até que finalmente, cansados de lutar, aniquilados, soçobrais nesse mar vermelho dos desejos insaciáveis, com todos os vossos tanques de guerra.

O que vem a ser essa cobiça, esse desejo insaciável secular? O que vem a ser esse violento impulso em vosso sangue, que ora vos faz ofegar de tanto esforço, ora vos corta o fôlego para que possais compreender o que ele significa? De onde vêm esses redemoinhos vermelhos, que nunca param de girar?

A reposta dos alquimistas é surpreendente. Eles dizem que o desejo é uma força que vos é enviada pelos hierofantes de Cristo; é o Senhor de toda vida que vem ao vosso encontro no caminho da humanidade. Um grande espanto toma conta da multidão. Como pode acontecer isso? Não foram os místicos que nos preveniram quanto às destruidoras chamas dos desejos? Não são os gnósticos que nos mostram o não desejar, que eles tentam despertar em nós? E nós? Já não falamos aqui, ainda há pouco, sobre a libertação do turbilhão dos desejos? Então, como se explica isso? Os irmãos rosa-cruzes estariam fazendo referência a um dom de Cristo que nos faz mergulhar, por meio das hierarquias de Marte, nesse Mar Vermelho que separa os continentes?

Sim, o novo conhecimento esotérico descobriu a verdade em meio a essas contradições aparentes; ele descobriu a verdade libertadora que faz surgir neste mundo a bondade e a justiça. É com o ouro vermelho do desejo que podemos comprar a entrada que conduz ao caminho. É cientificamente certo que a força do desejo jaz oculta no homem e não pode ser extirpada dele. Desde o princípio, todos foram inflamados por um desejo desenfreado, não para morrer nessa cobiça ardente, mas para finalmente poder triunfar por esse ouro. Em tempos muito remotos, os hierofantes de Cristo nos fizeram mergulhar no nadir, por meio do desejo; e, quanto mais profundo o mergulho, tanto mais fortes são sua pressão e seu poder de sucção.

O desejo é esse fermento de Marte, duro como o aço, em nosso sangue; é essa energia dinâmica, esse dom divino mediante o qual sois incessantemente fustigados, agitados e empurrados para frente, rumo a um novo alvorecer. É a força com a qual tentais manter-vos para fazer vosso eu triunfar. Mas descobrireis que essa força ultrapassa vossa consciência-eu e demole a autoconservação. Os muros que edificais à vossa volta são demolidos, vossos bem-amados morrem e vossa posse material é constantemente violada.

A cobiça desperta em vós uma fome que não pode ser apaziguada, mesmo que nadeis em dinheiro. Pela cobiça, entrais em todo tipo de dificuldades, causadas pela vossa busca pelas coisas materiais. Em vossa ilusão, atolais-vos em pecados; mas a fome dos desejos inferiores não pode ser aplacada antes de descobrirdes o objetivo deste impulso divino: empurrar-vos para a decisão de buscar, com todas as vossas forças, a Terra Prometida, transportados pela dinâmica de vosso desejo de salvação.

Então, vede: quando escapais das coisas com as quais tentais abafar vosso desejo, as rubras chamas cedem, para vos abrir passagem. Entrais no deserto de um novo continente, onde uma nova luta se apresenta, como um processo natural, marcado a fogo em vós pelos hierofantes de Cristo. Com o ouro da autoconsciência – a cobiça – é preciso desenterrar o ouro da alma do deserto arenoso deste mundo.

E no novo país, na sinfonia eterna entre a luz e as trevas, ouvis novamente "o mesmo cântico das coisas seculares": o ouro do eu vos empurra ao abandono consciente do eu, para que o ouro da alma desperte. A nova força cristã, que vos inquieta, impulsiona-vos incessantemente contra o rochedo de vossa autoconservação e, com grande dor, atravessais o deserto durante os quarenta anos simbólicos. Nos alambiques e nas retortas de vosso laboratório interior, o ouro da alma começa a separar-se, o ouro do verdadeiro amor humano, o ouro do amor ao próximo e da misericórdia.

Entretanto, assim como a luta contra os desejos inferiores desperta outro desejo mediante força mortificadora, assim também o ouro da misericórdia aumentará vossa dor. À medida que o desejo de salvação se fizer presente em vós e que vosso amor ao próximo tiver se desenvolvido, a autoconservação em vosso próprio ser, no homem e na sociedade, abrirá abismos diante dos quais torcereis as mãos em desespero.

Tentais lançar pontes e achar compromissos e tentais exaltar-vos na arte, na ciência e na religião, buscando uma beleza de alma refinada. Compondes belos poemas, semeais no deserto. Cantais cantos saturados de ritmos acalentadores. Sabeis emocionar por meio de palavras e por vosso romantismo.

Sois, porém, grandes simuladores. Tentais aniquilar o impulso divino com a falsidade. No deserto deste mundo, envolveis com as forças de vossa alma o cadáver de nossa civilização. Colais textos bíblicos e sentenças humanitárias nos muros de vossa noite.

Entretanto, com tudo isso, não podeis apagar vossa dor. Não vos restam senão as sombrias chamas rubras de vosso desejo e o estrangulamento de vossa alma. Por isso um terceiro passo deve ser dado nesse caminho, para que o ouro do espírito possa surgir. É a etapa da realização. Entretanto, aqueles que querem dar esse passo devem fazê-lo com profunda sinceridade e com grande força. Por isso uma pessoa à qual nos sentimos extremamente ligados nos disse: "Aqui são requeridos heróis e heroínas".

Trata-se, aqui, de tornar-se um verdadeiro cristão, de saber realmente viver as exigências do cristianismo. É neste ponto que derramamos nosso desejo e nossa força de alma na energia do Espírito Santo. É assim que realizamos verdadeiramente a vocação humana. É assim que nos tornamos construtores, franco-maçons. Então, já não há nenhuma busca, nenhuma experimentação em proveito próprio, mas, sim, uma concordância total com a exigência daquele que é a alma de todos. Esse é o alquimista, o mago que, debruçado sobre suas retortas mágicas, delas extrai o ouro imaculado do Espírito, em perfeita autonegação, para chegar a uma criação absolutamente nova.

Esse é o segredo da tríplice fabricação do ouro, segredo que tem permanecido imutável ao longo dos séculos. O ouro tríplice é assim chamado porque essa trindade emana do eterno coração solar de Jesus Cristo, o mediador entre o plano de Deus e a criação segundo o Espírito Santo.

Essa força de Deus que traz a bem-aventurança vem, a princípio, a nosso encontro por meio das hierarquias de Marte, para que, pela pressão do desejo, nasça o anseio por salvação. E para desenvolver esse desejo de salvação e aí fazer resplandecer a exigência de Deus, o Antigo Testamento coloca junto a esse dom divino a lei que diz respeito às coisas inferiores: Não cobiçarás!

Os Senhores de Vênus vêm, em seguida, ofertar o segundo impulso de Cristo: o próprio mediador desce entre nós como um dos nossos para que, caminhando em sua luz, possais, vós mesmos, produzir o segundo ouro: o ouro da alma.

Entretanto, agora que a ação motriz do desejo está presente e que o ouro imaterial da alma, como possibilidade de triunfo sobre a vida e a morte em Cristo, tornou-se vossa posse, como um novo dom, as hierarquias de Urano, o terceiro impulso de Cristo, intervêm para vos incitar à decisão pessoal de utilizar os dons adquiridos nas retortas cheias de vosso ser mais profundo, para uma nova criação, para um novo nascimento, que engloba todos os domínios da matéria e do espírito.

Agora, vede como o esforço dos irmãos da Rosa-Cruz para ensinar a todos esse método de modo mágico, em Cristo, foi interpretado e empregado pelo vulgo para obter um ganho inferior e como, sob a máscara de rosa-cruzes:

[...] incita muitos bajuladores extraviados, dignos do patíbulo, a cometer grandes vilanias e a abusar da curiosidade e da credulidade de muitos, conforme o lamento da Fama Fraternitatis.

Comparai a tríplice magia da Fraternidade da Rosa-Cruz aos esforços de uma multidão incontável que abusa da santa magia para diversos objetivos, a fim de satisfazer a curiosidade, de enriquecer ou de ganhar a vida, pois ninguém ousou aceitar o desafio da palavra flamejante: "Buscai primeiro o reino de Deus e sua justiça, e todas as outras coisas vos serão acrescentadas".

Um apelo "às armas" deve ressoar aqui, pois os vermes roem sem parar o grão dourado; às armas para conservar a pureza de nossas intenções a serviço dos Irmãos Maiores da Rosa-Cruz. É por isso que dizemos, conforme as palavras da *Fama*, com nosso bem amado Pai C.R.C.: "Puh! – nada mais do que ouro!"; mas ele se regozija "em ver o céu aberto e os anjos de Deus subir e descer, e seu nome escrito no Livro da Vida". Agora, prestai atenção às palavras da Primeira Epístola aos Coríntios:

Semeia-se o corpo em corrupção,
ressuscitará em incorrupção.
Semeia-se em ignomínia,
ressuscitará em glória.
Semeia-se em fraqueza,
ressuscitará em força.
Semeia-se corpo natural,
ressuscitará corpo espiritual.
Se há corpo natural,
há também corpo espiritual.

E nesse sentido também está escrito: "O primeiro homem, Adão, foi feito alma-vivente; o último Adão, espírito vivificante" – pela tríplice fabricação do ouro.

Que aquele que tem ouvidos para ouvir, ouça. Esperamos e rogamos que possais compreender essa linguagem.

34

Testemunhamos também que sob nomes alquímicos aparecem livros e figuras que são afrontas à honra de Deus. A seu devido tempo, nomeá-los-emos e daremos um catálogo deles aos puros de coração. Pedimos a todos os letrados que tomem o devido cuidado com esses livros, pois o inimigo não para de semear seu joio, até que alguém mais forte o impeça.

Fama Fraternitatis R.C.

34

O ÍNDEX PROIBIDO

Um violento combate é empreendido neste mundo: um combate entre os poderes do bem e os poderes do mal, um combate entre dois desenvolvimentos de consciência: a consciência saturnina em harmonia com o plano divino, o estado de consciência nascido no desejo de salvação, em Cristo; e a consciência saturnina nascida da negação do plano divino, o início e o estabelecimento do satanismo. O homem atual é uma mistura desses dois estados de consciência e a intensa e furiosa luta que ocorre fora dele também acontece dentro de seu próprio ser. A energia dinâmica, base de toda a atividade autocriadora do espírito humano, é essa força assombrosa, transmitida a nosso sistema de desenvolvimento pelos hierofantes de Cristo. Ela faz nascer a consciência humana, pela sua interação com a forma que nós habitamos, confirmando, assim, as palavras da Bíblia: "Eis que este é posto para queda e para ressurreição de muitos".

Para compreender como as coisas acontecem, observai bem que neste mundo todos os fenômenos emanam de uma única força. A consciência divina nascente, assim como o satanismo, emanam da mesma fonte. Graças ao plano de livre desenvolvimento que está na base da onda de vida humana, o homem pode empregar a água da vida que flui da fonte de todas as coisas de duas maneiras: ou para uma queda, ou para uma ressurreição. Tal é a ordem natural que se manifesta em todos os domínios da matéria e do espírito. Com a língua, o homem pode louvar a Deus, mas com esse mesmo órgão, pode maldizê-lo. Com a laringe, ele é capaz de produzir sons articulados: palavras de compaixão e de amor; mas também corrosivas palavras de ódio. Com a mão, ele pode auxiliar e assim realizar a exigência de Deus; mas com essa mesma mão, pode causar devastação e direcionar uma bomba. Se quiserdes refletir a esse respeito, descobrireis que com cada órgão é possível realizar ações honestas ou desonestas, sob o impulso dinâmico do desejo.

Entretanto, o resultado dessas duas ações é diferente, apesar de elas emanarem da mesma fonte. Essas duas maneiras de agir têm como consequência uma ampliação da consciência; ambas criam uma experiência mais ampla. Mas o homem que escolhe a parte boa cresce na direção da luz, enquanto o outro cresce na direção das trevas. Inúmeras vezes, no presente ou no passado, a humanidade escolheu a parte ruim. Por essa razão, sua manifestação atual é um jogo dramático entre luz e trevas, com muita treva e bem pouca luz.

Um leitor preparado do ponto de vista filosófico descobrirá, sem dúvida, uma falha nesse raciocínio. De fato, deve haver uma causa que nos leva a escolher o mal em lugar do bem. E é por isso que a consciência é perturbada.

Podemos descobrir essa causa primeira? Claro, pois a encontraremos na natureza e nas propriedades do mundo material onde nossa peregrinação se efetua neste momento. A ordem mundial do nadir não se mantém senão pelo ser da morte, o que é provado pelo fato de um reino natural só poder manter-se matando e devorando outro reino. Quando, pela queda, entramos no nadir da materialidade, tivemos de sofrer a morte para poder desenvolver a consciência-eu. A esse respeito, a *Fama Fraternitatis* observa que foram dados a Adão, isto é, à humanidade, em sua queda, ensinamentos universais para que, orientando-se por eles, ele soubesse como realizar sua peregrinação na região da morte e assim triunfasse o mais rapidamente possível desta natureza da morte.

No entanto, somente quando o homem possuir experiência e maturidade suficientes poderá aplicar esses ensinamentos universais. Por isso, percebemos aqui um grande perigo. No estágio experimental, seguindo o caminho da menor resistência e seguindo o impulso de sua natureza autoconservadora, o homem constrói uma consciência que se afasta de Deus, e então o satanismo desenvolve-se nitidamente dentro dele, antes mesmo que ele possa se dar conta disso.

Não haveria também uma falha nesse raciocínio? Claro! O homem peca muitas, muitíssimas vezes antes de tomar consciência disso. Ele escolhe as trevas, às vezes com a maior das boas intenções. Será lógico, isto é, estará em harmonia com a perfeição do Logos, que o homem seja sacrificado antes de saber que ele é um objeto de sacrifício? Será esse o amor divino? A ordem divina? Não descobrimos aqui uma situação não prevista pelo plano divino, uma mancha negra na perfeição divina?

Não julgueis tão apressadamente! No momento em que as consequências desse perigo ameaçavam gravemente o livre desenvolvimento do mundo e da humanidade, de tal modo que se poderia falar de um fim, Deus mesmo veio à humanidade. A descida no nadir, tão angustiante, tornou-se necessária depois da queda no pecado; assim, no momento supremo, Deus mesmo aproximou-se da humanidade. E falamos na linguagem do livro sagrado: "Deus amou o mundo de tal maneira, que deu o seu Filho unigênito, para que todo aquele que nele crê não pereça, mas tenha a vida eterna". Esse santo de Deus, essa força das forças, pronuncia o mantra libertador para aqueles que pecam por ignorância: "Pai, perdoa-os, porque não sabem o que fazem".

Assim, por meio de um raciocínio filosófico, quisemos mostrar que chegastes a uma crise estrutural e espiritual nesta vida, situação na qual, se quereis seguir o caminho da salvação, não podeis dar nenhum passo ou avançar um milímetro sem Jesus Cristo. Ele veio inflamar nossa ordem natural com sua ordem espiritual, para nos salvar. As palavras que ele pronunciou: "Sem mim, nada podeis fazer" são, portanto, perfeitamente precisas do ponto de vista esotérico-científico. Quisemos mostrar-vos por que os rosa-cruzes escolheram a cruz de Cristo como único meio possível de libertar a humanidade de seu indizível sofrimento, para que um dia as rosas da derradeira realização possam finalmente florescer. No caminho de todo ser humano, Cristo se faz ouvir neste chamado: "Vinde a mim, todos os que estais cansados e oprimidos, e eu vos aliviarei", vós, cansados de vossa luta e oprimidos pelo satanismo de vossa natureza de desejos inferiores, que desenvolveu-se dentro de vós ao longo dos séculos.

Poderíamos continuar parafraseando esse texto, mas à luz da Rosa-Cruz não deixamos ninguém partir antes de tê-lo religado à sua tarefa. Cristo quer ser para nós aquele que nos liberta do impasse das tensões despertadas na ordem natural; entretanto, neste mundo, deveremos cumprir nosso mandato divino pela força de cabeças, corações e mãos, em bondade, verdade e justiça. Cristo não nos salva de nossa tarefa não cumprida, nem da realidade fragmentada. Ele nos salva para o cumprimento de nossa tarefa, para o restabelecimento dessa realidade fragmentada, mediante a liberação das forças divinas latentes em nós.

Essa concepção é o ponto capital que diferencia a Gnosis dos rosa-cruzes da teologia ortodoxa. É por isso que nós vos ligamos novamente à *Fama Fraternitatis*:

Testemunhamos também que sob nomes alquímicos aparecem livros e figuras que são afrontas à honra de Deus. A seu devido tempo, nomeá-los-emos e daremos um catálogo deles aos puros de coração.

Pedimos a todos os letrados que tomem o devido cuidado com esses livros, pois o inimigo não para de semear seu joio, até que alguém mais forte o impeça.

Neste mundo, é empreendido um grandioso combate entre os poderes do bem e os do mal. Quando o homem se redescobre neste mundo como unidade criadora consciente, ele sabe que possui a energia dinâmica já citada e o ensinamento universal que se manifestou a ele sob inúmeras formas, de pleno acordo com seu nível de desenvolvimento. No meio da morte, o homem realmente seguiu o caminho da experiência, porém, por falta de conhecimento, ele desenvolveu, sob o impulso da natureza terrestre, a consciência apartada de Deus, o satanismo. Quando o homem toma consciência da miséria desta natureza inferior, ele se torna apto para renascer em Cristo a fim de assumir sua verdadeira vocação.

É claro que podeis recusar essa salvadora mão de Deus porque não quereis aceitar a exigência do cristianismo, a exigência da autonegação, uma vez que considerais a reforma de vossa vida, que será o resultado da realização em

Cristo, como a antítese de vosso impulso natural, porque não desejais fazer a oferenda pela qual a montanha da purificação poderia ser escalada. Se fordes um ser desse tipo, este será o que será vosso futuro: Cristo, que quer vossa ressurreição, se transformará em uma força que se manifestará nesta natureza através de uma queda. A energia dinâmica, a voz que clama pelo devir, entrará em interação com os veículos que habitais, reforçando assim, dia após dia, vossa consciência apartada de Deus. Deveis levar em conta que uma consciência desse tipo cresce bem mais rapidamente do que a consciência do ser que busca a libertação divina, e descobrireis que vossa consciência satânica passará a ser, muito rapidamente, bem mais marcante que a dos outros homens.

Por vossa atitude, por vosso olhar, por vossas palavras, por vosso grande poder intelectual, adquirireis muito rapidamente um grande poder sobre muitas pessoas. Vossa ampla consciência vos colocará em relação com as forças ocultas da natureza, e entrareis em contato com homens que, antes de vós, já seguiram um caminho semelhante. Uma vez chegados a esse ponto, sereis colocados pela última vez diante de uma escolha: ou seguir o caminho de regresso, ou prosseguir no caminho antidivino.

Se escolherdes este último, sereis aceitos nas fileiras dos irmãos das trevas, e nenhum retorno será possível. A partir desse momento, vossa consciência apartada de Deus será cortada do plano divino. Essa queda pavorosa só terá uma única saída: a aniquilação final, a rejeição nas trevas exteriores.

Portanto, aí está o combate. Combate das forças que se opõem ao plano divino e que, conhecendo sua degradação, engajaram-se em uma luta desesperada contra as forças que possuem a consciência divina. Um afrontamento desses não é direto, pois se o fosse, veríamos que a luta viraria imediatamente a favor dos Irmãos da Luz. Não. Essa luta é um combate complicado e visa um grande e pesado despojo: a massa, o homem como animal de rebanho. Apostando todos os seus poderes, as forças das trevas lutam pela vida ou pela morte e por sua autoconservação, que depende de seu poder sobre a massa, da estupidez desta, de seu desenvolvimento desenfreado, de onde sai o autoaniquilamento do indivíduo livre, em desenvolvimento.

O mal só pode se manter em vós se lhe ofereceis abrigo, se o deixais entrar. Quando vós o expulsais, ou o afastais pela força de Cristo, acaba-se o reino das trevas em vós. Assim, podeis compreender que o mal deste mundo, que o reino das trevas, somente pode manter-se neste mundo, nesta sociedade, quando encontra uma morada. E quando essa morada não lhe é oferecida espontaneamente, ele tenta apoderar-se dela, por uma manifestação de poder autoritária ou totalitária, pela opressão, pela escravidão.

Essas manifestações, porém, não passam de grosseiras expressões provocadas pela angústia, pelo desejo de autoconservação das malditas forças das trevas. A verdadeira batalha travada é extremamente refinada e é realizada por intelectos altamente desenvolvidos. Aí está: o espírito humano é conduzido pelo labirinto das coisas, acorrentado à multiplicidade de ideias, por meio da ciência materialista e bitolada, pela arte decadente, com o auxílio da religiosidade de nossa época, que maldiz o vir-a-ser divino.

Muitas imposturas apresentam-se nos domínios da arte, da ciência e da religião *sob nomes alquímicos*, pretendendo trazer a regeneração. Essas imposturas entenebrecem a magnificência de Deus e trabalham em benefício do grupo da ordem das trevas, que é torturado por uma angústia extrema.

A jovem Fraternidade gnóstica, que se colocou a serviço de Jesus Cristo, não pode empregar métodos desse tipo. Não faria qualquer sentido forçar-vos a tomar vosso lugar nas legiões da luz. As forças da luz não podem interferir de modo autoritário mesmo que, em vossa nostalgia, vós o suplicásseis. Os raios de luz não podem iluminar o céu quando o próprio sol ainda não se levantou no horizonte.

É por isso que vimos até vós com um premente chamado que se dirige ao que há de superior em vós, ao que é realizado em vós pelo Cristo, a fim de vos admitir em nossas fileiras, a serviço da bondade, da verdade e da justiça. É unicamente pela luz, com os métodos da luz, que poderemos triunfar. E quem fez essa escolha como aluno é muito bem orientado para demonstrar sua ação, no tempo certo, de maneira adequada. Ao aluno puro de coração é revelado integralmente o "Índex proibido", o método imoral e tenebroso das malditas forças das trevas, para que, como um apóstolo, ele possa mais tarde atacar conosco o inimigo e arrancar o joio, a erva daninha.

Convidamos todos os que são instruídos pelo amor de Deus *que tomem o devido cuidado com esses livros, pois o inimigo não para de semear seu joio*. Nós vos chamamos à tarefa de cabeças, corações e mãos, ligados ao Senhor do Amor, para que sejais um símbolo flamejante neste mundo tenebroso.

Nós vimos o rosto daquele que um dia triunfará; nós o vimos em um arrebatamento dos sentidos: é o vosso rosto, em uma manifestação divinizada.

35

Conforme intenção de nosso Pai C.R.C., nós, seus irmãos, solicitamos mais uma vez a todos os sábios da Europa que lerão nossa Fama (editada em cinco línguas) e nossa Confessio latina, que examinem suas artes com espírito ponderado, de maneira rigorosa e escrupulosa, considerem a época presente com todo o zelo e nos anunciem, então, o fruto de suas reflexões, manuscritas ou impressas, quer coletiva, quer individualmente, pois, apesar de não revelarmos nem nosso nome nem o de nossa assembleia, o julgamento de cada um, em qualquer língua que seja, seguramente chegará até nós. Além disso, quem nos revela seu nome pode estar completamente seguro de que tomará contato com um de nós, seja verbalmente ou, se tiver algum escrúpulo, por escrito.

Fama Fraternitatis R.C.

35

Um encontro com os
Irmãos Maiores da Rosa-Cruz

Os hierofantes dos mistérios da Rosa-Cruz falam ao aluno em cinco linguagens, impessoalmente. Toda a sua sabedoria, toda a sua vontade dinâmica, toda a sua atividade, expressam-se nessas linguagens e, para vos indicar as condições elementares que levam a isso, a *Fama Fraternitatis* da Rosa-Cruz veio habitar entre nós.

A primeira linguagem falada pelos hierofantes dos mistérios ocidentais é a de Jesus Cristo, nosso Senhor. Os caracteres dessa linguagem não se apresentam a vós pelos caminhos já batidos da teologia, nem pelos tratados de qualquer comunidade esotérica. As belas figuras dessa linguagem não podem ser lidas e compreendidas senão por aqueles que são instruídos por Deus. Essa linguagem, profundamente vivente, é de fundamental importância. Não se trata de um amontoado de conceitos truncados e ilusórios que formam frases, mas sim de uma alta magia que irradia com beleza ofuscante. Ler essa linguagem, poder lê-la, significa vivê-la e sentir sua magia.

Não podeis evitar essa linguagem; tendes de aprendê-la. Muitas pessoas acham que ela é difícil de ser compreendida, alegando que a gramática é complicada e intrincada e que suas exigências linguísticas são antinaturais. Porque uma dessas exigências não seria: "Quem ama seu pai ou sua mãe mais do que a mim, não é digno de mim"? Uma outra regra imposta não é: "Vai, vende tudo o que tens e segue-me"? E: "Trabalhai pela vossa salvação em temor e tremor"?

Quem, pois, pode aprender essa linguagem? Quem seria assim insensato para iniciar-se nessa linguagem criativa? Isso não é possível no contexto que nos é tão familiar!

Por isso foi criada uma linguagem auxiliar, com muitas adequações e numerosas simplificações. Muitas concessões foram acordadas e a genialidade da linguagem foi definitivamente mutilada, e sua beleza transformou-se em caricatura. Apesar de tudo, ninguém pode subtrair-se à primeira linguagem, a de Jesus Cristo, nosso Senhor. Muitos buscadores tentaram fazê-lo, e muitos outros vão continuar tentando, em vão. Todos girarão em falso, no caos dos valores inferiores, atormentados pela sinfonia infernal do satanismo. Até que chega a hora em que o aluno, o pioneiro, está pronto para estudar os verdadeiros caracteres da maravilhosa linguagem de Cristo, com todas as consequências pertinentes.

Então, ele será conduzido à segunda linguagem dos hierofantes de Cristo, que constitui uma fase superior do caminho. Fostes primeiramente colocados diante da formidável exigência do Evangelho, em total disponibilidade para aceitá-la, aonde quer que o caminho vos leve. Agora sois conduzidos aos átrios da capacidade criadora. Quando os últimos dias de vossa autoconservação primitiva chegarem ao fim, e quando, com um suspiro, apressardes o passo para ir ao encontro de Cristo, o espírito de Deus se derramará sobre vós. Conforme as palavras dos Atos dos Apóstolos, vos tornareis como um novo homem, renovado segundo o espírito, começareis a ter "visões", visões de novas possibilidades, de novas revelações, de uma vida humana autêntica, livre da força dos sentidos inferiores, livre para uma nova ordem mundial. Então sereis inflamados por outra idealidade sobre a qual falareis e testemunhareis. Se necessário, rompereis e atacareis como um raio flamejante tudo o que houver de ímpio e imperfeito em vossos semelhantes, a fim de regenerá-los, para que se tornem portadores de archotes.

Logo, porém, esse bramir juvenil e esse chispear transformam-se, no aluno, na maturidade do conhecimento, o que o conduz à terceira linguagem rosa-cruz. Como os antigos, ele terá sonhos. Cortejos coloridos de idealidade, considerados em um arrebatamento dos sentidos, agora são avaliados e pesados, conforme a primeira exigência do Evangelho. Trata-se aqui de um processo alquímico. Ampliado, refletido com maturidade e sentido profundamente em todas as suas sutilezas, surge o sonho da realização.

Nos olhos dos irmãos e das irmãs que já atingiram essa fase de desenvolvimento, percebemos uma luz muito profunda, uma claridade maravilhosa e uma profunda nostalgia. É que seus olhos contemplaram o mistério que eles mesmos construíram, conforme as indicações dos hierofantes. Eles não vos podem dizer o que viram nos sonhos que sonharam em vigília. Eles não podem fazer poemas ou cânticos, pois nunca poderíeis compreendê-los. Não; eles devem construir, devem se tornar franco-maçons, devem apresentar sua linguagem de sonho como um edifício, com a dinâmica de cabeças, corações e mãos.

Esta é a quarta linguagem dos alunos da Rosa-Cruz: a dinâmica da construção, o cinzelar dos caracteres ígneos e flamejantes do evangelho mediante a ação. Podeis fazê-lo por intermédio daquele que é por toda a eternidade.

E então o quinto degrau do caminho do pentagrama se apresenta. O Templo Branco irradia e ilumina, como o átrio de tudo o que era, que é e que um dia será. Não como uma exigência do Evangelho que vem vos perturbar; nem como um ideal brilhante como um painel luminoso; nem como uma visão de sonho bem trabalhada do buscador mergulhado na contemplação; nem como um edifício em vias de construção, obra de um pedreiro que maneja suas ferramentas com zelo no canteiro deste mundo; mas, sim, como a esplêndida demonstração do objetivo atingido.

O Templo Branco! O que isso quer dizer? É difícil falar sobre esse assunto. Realizar ou construir o Templo Branco seria uma satisfação pessoal para o buscador que encontrou a meta, ou então um libertar-se da realidade infernal da morte? Não. O Templo Branco é uma força estabelecida e desenvolvida pelos hierofantes dos mistérios de Cristo, capazes de fazê-lo graças ao amor divino. Assim, cada aluno que, da maneira descrita, atinge essa força, torna-a mais dinâmica e mágica. À medida que muitos alunos a ampliam, ela se torna mais luminosa e desce mais profundamente nas regiões da morte, até atingir as regiões infernais, para despedaçar o que é ímpio.

O Templo Branco é construído com a argamassa do amor; suas pedras são feitas de um material vivente, nascido da autonegação e da renúncia, realizado por mãos, cabeças e corações humanos, que descobriram que tudo podem em Cristo, que lhes dá a força. Sobre essa força do templo é dito que, de acordo com a medida de seu volume e possibilidade, os dias de tribulação serão encurtados, pois onde a luz aparece, as trevas têm de fugir. Essa é a intenção essencial da magia rosa-cruz, magia para a qual sois por essas palavras aqui convidados de todo o coração.

Pois bem, se quisésseis considerar cuidadosamente essa oferta, esse convite, se quisésseis indagar e sondar toda a arte mágica que a ela se encontra ligada, experimentaríeis a profundidade e a plenitude desse grandioso trabalho. Vivenciar uma parte desse trabalho leva ao desejo de ser um obreiro, um correalizador dessa grande obra.

É por isso que da *Fama Fraternitatis* emana um chamado a todos os que são instruídos por Deus para *que examinem, com espírito ponderado, suas artes de maneira rigorosa e escrupulosa, considerem a época presente com todo o zelo e nos anunciem, então, o fruto de suas reflexões, manuscritas ou impressas, quer coletiva, quer individualmente*. Porque somente praticando com zelo esse trabalho a serviço da humanidade é possível chegar à experiência pessoal do encontro com os hierofantes da Rosa-Cruz. Eis o que eles nos dizem na *Fama*:

[...] *pois, apesar de não revelarmos nem nosso nome nem o de nossa assembleia, o julgamento de cada um, em qualquer língua que seja, seguramente chegará até nós. Além disso, quem nos revela seu nome pode estar completamente seguro de que tomará contato com um de nós, seja verbalmente ou, se tiver algum escrúpulo, por escrito.*

Desse comunicado, extraímos os seguintes pontos, que queremos analisar:

1. os irmãos da Rosa-Cruz não revelarão seus nomes;

2. o valor essencial de cada um será perfeitamente reconhecido pelos irmãos da Rosa-Cruz;

3. esse valor essencial, o princípio-alma moral-racional, de cuja força vivemos, é a condição para entrar em ligação com eles;

4. essa ligação pode ser verbal, face a face;

5. ou por escrito.

Os discípulos da Rosa-Cruz sabem que os hierofantes dos mistérios se envolvem em um completo anonimato. Toda a ilusão egocêntrica é excluída de antemão. Os princípios do cristianismo – autossacrifício e autonegação – exigem o abandono total do eu, da afirmação da personalidade: "Quem perder sua vida por amor de mim", diz Cristo, "achá--la-á". Uma consciência de si mesmo completamente nova aparece, então, no lugar da antiga; uma autoconsciência totalmente diferente que já não terá necessidade de manter-se nesta natureza da morte nem de lutar por um lugar ao sol. Entretanto, ela será uma consciência vitoriosa, renascida no Espírito Santo e plenamente consciente de sua tarefa criadora em todos os domínios do Espírito e da matéria; uma consciência que não virá para tomar, mas para elevar o que está em queda e receber o que está perdido.

Entretanto, compreendei bem: esse anonimato não é coqueteria nem é motivado por um autoengrandecimento espiritual, mas simplesmente algo que acontece naturalmente. Os homens se chamam uns aos outros por nomes, para se reconhecerem, para poderem trabalhar juntos na ordem social comum. Os que possuem a autoconsciência renovada em Cristo certamente demonstram sua força, seu amor e sua razão. Eles sabem muito bem, porém, que essa força poderia ser violentada e mal assimilada se fosse confiada a uma pessoa ligada ao mundo da ilusão. Eles sabem que o satanismo logo mancharia essa pessoa com as mais infames calúnias.

Portanto, anonimato não é, absolutamente, uma modéstia excessiva, mas, sim, um método que permite trabalhar da maneira correta. Quando o anonimato precisa ser abandonado em certos aspectos do trabalho, o obreiro encontra uma resistência redobrada. É por isso que ele deve seguir o caminho de menor resistência.

No passado, publicamos algumas pequenas obras sob um pseudônimo. Sabemos que muitos dos que nos odeiam (e um aluno da Rosa-Cruz é frequentemente odiado), ignorando quem era o autor, leram e releram com muito prazer esses livros e até os recomendaram para outras pessoas. É assim que, por nosso amor impessoal, superamos seu ódio. Se entendeis algo sobre magia, sabeis o que isso significa. É por isso que os hierofantes não se dão a conhecer pelo nome, embora visitem reuniões humanas.

Não vos inquieteis: seguir esse método permite, todavia, reconhecer na multiplicidade a unidade. Cada aluno se faz reconhecer por seu valor nuclear, por seu princípio-alma moral-racional. Semelhante atrai semelhante; surge, então, imediatamente uma ligação interior com o hierofante, especialmente quando esse valor nuclear atingiu uma intensidade suficiente.

Como é reconhecido esse valor espiritual nuclear, essa unidade na diversidade? Pela luz! Assim como em todos os domínios da matéria e do espírito nós conhecemos Deus e sua magnificência pela luz, assim também o homem será igualmente reconhecido pela luz que desenvolveu em seu universo microcósmico. Sua qualidade de alma corporificada emite uma cor, um tom.

Esse tom é multidimensional e contém em si todos os fatores pelos quais é reconhecido.

Compreendei bem que o aluno que atinge esse estado de vida encontra em seu trabalho uma felicidade suprema. O fato de ser reconhecido pelos hierofantes não é a aspiração mais importante para ele. Principalmente por ser ele, como princípio divino perfeito, uma entidade autocriadora que não pode ser freada em seu trabalho. Assim como Deus, que é a própria luz, ordena e as coisas são, o aluno inflamado pela luz divina pode cumprir seu trabalho libertador independentemente de qualquer hierofante. O encontro com os Irmãos Maiores é provocado por causas bem diferentes, como veremos adiante.

Assim, o aluno chega a uma grande calma. Nele não existe nenhum desejo lancinante de ser reconhecido, pois ele detém nas próprias mãos a magia do reconhecimento. Ele sabe que tudo depende do desenvolvimento interior do princípio-alma moral-racional. Isso não nos é presenteado, porém deve ser desenvolvido no próprio ser. Todos os homens que correm atrás do reconhecimento de sua "importância" deveriam pensar nisso! Como ato, o óbolo da viúva tinha um grande significado, embora ela não exigisse nenhum reconhecimento. Ela se afastou, envergonhada, dessa pretensa "gente importante", mas Cristo a descobriu em sua tão honesta simplicidade.

Assim acontece, no momento psicológico certo, o contato com os hierofantes dos mistérios. Em que consiste esse contato? É uma experiência oculta, terrível, com guardiães do umbral e exercícios respiratórios?

Não; é o que o catecismo de Heidelberg e também os místicos e os gnósticos chamavam de "a comunhão dos santos": o contato diário ininterrupto com os santificados na vida e pela vida, a ligação diária com a força do Templo Branco.

Aqueles que vivem nessa comunhão dos santos falam-nos desse grande arrebatamento que consiste em ser alçado a ela. É como sentir a eternidade no tempo; saber-se uno com todas essas rosas brancas que foram dessedentadas no sangue do coração de Jesus Cristo. É a grande aliança dos servidores de Deus, aliança que exige, como única condição de participação, o valor nuclear citado, desenvolvido no trabalho da bondade, da verdade e da justiça. Podeis imaginar a grande alegria daqueles a quem foi permitido ultrapassar a porta de cristal dessa comunidade divina pela primeira vez?

Esse contato com os hierofantes estabelece-se de viva voz ou por escrito. Existem duas expressões e desenvolvimentos do conhecimento de primeira-mão, simbolizados na *Fama* como: *verbalmente, ou, se tiver algum escrúpulo, por escrito*. O aspecto verbal diz respeito àquilo que é conhecido pessoalmente, à faculdade esotérica de percepção espiritual, enquanto o aspecto escrito diz respeito ao encontro com os hierofantes pela via do fogo espinal espiritual.

Este último método é seguido quando o aluno, como franco-maçom neste mundo, está tão ligado a seu trabalho, que não pode aplicar os métodos pelos quais seu corpo pode ser levado ao estado requerido para um contato verbal, sem precisar abandonar seu trabalho. Compreendereis muito bem que a esse respeito não há escolha. O trabalho é prioritário; é por meio dele que a santificação se desenvolve, em concordância com as potencialidades edificadas ao longo das vidas anteriores.

Que possamos, assim, vos chamar para essa comunhão dos santos conforme o catecismo de Heidelberg:
Creio em Deus-Pai, todo-poderoso criador do céu e da terra, de quem, por quem e em quem são todas as coisas.
Creio em Jesus Cristo, seu filho unigênito, que se manifestou à humanidade para inflamar a luz de Deus nos homens; concebido do Espírito Santo, da força de realização, nascido da Virgem Maria, o princípio humano correspondente; que sofreu sob Pôncio Pilatos, a justiça terrestre da ordem natural tridimensional separada de Deus; que morreu e foi sepultado, desceu aos infernos, preenchendo a esfera etérica do mundo material, tornando, assim, perfeito seu sacrifício de amor e restabelecendo a ordem natural rompida; que, no terceiro dia, ressuscitou dos mortos, ascendeu aos céus, e está sentado à direita de Deus-Pai, todo-poderoso, glorificado em todos os domínios do Espírito e da matéria; de onde virá para julgar os vivos e os mortos; quando, pela força de todos os seus filhos, ele queimará o mal, visando a renovação.
Por isso creio no Espírito Santo, que dá forma à ideia divina. Por isso creio em uma igreja cristã universal santa, que será o resultado da bondade, da verdade e da justiça, e que me conduzirá à comunhão dos santos, a comunidade dos hierofantes dos mistérios. Creio no perdão dos pecados, na ressurreição da carne, o triunfo sobre a lei da morte, e, por isso, em uma autêntica vida eterna.

"Corro para apanhá-lo, pois eu também fui apanhado por Jesus Cristo."

36

Porém dizemos enfaticamente, que aquele que, em relação a nós, tiver intenções sérias e cordiais, sentirá alegria em seus bens, seu corpo e sua alma. Mas aquele cujo coração for falso ou estiver voltado apenas para o dinheiro não nos trará nenhum dano, mas se afogará na mais forte e profunda dor. É preciso, com efeito, que nossa construção, mesmo que centenas de milhares de homens a tivessem visto de perto, permaneça intangível, incólume, excepcional e perfeitamente oculta por toda a eternidade.

À sombra de tuas asas,
ó Jeová!

Fama Fraternitatis R.C.

36

O EDIFÍCIO INVISÍVEL

Nascemos de Deus,
morremos em Jesus,
renascemos pelo Espírito Santo.

Conheceis esse mágico chamado da Rosa-Cruz. São as palavras finais do Livro T, encontrado no sepulcro de C.R.C.: *Ex Deo nascimur, in Jesu morimur, per Spiritum Sanctum reviviscimus.*
Essas palavras, vós já as escutastes muitas vezes, vós as tendes lido frequentemente, e talvez pronunciado inúmeras vezes; mas não as compreendeis! Elas provavelmente vos tocaram, despertando em vós uma veneração tranquila, mas não compreendestes sua força mágica. Se a tivésseis compreendido, teríeis percebido, sem dúvida, que um grandioso mistério está escondido por trás dessas palavras. É por isso que ouvis, mas não compreendeis; vedes, mas não percebeis; sentis, mas não experimentais.
Há bens espirituais que a cada dia se impõem a vós; eles vos são ofertados gratuitamente e poderiam enriquecer-vos grandemente. Existem forças que vos acompanham no caminho como uma mão estendida: elas poderiam tornar-vos muito dinâmicos. Mas tudo isso passa diante de vós sem que percebais.

"Pelo Espírito de Deus inflamados; em Jesus Cristo, o Senhor, submergidos; pelo fogo do Espírito Santo renascidos."

É por trás dessa magia que resplandece o edifício invisível. Os hierofantes de Cristo irradiam neste mundo uma manifestação tríplice, que indicamos como desejo, sacrifício e criação, ou como autoconsciência, renovação do sangue e consciência espiritual.

O desejo desperta no homem um impulso vital, impelindo-o à manifestação. É a força elementar que impulsiona todos os reinos naturais, tendo em vista o desempenho, o acasalamento, a manutenção e o desenvolvimento. Essa ardente cobiça ilumina as trevas terrenas e, guiado pelo jogo de chamas rubras, o homem descobre a si mesmo e a seus semelhantes. Ele desperta no deserto deste mundo. Ele, Adão, esse sopro de Deus inflamado por seu Espírito em um fogo inextinguível, dá nome a tudo ao seu redor e dirige-se para o paraíso de seus primeiros dias. Surge uma aspiração inexprimível, um desejo ilimitado, uma grande necessidade de realização, suscitada pelas fornalhas ardentes das cobiças, até tornar-se um estrondoso vulcão. Surge a nostalgia da meta, e também uma corrida desenfreada para alcançá-la. Mas onde está essa meta, e como alcançá-la?

O homem é impelido através de um deserto, sem ser deixado em paz um instante sequer pelos desejos que aspiram ardentemente a ser satisfeitos. Desse braseiro rubro se eleva a consciência. O homem começa a perceber melhor como essas mesmas cobiças brilham nos olhos de seu semelhante e como o fogo também o inflamou com o mesmo braseiro ardente. Toda a humanidade é lançada nesse cadinho e, hora após hora, nesse violento processo purificador, a consciência deve crescer.

Surgindo das angústias da autoafirmação, simultaneamente se desenvolve o ódio. Nossa autoconsciência é uma arma com a qual são enfrentados os inimigos desta natureza, com um olhar perscrutador e penetrante. Um desejo ardente e profundo nos impulsiona a lutar pela autoafirmação. Colocamos o pé na nuca do nosso semelhante. Os mais fortes ganham, pois pisam com mais força. É por isso que se diz, com uma voz impregnada de respeito: "Ele vai longe!"

Mas, atenção! Aqueles que tiveram tanto sucesso não estão tranquilos nem satisfeitos. A cobiça os impele para frente, cada vez mais longe. A luta se intensifica; e o intelecto toma proporções perigosas. Quando jão não podemos dar pontapés, dar patadas grosseiras ou usar a garra de Daâh[4], o homem primitivo, fazemos o mesmo usando máquinas de guerra concebidas por cérebros engenhosos. Em seguida, vêm o ardil e a traição, e também os salmos e os livros de orações. Mas ninguém ainda está satisfeito. O desejo continua a nos empurrar para longe, cada vez mais longe, passando sobre cadáveres e sobre cidades.

Somente os velhos, cansados de seus assassínios, quase já não podendo arrastar suas presas, permanecem sobre seus monturos, devorados pelos desejos, até o dia em que a morte vem libertá-los.

Outros se perguntam para que pode servir esse desejo, essa rubra paixão que os inflama. E esta é a resposta que eles dão a si mesmos: o desejo é o instinto sexual. Eles buscam o outro, a imagem cósmica deles mesmos, que possui uma polarização sexual oposta, para matar seu desejo. Mas o desejo não pode ser morto.

---

[4] Haraucourt, Edmond. *Les âges, Daâh, le premier homme*, Paris 1914.

Depois da fascinante embriaguez, ele lança suas labaredas sempre mais alto e fortemente, como o lendário dragão de mil cabeças. O desejo é uma força que não é deste mundo, e essa força somente pode alcançar a realização em um reino que não é deste mundo.

É por isso que sois uma alma escravizada quando continuais a jogar o antigo jogo, que sempre conduz necessariamente aos mesmos resultados. Qual um bando de desenfreados, a humanidade luta neste nadir. Os punhos cerrados golpeiam violentamente sobre o edifício invisível; e os que entram usando métodos negativos são expulsos com um "sorvo de esquecimento", e se encontram novamente no abismo de fogo da cobiça.

Inflamados pelo Espírito de Deus. Esta não é uma sentença de um tratado, porém um fogo, uma força que satura o sangue, que vos fustiga dia e noite para que chegueis a um impasse absoluto quanto ao vosso eu.

Então buscais o mistério de salvação, procurais uma solução. Buscastes e deveis continuar a buscar. Vossa cobiça vos perseguiu até a "terra de ninguém" e aí buscais os estímulos que convêm aos desejos humanos, pois no meio de todas as experiências anteriores a morte zombava de vós e a aflição não parava de aumentar.

Vós vos tornastes muito humanos, respondendo aos homicidas: "Por favor, nada de sangue; isso não é bom". E ao estrangulador: "Não aperte tanto; isso dói". E aos vândalos: "Não façais tanto barulho; isso não é educado". Fundamos associações, ordens, sociedades. Escrevemos livros muito belos e edificantes. Mas o fogo da gruta dos desejos toma conta dos livros e das associações, das ordens e das sociedades; e todos dançam nesse braseiro infernal. De sua tríplice chama saem as ígneas salamandras que vos arrastam nessa dança mortal até que – com risos ou suspiros, com gritos de desespero ou explosões de fúria, o grito de morte ressoa – finalmente, o buscador descobre as palavras: *In Jesu morimur*, em Jesus Cristo, o Senhor, morremos.

Existe apenas uma possibilidade de compreender a finalidade dos desejos e não nos queimarmos em suas chamas. Essa única possibilidade é Jesus Cristo, a essência do autossacrifício e da autonegação nele manifestadas. Depois do desenrolar dos acontecimentos, quando o fogo dos desejos conduz à morte, Cristo diz: "Aquele que perder sua vida por mim conservá-la-á". "Vinde a mim, todos os que estais cansados e oprimidos, e eu vos aliviarei."

Isso não significa o que os teólogos querem vos fazer crer, ou seja, que quando estais fatigados das orgias dos desejos e não sois mais do que um farrapo, nada vos resta senão ir ter com nosso amado Senhor, para que ele vos dê a paz, uma espécie de aposentadoria espiritual.

Não. É preciso que compreendais essas palavras da seguinte maneira: pelo Cristo, o caminho vos é mostrado e a força vos é dada, a fim de orientar em sentido correto a dinâmica do desejo para que ele já não vos conduza a uma queda, mas a uma ressurreição suprassensorial. E se mal conseguis alcançar essa justiça divina por já estardes corrompidos em vossa vida, a ponto de se poder falar com acerto de um farrapo, então, no amor de Cristo, encontrareis a possibilidade de continuar o caminho que inevitavelmente tendes de percorrer.

Não se trata, portanto, de uma "aposentadoria", mas de um novo mandato, de um mistério divino que vos é confiado e que transforma vosso desejo em desejo de salvação. Tendes de trilhar o caminho da cruz, o caminho do Gólgota, o caminho do serviço amoroso em autossacrifício, para que, onde as linhas horizontal e vertical se cruzam, o coração espiritual se abra como uma rosa branca.

Somente quando tiverdes recebido essa rosa branca ouvireis a música mágica provinda da floresta da realização, os coros do edifício invisível: *Per Spiritum Sanctum reviviscimus* – pelo Espírito Santo renascemos.

Existe um plano divino para o mundo e para a humanidade. Esse plano deve ser realizado por mãos, cabeças e corações humanos. Quando, morrendo em Cristo, o aluno da Rosa-Cruz está em condição de fazer morrer o desejo desta natureza, consuma-se um milagre, desde que esse processo esteja suficientemente adiantado. Ele renasce, então, pelo Espírito Santo, no Espírito Santo. O plano de Deus realizou-se por ele e nele, e ele erige neste mundo o edifício invisível, enquanto a sinfonia da realização, executada por todos os glorificados no Espírito Santo, ressoa esplêndida e maravilhosa como o Templo Branco.

Esse Templo Branco não é um sonho, absolutamente, e não representa nenhuma agradável promessa mística para quem está cansado de lutar. Esse Templo Branco, essa grandiosa catedral invisível, pode ser medido em todas as suas dimensões, pois sua força, sua bondade e sua dinâmica inflexibilidade vivem em entidades humanas e se manifestam por intermédio delas.

Esse Templo Branco é uma das manifestações da comunhão dos santos. É uma força invisível, mas sempre uma força; um edifício invisível, mas sempre indestrutível; uma força irresistível, projetada em nosso mundo infernal; a força dos rosa-cruzes, com a qual os hierofantes dos mistérios atacam o mundo.

Capítulo 36 – O edifício invisível

Quanto mais alunos houver que desejem seguir o caminho de desenvolvimento descrito, tanto mais esse Templo Branco tornar-se-á grandioso e poderoso para que, nesse fogo, um dia, as trevas desapareçam. É o método dos hierofantes de Cristo. Esse método não tem nada de espetacular, mas constrói uma cidadela inexpugnável. É por isso que a *Fama Fraternitatis* termina assim:

É preciso, com efeito, que nossa construção, mesmo que centenas de milhares de homens a tenham visto de perto, permaneça intangível, incólume, excepcional e perfeitamente oculta por toda a eternidade.

*À sombra de tuas asas,
ó Jeová!*

Eis nossa alegria:

*A glória de Deus é intangível.
Eis que ele nos envia seu anjo:
Nascemos de Deus,
morremos em Jesus, o Senhor,
renascemos pelo Espírito Santo.*

Amém.

Livros de autoria de J. van Rijckenborgh

- O advento do novo homem
- Análise esotérica do testamento espiritual da Ordem da Rosa-Cruz
    Vol. I: O chamado da Fraternidade da Rosa-Cruz
    Vol. II: Confessio da Fraternidade da Rosa-Cruz
    Vol. III: As núpcias alquímicas de Christian Rosenkreuz - t.1
    Vol. IV: As núpcias alquímicas de Christian Rosenkreuz - t.2
- Christianopolis
- A Gnose em sua atual manifestação
- A Gnosis original egípcia - tomos I, II, III e IV
- A luz do mundo
- O mistério da vida e da morte
- O mistério das bem-aventuranças
- O mistério iniciático cristão: Dei Gloria Intacta
- Os mistérios gnósticos da Pistis Sophia
- Não há espaço vazio
- Um novo chamado
- O Nuctemeron de Apolônio de Tiana
- O remédio universal

Livros de autoria de Catharose de Petri

- O Verbo Vivente

Série das Rosas
- Transfiguração · Tomo I
- O selo da renovação · Tomo II
- Sete vozes falam · Tomo III
- A Rosacruz Áurea · Tomo IV
- A Tríplice Aliança da Luz · Tomo V

Livros de autoria de J. van Rijckenborgh e Catharose de Petri

- O apocalipse da nova era
  - A veste-de-luz do novo homem · Série Apocalipse, vol. I
  - A Fraternidade Mundial da Rosa-Cruz · Série Apocalipse, vol. II
  - Os sinais poderosos do conselho de Deus · Série Apocalipse, vol. III
  - A senda libertadora da Rosa-Cruz · Série Apocalipse, vol. IV
  - O novo caduceu de Mercúrio · Série Apocalipse, vol. V
- Série Pedra Angular
  - O caminho universal
  - Filosofia elementar da Rosacruz moderna
  - A Fraternidade de Shamballa
  - A Gnosis universal
  - A grande revolução
  - O novo sinal
- A Gnosis chinesa
- Reveille!

Jan Amos Comenius

- O único necessário

Karl von Eckartshausen

- Algumas palavras do mais profundo do ser
- Das forças mágicas da natureza

Mikhail Naimy

- O livro de Mirdad

Antonin Gadal

- No caminho do Santo Graal

Série Cristal

- 1 - Do castigo da alma
- 2 - Os animais dos mistérios
- 3 - O conhecimento que ilumina
- 4 - O livro secreto de João
- 5 - Gnosis, religião interior
- 6 - Rosa-cruzes, ontem e hoje
- 7 - Jacob Boehme, pensamentos
- 8 - Paracelso, sua filosofia e sua medicina atemporais
- 9 - O Graal e a Rosacruz
- 10 - A rosa e a cabala

Outros títulos

- O evangelho dos doze santos
- Trabalho a serviço da humanidade
- O caminho da Rosacruz no dias atuais

IMPRESSO PELA MARK PRESS A PEDIDO DO
LECTORIUM ROSICRUCIANUM EM JULHO DE 2014